El poder de la cultura

IMPULSA

Marcus Collins
El poder de la cultura
Los secretos de Nike, Apple o Beyoncé para influir e inspirar a los demás

Traducción de Gemma Deza Guil

IMPULSA

Título original: *For the Culture. The Power Behind What We Buy, What We Do, and Who We Want to Be*

Primera edición: enero de 2026

Ediciones Península,
Diagonal 662-664
08034 Barcelona
edicionespeninsula@planeta.es
www.edicionespeninsula.com

REALIZACIÓN PLANETA - fotocomposición
Impresión y encuadernación: Liberdúplex
Depósito legal: B. 22.893-2025
ISBN: 978-84-1100-442-8

Printed in Spain - Impreso en España

A Georgia e Ivy:
Rezo por que veáis el mundo
con más matices de los que yo
lo he visto y por que tengáis
un mayor impacto en él del
que yo he tenido jamás.
Os quiero.

Índice

Introducción

Lo hago por mi cultura.

Jay-Z

En los años sesenta del siglo xx se vivieron profundos cambios sociales. Desde la lucha por los derechos civiles hasta la defensa de los derechos de los homosexuales, pasando por el movimiento de reivindicación de la comunidad hispana y la segunda ola del feminismo, Estados Unidos experimentó una década de conmoción cultural. Estos cambios conllevaron nuevas ideas y nuevas identidades, que a su vez generaron nuevos comportamiento y nuevas normas. Pensemos, por ejemplo, en el auge de los *hippies*, un colectivo contracultural heredero de la generación *beatnik* de la década previa. Como los *beatniks*, los *hippies* se rebelaron contra las convenciones del *statu quo*. Adoptaron un estilo de vida bohemio que cuestionaba el capitalismo y las normas tradicionales y defendía la igualdad y la libertad de pensamiento. Las características culturales de los *hippies* eran evidentes, y quienes comulgaban con sus creencias las hicieron suyas sin fisuras. Con su característica estética de largas melenas, prendas de vestir con estampados batik y pies descalzos, se adhirieron a las tradiciones del amor libre e (irónicamente) del inconformismo. Con el tiempo, su estilo de vida se propagó por todo el país y engrosó la comunidad con legiones de nuevos acólitos.

En 1965, en torno a un millar de *hippies* vivían en las calles Haight y Ashbury de San Francisco, California. En 1966, su cifra había aumentado a 15.000. Cien mil personas asistieron al festival Summer of Love celebrado en 1967 en San Francisco, y el festival de música Woodstock contó con 500.000 espectadores en 1969. Al cabo de poco, millones de personas habían adoptado las características culturales del movimiento *hippy*. En breve, la contracultura se había convertido en la cultura general. Pero, a finales de la década, el atractivo de la generación *hippy* se había desvanecido, y no volvería a resurgir hasta al cabo de unos cuarenta años, encarnado por los *hipsters* urbanos del siglo XXI.

Como los *hippies*, los *hipsters* ponían en tela de juicio los ideales del capitalismo y suscribían la defensa de la igualdad. Sin embargo, en lugar de los estampados desteñidos y los pies descalzos de sus predecesores, los *hipsters* vestían camisas de leñador con tirantes, lucían barbas «irónicas» y llevaban gafas de pasta oscuras. ¿Y qué bebida se convirtió en su predilecta? La cerveza Pabst Blue Ribbon, conocida coloquialmente como PBR. La cerveza que sedujo a la comunidad *hipster* no tenía nada de especial. No se empleaba ningún sistema de filtrado patentado para su elaboración ni contenía un lúpulo especial que le aportara un sabor característico. No, la cerveza PBR en sí no tenía ningún rasgo intrínseco al cual pudiera atribuirse que se hubiera convertido en un imán para los *hipsters* urbanos. Al menos, dentro de la lata. Porque, de cara al mundo, lo tenía todo: lo esencial era la marca.

Como marca, PBR representaba la autonomía y la libertad de expresión, dos principios nucleares de las creencias y la ideología compartidas por los *hipsters*. Mientras que otras marcas con un presupuesto enorme para marketing intentaban seducir a las masas a través de anuncios llamativos en televisión, PBR aplicó la estrategia de usar sus modestos recursos para dirigirse a los «alternativos» con tácticas poco convencionales, como patrocinar rodeos de mensajeros en bicicleta e inauguraciones en galerías de arte en paraísos *hipster* como Portland, Oregón. PBR evitó recabar el apoyo de celebridades y se negó a proyectar anuncios durante la Super Bowl porque tales estrategias no casaban con sus creencias contraculturales. El rechazo intencionado de la marca a las sensibilidades de la cultura general se antojaba más un ejercicio de protesta social que una comunicación de marketing, y tal postura encajaba como anillo al dedo con la rebeldía de los *hipsters*. PBR no empleó recursos de marketing en convencer a los consumidores de que se trataba de una marca *cool*. Lo que hizo fue guiarse por su convicción de ser una marca alternativa que se apartaba de la norma de sus competidores más tradicionales. Y eso hizo que se antojara *cool* a ojos de los *hipsters*, que también eran alternativos a la cultura general de Estados Unidos, tal como lo habían sido los *hippies* y los *beatniks* antes que ellos. De hecho, PBR no se marcó como «su mercado» a los *hipsters*. Fueron ellos los que la «eligieron», porque compartían con la marca la inclinación al inconformismo. Y estos inconformistas consumían PBR como señal de protesta.

PBR era más que una cerveza para la comunidad *hipster*. Era una seña de identidad, un símbolo de *hipsterismo* —un estilo de vida basado en el inconformismo y la autonomía— que trascendía la funcionalidad del producto y lo ensalzó como un artefacto en el seno de la cultura *hipster*. De ahí que quienes suscribían esta identidad bebieran PBR de manera natural, y, por tanto, que la popularidad de la marca se propagara a otras comunidades de pensamiento afín, al ritmo de aproximadamente 200 millones de litros en el transcurso de cinco años. Mientras marcas líderes en el sector, como Bud Light y Busch iban a la baja, PBR experimentaba un crecimiento en forma de palo de hockey. En cuestión de cuatro breves años, una empresa de cerca de ciento cincuenta años de antigüedad se había convertido en un negocio de mil millones de dólares gracias, en gran parte, a la comunidad *hipster* y a su consumo cultural.

Vemos este tipo de relación en todas partes. Como en el caso de los *skaters* con la marca de ropa Supreme, los primeros hiphoperos con los LA Raiders o el Partido Republicano con la cadena Fox News, la gente gravita hacia las entidades que representan su identidad y con las cuales comparte creencias. Hemos sido testigo de cómo tenía lugar este fenómeno en la aceptación y adopción de modas (las zapatillas deportivas Yeezy), música (Cardi B), automóviles (Tesla), tabaco (Marlboro), dietas (Atkins) y afiliaciones políticas (la campaña MAGA de Trump). Se manifiestan en colectivos como la panda de motoristas Harley-Davidson Owners Group (conocidos afectuosamente como los H.O.G.), los fanáticos de Apple, los leales a la marca de ropa Patagonia, los seguidores de la moda urbana, los miembros de QAnon y los fieles partidarios de Bernie Sanders, los Bernie Bros. Las acciones de los integrantes de estos grupos van más allá de un mero compromiso con una conducta consumista compartida o una lealtad electoral. Su identidad se refleja y proyecta de manera intencionada a través de estas marcas, y lo hace con tanta contundencia que la marca, el producto o la empresa trasciende su etiqueta categórica y pasa a formar parte de su práctica cultural.

Si miramos fotografías tomadas antes del siglo xx, hay un 99,99 por ciento de posibilidades de que ninguno de los retratados aparezca sonriendo (el académico que llevo dentro me obliga a contemplar ese margen de error de al menos un 0,01 por ciento... en nombre de la ciencia). Pero ¿por qué ocurre eso? Un razonamiento deductivo podría inducir a pensar que este fenómeno se debe a las limitaciones tecnológicas del momento. Cuando sopesé por primera vez esta cuestión, me vinieron de inmediato a la mente retratos pintados de la realeza, dignatarios y familias nobles. Los pintores tardaban mucho tiempo en retratar a sus modelos. Una sola sesión, de las múltiples necesarias antes de que el pintor pudiera ultimar su obra, podía llevar horas. Sonreír durante todo ese rato habría sobrecargado los músculos faciales de los retratados. De ahí que posen con una expresión facial solemne y, por ende, que en los cuadros las sonrisas brillen por su ausencia.

Ahora bien, a diferencia de los cuadros, los retratos fotográficos requerían mucho menos esfuerzo por parte de los retratados, lo cual echa por tierra esta hipótesis acerca de por qué las personas no sonreían cuando les hacían una fotografía. De hecho, se cree que la primera foto de una persona la tomó por accidente en 1938 Louis Daguerre, un entusiasta de la fotografía, al intentar inmortalizar lo que parecía una calle desierta en París, Francia. Sin saberlo, según la información de la que disponemos, en su fotografía captó a un hombre anónimo mientras le estaban abrillantando los zapatos, lo cual demuestra que no se tardaba mucho en hacer una foto y refuta la hipótesis de la «tensión de la musculatura facial» que había barajado. Es interesante señalar que un año después se tomó el primer autorretrato. Lo hizo Robert Cornelius, un químico aficionado que instaló una cámara, le quitó la tapa al objetivo y se colocó corriendo dentro del encuadre justo cuando se cerraba el obturador. Se dice que permaneció sentado delante de la cámara durante aproximadamente un minuto antes de generar el que podría considerarse el primer «selfi». De nuevo, fotografiarse no requirió demasiado esfuerzo. Entonces ¿qué pasaba? ¿Por qué la gente era tan reacia a sonreír en las fotos?

Tal vez la explicación podría achacarse a la higiene dental, práctica que no estableció hasta 1913 el doctor Alfred Fones en Bridgeport, Connecticut. Hasta entonces, el cuidado negligente de la dentadura no alentaba a las personas a mostrar sus dientes (poco) perlados en las fotos. Aun así, según Today's RDH, un editor de medios digitales para higienistas dentales registrados, el estadounidense medio no tuvo acceso a un cuidado bucal avanzado hasta las décadas de 1950 y 1960, gracias, en parte, a la Ley de Derechos Civiles. No obstante, tal como ha demostrado un estudio realizado por un equipo de investigadores de la Universidad de California, Berkeley, y la Brown University, la transición de los rostros estoicos a las caras sonrientes en las fotografías había dado comienzo décadas antes de este momento en el tiempo. Como parte de su investigación examinaron 38.000 fotografías de anuarios de institutos tomadas entre 1905 y 2013 y midieron la curvatura de los labios de esas fotos debida a los músculos cigomáticos de nuestro rostro que actúan cuando sonreímos. Sus hallazgos revelaban que las sonrisas fotografiadas habían empezado a ir al alza en la década de 1920, unos veinte años después de que se tomara la primera fotografía de un presidente estadounidense sonriente, Theodore Roosevelt, y transcurrido casi un siglo de la primera fotografía de la historia de un presidente estadounidense, John Quincy Adams, que, por supuesto, no sonreía.

Lo que acabé averiguando acerca de este misterio es que no tenía nada que ver con la tecnología de las cámaras y poco con el avance de la odontología. En realidad, estaba relacionado con la cultura. En aquellos tiempos, los artistas consideraban que sonreír era una práctica reservada a los campesinos, los zoquetes, los borrachos y los niños. Básicamente, sonreír en una foto indicaba que uno procedía de una clase social baja; de ahí que la gente no sonriera cuando la retrataban como estrategia para proyectar su estatus social anhelado. Esta creencia compartida reforzó lo que se convertiría en una norma cultural ubicua en la sociedad de aquel entonces, para desaliento de Eastman Kodak, la empresa con sede en Nueva York que dominaba el mercado de los carretes fotográficos para aficionados. Como las fotografías se consideraban un asunto serio, utilizado como medio de expresión artística o documentación de archivo, la gente no se dedicaba a hacer fotografías a mansalva. Ante tal desafío, Kodak invirtió sus recursos y energía en reposicionar la fotografía como una manera de inmortalizar momentos felices.

De ahí que las personas que aparecían en el material publicitario de Kodak reflejaran felicidad y, por supuesto, sonrieran. No pasó demasiado tiempo desde que abandonáramos la expresión «mustia» ante la cámara para mitigar las posibilidades de que asomara una sonrisa en nuestro rostro a que dijéramos «Luissss» con la intención de lucir una sonrisa de oreja a oreja. Esta conclusión se sustancia aún más con los hallazgos del estudio de los anuarios de instituto.

El papel que la gente atribuía a la fotografía había cambiado y, en consecuencia, su comportamiento también cambió de un modo sistemático y predecible. Gracias a sus iniciativas de marketing, Kodak logró alterar la marea del consumo, no ya mediante el avance de un producto específico, sino más bien gracias a su comprensión de la cultura. Curiosamente, aunque Kodak acabó convirtiéndose en una empresa multimillonaria en décadas posteriores, a finales de los años dos mil afrontó la bancarrota porque se le pasó por alto otro cambio cultural: la consagración de los medios digitales como una forma de conectar a las personas usando las fotos como moneda de interacción. La dirección de la empresa no supo leer las pistas culturales y el que antaño fuera un negocio puntero en su sector se vio obligado finalmente a declararse en quiebra en 2012.

Tal es el poder que tiene la cultura. Es contagiosa e influye en las personas para que se muevan de manera predecible. Tanto si somos conscientes de ello como si no, esta influencia tiene lugar a nuestro alrededor en todo momento. Y quienes entienden la dinámica de la cultura tienen más posibilidades de tener influencia, y de ejercerla sobre quienes no lo hacen. No importa si un producto es mejor o una causa más noble. Quienes lideran la cultura —quienes contribuyen a modular las características culturales de una comunidad— acostumbran a tener más éxito que quienes siguen las tendencias.

Durante años, Bose se consideró un líder fiable en el sector de la electrónica de sonido para el mercado de consumo. Sin embargo, cuando Beats by Dre salió al mercado en 2011, rápidamente le ganó posiciones. ¿Fue porque el producto de Beats fuera mejor? En términos de sonido, empíricamente no lo era. Pero Beats era más que un dispositivo para escuchar música. Era un símbolo que comunicaba al mundo quién era su usuario y, quizá, también quién no. La gente caminaba por la calle con auriculares Beats colgados del cuello, a modo de accesorio, un artefacto cultural que además reproducía música. En palabras del estudioso de la cultura Douglas Holt: «La cultura esquiva las propuestas de valor convencionales, los beneficios funcionales o de categoría y el marketing de presencia en la mente». Va más allá de si una marca tiene la cuchilla para el afeitado más apurado, el coche más rápido o la pila más duradera. La cultura reemplaza todos estos diferenciadores de producto porque no gira en torno a qué es el producto. La cultura se centra en quiénes somos nosotros.

Todo esto plantea una serie de interrogantes. ¿Qué es la cultura exactamente? ¿Por qué tiene un efecto tan potente en las personas? Y, por último, ¿cómo puede un experto en marketing, un directivo, un líder o un empresario aprovechar la fuerza de la cultura para influir en el comportamiento colectivo e inspirar a otras personas a moverse? Eso es exactamente lo que este libro pretende responder. Así que... empecemos.

«Cultura» es una de esas palabras que se utilizan mucho pero que no se acaban de entender bien. Creemos saber lo que es, pero en realidad pocas veces lo hacemos. Y no debe sorprendernos, a tenor de su naturaleza intangible y del uso relativamente vago que hacemos de este término en nuestras conversaciones cotidianas. Lo irónico es que la cultura es, en sí, nuestra vida cotidiana. Es «como hacemos las cosas aquí» y es precisamente su omnipresencia en nuestras vidas lo que la hace tan difícil de entender y, por consiguiente, de definir. Es como explicarle a un pez qué es el agua: vivimos inmersos en ella, navegamos por ella y abarca todo lo que nos rodea. John Branch, mi colaborador habitual y la persona con quien pienso a medias, para más señas profesor de Marketing en la Ross School of Business de la Universidad de Míchigan, se refiere a la cultura como el software para vivir cada día. Al igual que el código de programación que compone un sistema operativo proporciona una experiencia de usuario agradable y ejecuta aplicaciones, la cultura es el código de programación que informa adónde vamos, qué hacemos y cómo lo hacemos en todas y cada una de las facetas de nuestra vida diaria.

Pongamos, por ejemplo, lo que has desayunado esta mañana. Si vives en Estados Unidos, es probable que tu desayuno haya consistido en alguna combinación de huevos, pan, cereales, leche y/o café, siempre y cuando, claro está, no te hayas saltado esta comida, que es algo bastante común por estos lares. En cambio, en China suelen desayunar *dumplings*, fideos o incluso un plato o bebida a base de arroz. Y, por su parte, en Arabia Saudí, el desayuno se compone de dátiles, pan, queso, yogur y café. Cada una de estas sociedades tiene su propio programa para la vida cotidiana, un código de lo que se considera normal. Lo sabemos de manera intuitiva cuando visitamos otros países. Nos interesamos por la comida autóctona, por la forma de vestir, la música, las costumbres y todos los demás códigos que dan forma a la vida cotidiana de su población, es decir, por las características que componen su cultura.

La metáfora de la cultura como un código de programación se amolda perfectamente a una concepción durkheimiana de la cultura. Émile Durkheim, considerado ampliamente uno de los padres fundadores de la sociología en la primera década del siglo XIX, se refería a la cultura como un sistema de símbolos, creencias y valores utilizado por grupos de personas para establecer normas y funciones. Durkheim subrayaba la complejidad de la cultura como un «sistema» que define a un colectivo, a la par que proporciona una serie de códigos elementales que, en combinación, componen ese sistema, a saber: creencias compartidas (valores y principios, una forma de pensar), rituales (tradiciones y normas sociales), artefactos (símbolos, vestimenta, decoración y herramientas) y, por supuesto, el lenguaje (dialectos, léxico, canciones y poesía). Durkheim denominaba a estos códigos elementales «hechos sociales», una manera de pensar, sentir y actuar construida por la sociedad en su conjunto. En este sentido, los hechos sociales son la representación colectiva del comportamiento social de un grupo concreto de personas.

Aunque estos hechos sociales son externos al individuo, ejercen presión sobre todos nosotros para que nos comportemos de un modo concreto... y predecible. Por ejemplo, en Estados Unidos, si alguien te tiende la mano para saludarte, es costumbre imitar su gesto y darle un apretón durante unos segundos. ¿Por qué? Porque encajar la mano es un hecho social entre los estadounidenses, de la misma manera que lo es saludar con una inclinación de cabeza en Japón o dar besos al aire en las mejillas en Francia. Conducirse de otro modo en esta situación, en el seno de estas sociedades, se consideraría, en el mejor de los casos, una extravagancia social y, en el peor, una ofensa. De ahí que los miembros de una sociedad dada se adhieran a estas normas para no experimentar las consecuencias sociales que conlleva no hacerlo. Mantenemos una vida ordenada por instinto social y, en gran medida, la adherencia a estos hechos sociales es lo que nos permite hacerlo.

Un mundo completamente nuevo

Toda esta disertación sobre los hechos sociales, Durkheim y la adopción de comportamientos puede resultar nueva para el lector. Al menos, en su momento para mí lo era. Estudié la carrera de Ingeniería de Ciencias de los Materiales y la única asignatura de humanidades que cursé fue Sociología durante tercero de secundaria. Me incorporé tarde a este ámbito de la conducta humana y las ciencias sociales. De hecho, llevaba casi una década trabajando cuando me asomé a este mundo por primera vez o, para ser más exacto, cuando me arrojaron a él. Tras entrar a trabajar como ejecutivo en una agencia de publicidad puntera llamada Translation, cofundada por Steve Stoute y Jay-Z, se me encomendó crear y dirigir el marketing de la empresa en las redes sociales. Ahora bien, mi entendimiento de lo «social» hasta aquel entonces se centraba, principalmente, en la tecnología. Conocía bien las plataformas de las redes sociales imperantes en aquella época, como Facebook, YouTube, Twitter y Foursquare, pero no entendía a las personas, lo cual suponía un problema porque lo «social» siempre pasa por las personas.

Pensémoslo un momento. ¿Qué tienen en común el «trabajo social», la «acción social» y el «bienestar social»? Que todos ellos están relacionados con las personas. El «trabajo social» es la práctica de mejorar las vidas de las personas; la «acción social» es un compromiso con el empoderamiento y el progreso de las personas, y el «bienestar social» se ocupa de asistir a las personas. Lo «social» siempre está relacionado con las personas, y la cultura es el sistema operativo que rige a dichas personas. En aquel entonces, yo no sabía demasiado sobre la cultura porque tampoco sabía demasiado sobre las personas, por más que anteriormente hubiera trabajado en campañas en redes sociales para Apple, dirigiendo la estrategia digital de Beyoncé u ocupándome de un puñado de cuentas en una agencia de redes sociales de comercios exclusivamente en línea. Para subsanar esta falta de conocimiento, empecé a indagar en las ciencias sociales, a leer todo cuanto caía en mis manos con el objetivo de aprender más sobre las personas y, por ende, sobre la cultura.

Empecé con *Las trampas del deseo* de Dan Ariely, un libro que despertó en mí algo que ya no pude acallar. Su exploración me resultaba fascinante. Me leí el libro dos veces. En la segunda pasada, subrayé los estudios de investigación y a los investigadores que me parecían más interesantes y me zambullí también en su obra. Ariely me codujo a Loewenstein, y Loewenstein a Kahneman. Me desvié hacia McLuhan y luego viré hacia Berger, que me llevó a Watts y Thaler, y poco después llegué a Asch y Milgram. Sentía una curiosidad insaciable, a resultas de lo cual leí mucho y en profundidad. Al cabo de poco, mi búsqueda autodidacta empezó a reflejarse en mi propia manera de proceder y me volví realmente bueno en mi trabajo.

Con un nuevo enfoque en lo «social», me encontré poniendo en tela de juicio convenciones establecidas de la publicidad tradicional y empecé a aplicar mi repertorio recién adquirido de teorías académicas al *brand marketing* o marketing corporativo. Si un cliente expresaba interés en crear un programa que tuviera repercusión, para abordar el proyecto recurría a la teoría de las redes, cuya dinámica informa sobre la difusión de la influencia. Si otro se interesaba por lograr que el público adoptara un nuevo comportamiento, relataba la importancia de crear opciones predeterminadas en el diseño ambiental para que actuaran como estímulo. Cuanto más aplicaba las teorías extraídas de las ciencias sociales a mi práctica de marketing, mejores resultados obteníamos. Muestra de ello fue mi trabajo en la concepción y el lanzamiento de la campaña de Cliff Paul para State Farm, donde aproveché la teoría de la «laguna de conocimiento» de Loewenstein. De la misma manera, cuando ayudé a trasladar a los New Jersey Nets a Nueva York para convertirse en los Brooklyn Nets, recurrí a la teoría de la propaganda de Bernays. Desde que empecé mi indagación hace ahora más de doce años, me sumergí en el mundo académico para entender mejor a las personas y el sistema operativo imperante que influye en nuestro comportamiento colectivo: la cultura. ¡Y vaya si me volqué en este ámbito! No solo empecé a impartir clases en escuelas como la NYU, la Boston University, Harvard y actualmente en la Universidad de Míchigan, sino que además me dediqué a estudiar el contagio cultural y me doctoré en Marketing por la Temple University.

El matrimonio de lo académico y la práctica ha sido el mayor as bajo la manga en mi carrera profesional, porque desbloqueó una verdad inequívoca: si quieres que la gente se mueva, no hay vehículo más potente ni más influyente que la cultura, punto final. ¿Por qué? Porque, si un producto, una idea, un comportamiento o una institución se adoptan como parte de la práctica cultural de una comunidad, la gente no solo pasará a la acción, sino que, además, lo compartirá con otras personas con quienes siente afinidad. Y esas personas se lo contarán a otras personas, hasta que, al final, ese producto, esa idea, ese comportamiento o esa institución acaben formando parte también de su práctica cultural. Y esto no solo va de marketing o tecnología, de categorías ni de modelos de negocio. Esto va de las personas y del sistema operativo imperante que dicta lo que hacemos y con quién lo hacemos. Lo he visto en acción en empresas tecnológicas (como Google), firmas de telecomunicaciones (como Sprint), fabricantes de automóviles (como Ford), restaurantes de comida rápida (como McDonald's), productores de artículos envasados para el consumo (como Kellogg's Eggo), minoristas (como Champs Sports), proveedores de sanidad (como Kaiser Permanente), proveedores de ropa (como GORE-TEX), artistas (como Beyoncé), instituciones educativas (como Harvard) y ONG (como Big Brothers Big Sisters of America). Esta verdad es agnóstica de las categorías y no depende del modelo de negocio de la empresa u organización. No hay diferencia, independientemente de si se trata de una compañía B2B (empresa a empresa) o B2C (empresa a consumidor), porque todo es P2P (persona a persona). Y no existe ninguna fuerza que influya en las personas de manera más coherente que la cultura.

Tardé lo que se me antoja una vida en darme cuenta de ello. No se trataba solo de conocer la cultura que tanto impacto tuvo en mí, sino de entender los matices de esa cultura que marcaban la diferencia, y de hacerlo con el nivel de concreción necesario para tener repercusión en ella. En la actualidad, compagino mi trabajo en marketing con mi labor académica. Trabajo en publicidad como director de estrategia en Wieden+Kennedy New York, la agencia de publicidad independiente de mayores dimensiones del planeta (y quizá la agencia creativa más celebrada), donde ayudo a marcas «de primera categoría» a poner en circulación ideas que aprovechen la influencia de la cultura para impulsar acciones en el público. También soy profesor de Marketing en la Ross School of Business de la Universidad de Míchigan, donde ayudo a algunas de las mentes más brillantes del mundo a aprovechar lo que sabemos acerca de la cultura para utilizar los negocios con el fin de crear una sociedad mejor. Esta dualidad me ha aportado una perspectiva única que se ha traducido en mi práctica como publicista. Pero con eso no basta. La investigación que he llevado a cabo a lo largo de los años acerca de los mecanismos que modulan nuestro comportamiento colectivo trasciende el «marketing» como disciplina. Diría que apunta a una ambición más amplia: movilizar al público en general, se tenga o no la palabra «marketing» en el cargo. Tanto si manejas un producto tradicional o una organización sin ánimo de lucro como si tienes aspiraciones políticas, el objetivo de mi trabajo es impulsar a la gente a moverse.

Cultura y marketing

Pero ¿qué es en realidad el marketing? La definición tradicional, según la American Marketing Association, es la siguiente: «El marketing es una función corporativa y un conjunto de procesos destinados a crear, comunicar y aportar valor a los clientes y a gestionar las relaciones con los clientes de modos que beneficien a la empresa y a su accionariado». ¡¿Qué?! Estamos hablando de mi área de experiencia e incluso a mí me cuesta un poco procesar esta definición. ¿Podría ser (en mi mejor imitación de Chandler Bing) más opaca? Me lanzo en busca de una definición más clara, pero lo único que encuentro son abstracciones frustrantes en todas partes, incluso de Philip Kotler, el hombre que, básicamente, escribió «el libro» sobre marketing. (No es un decir: si alguna vez asistes a un curso de marketing en la universidad, es muy probable que el libro de texto que utilices lo haya escrito Philip Kotler. Él es «el tío del marketing».) Kotler lo denominó «la ciencia y el arte de explorar, crear y aportar valor para satisfacer las necesidades de un mercado objetivo obteniendo beneficios. El marketing identifica necesidades y deseos insatisfechos. Define, mide y cuantifica el tamaño del mercado identificado y el potencial de beneficios. Señala qué segmentos puede colmar mejor la empresa, y diseña y promociona los productos y servicios pertinentes». ¿Qué demonios pasa aquí? ¿Puede alguien —¡quien sea!— definir el marketing como si se lo estuviera explicando a un niño de cinco años? Pues resulta que sí que hubo alguien capaz de hacerlo, y que lo hizo hace casi seiscientos años.

La edición del *Oxford English Dictionary* de 1455 contiene una de las primeras apariciones de la palabra «marketing», que define como «sacar al mercado». ¡Por fin un poco de simplicidad! Si el marketing es «sacar al mercado», la pregunta obligada es: ¿qué es el mercado?

A simple vista, la mayoría de las personas podrían pensar que el mercado es el lugar donde se intercambian bienes y servicios. Podemos imaginar un mercado de agricultores o incluso un bazar turco en el que la gente compra prendas de vestir, fruta, artesanías y cosas por el estilo. Sin embargo, los economistas conciben el mercado como una idea abstracta, no como una ubicación física. Para los economistas, «el mercado» representa las decisiones y los comportamientos de los productores de artículos, los intermediarios, los consumidores, las instituciones y los accionistas. Y esto es más que una geografía. La gente de negocios, por su parte, se refiere al «mercado» como la dinámica entre las personas, las instituciones y las empresas.

En ambos casos, vemos que «el mercado» no se circunscribe a la zona en la que se llevan a cabo los tratos comerciales. El mercado representa a un conjunto de agentes que interactúan haciendo intercambios. Consiste en grupos de personas que trabajan en empresas y toman decisiones en nombre de sus accionistas, personas que representan a empresas e instituciones, y personas que buscan identificar soluciones que satisfagan una necesidad específica, sea funcional, emocional o social. Plantéate este ejercicio intelectual: si no hubiera personas en el mercado de agricultores que te has imaginado unas líneas atrás, nadie que vendiera fruta ni artesanías y nadie que las comprara, ¿seguiría siendo un mercado? Por supuesto que no. Sería meramente un sitio, un espacio abierto de nada, hasta que, claro está, aparecieran personas dispuestas a comprar y vender.

Huelga decir que las personas componen el mercado; nosotros somos el mercado. Cuando se habla de la demanda del mercado o del comportamiento del mercado, en realidad significa la demanda de las personas y el comportamiento de las personas. La «respuesta del mercado» es la expresión codificada para aludir a la «respuesta de la gente». El mercado son las personas y la plaza del mercado, el lugar donde van a hacer intercambios. Como diría el profesor Branch, el mercado es el acto de ir al mercado... de ir a la gente.

Pero esto obliga a formularse una pregunta aún más amplia: ¿cuál es el objetivo principal de ir al mercado? Reflexionemos sobre ello un instante. ¿Por qué intentamos seducir a las personas? ¿Cuál es el objetivo de un profesional del marketing? Si me ocupo del marketing de una empresa que vende miniaplicaciones, es probable que vaya al mercado a intercambiar dichas miniaplicaciones por dinero. Pero ¿qué ocurre si soy un candidato político que se presenta a la alcaldía de Detroit, Míchigan? ¿Estoy intentando conseguir dinero también? Quizá, pero ¿para qué? No me convertiré en alcalde con aportaciones económicas; necesito votos. Así que salgo al mercado como candidato para inspirar a la gente a votarme. O, pongamos que quiero comercializar el nuevo sitio web de mi empresa. ¿Cuál sería el objeto de mi actividad de marketing? Lo que me motiva es conseguir visitantes y que hagan clic en mi contenido.

Esta línea de pensamiento alumbra el camino para entender el marketing con claridad. Como profesionales del marketing, salimos al mercado para influir en el comportamiento del público. Todo lo que hacemos está al servicio de este imperativo: compre esto y no aquello; vaya aquí y no allí; beba esto y no eso; apóyela a ella, no a él; únase a esto, no a aquello, o use esta tecnología y no la de más allá. Estamos en el negocio de la adopción de comportamientos. Este es el destino de toda actividad de marketing; las estrategias de campaña (la publicidad, las comunicaciones, los patrocinios, etc.) no son más que un puñado de rutas distintas para llegar ahí, y no hay ningún vehículo más potente que la cultura para influir en el comportamiento humano.

Sin embargo, si aceptas ese punto de partida, agárrate bien, porque ahora es cuando la cosa se pone interesante. Cada uno de nosotros sale al mercado para influir a las personas a actuar. Tanto si eres un mánager que intentas motivar a tu equipo, un activista que lidera una protesta, una empresa que intenta que la gente adopte una política, un maestro que quiere alentar a su alumnado a estudiar para un examen o un padre que querría convencer a su hija de que se coma una sola cucharada de guisantes (solo una cucharadita, Georgia, ¡por lo que más quieras! ¡Que no te vas a morir!), todos intentamos vender algo. Cada día, todos y cada uno de nosotros intentamos que otra gente adopte algún comportamiento y esa, amigo mío, es la función esencial del marketing y, por consiguiente, el foco de interés de este libro.

Ahora bien, este no es un libro de marketing. Es un libro sobre personas, un libro que explora qué ocurre cuando personas que comparten una visión del mundo parecida se activan y cómo cualquiera con una idea, un producto o una causa puede aprovechar la influencia de la cultura para inspirar a esas personas a actuar de manera concertada. Es el libro que me habría gustado leer mucho antes en mi carrera profesional, un compendio de una década de indagación en las ciencias sociales aplicadas. Es un libro que tiende puentes entre el rigor de la academia y el pragmatismo de la práctica basado en todo lo que he aprendido y todo lo que he hecho a lo largo de mi carrera.

Y de manera previsible, está concebido tanto para enseñarte como para dotarte de las competencias necesarias para inspirar un cambio conductual colectivo. Por una parte, aporta perspectiva y, por otra, sirve de guía y te brinda las herramientas necesarias para aprovechar estas lecciones tanto en tu trabajo como en tu vida cotidiana. Esta dualidad de «perspectiva» y «guía» también se refleja en la estructura del libro: cada capítulo aporta una base teórica relacionada con la influencia de la cultura —para ayudarte a entender la física social subyacente que explica por qué las cosas son como son— y concluye con una serie de lecciones para que puedas aplicar la teoría y pases de «entender por qué» a «entender cómo» ponerla en práctica.

Empezaré el libro con una exploración de por qué la cultura es el vehículo más predecible para influir en el comportamiento a gran escala. Desentranaremos los origenes de la cultura y por qué tiene tanto ascendiente en lo que hacemos y en por qué lo hacemos. A continuación, nos sumergiremos en cómo podemos aprovechar la fuerza de la cultura para movilizar a la gente. Y, por último, concluiré haciendo un llamamiento a la acción: la tecnología actual nos brinda una oportunidad increíble para observar, entender y enjaezar mejor la potencia de la cultura para propiciar la acción. Ahora bien, tanto el lector como los líderes no solo deben tener en cuenta lo que la cultura puede hacer por ellos, sino también lo que ellos pueden hacer por la cultura.

No se me ocurre mejor momento que el presente para escribir este libro. Entre los numerosos cambios que la pandemia de la COVID-19 aceleró, nos obligó a replantearnos por completo cómo nos relacionamos con las personas, tanto en los negocios como en la educación, la política, la religión, la tecnología y prácticamente en todas las facetas de la vida. Nos forzó a reconsiderar cómo convencemos a las personas para consumir, estudiar, rendir culto, votar, llevar una mascarilla, reciclar y todo lo que queda en medio. Dicho en pocas palabras, nos hizo replantearnos cómo inspiramos a la gente a actuar.

Con una honda perspectiva basada en un siglo de datos y un conocimiento perspicaz del mundo hiperconectado de hoy en día, este libro abordará la pregunta planteada de frente. Pero no se limitará a eso, sino que además recordará al lector el poder de las comunidades y el impacto reverberante que poseen las personas cuando actúan de manera coordinada. Tras dos años de distanciamiento social, de videoconferencias, de confinamiento domiciliario y de prohibiciones de viajar, necesitamos desesperadamente restaurar la sensación de comunidad en nuestras vidas personales y profesionales antes de perderla del todo. En palabras del desaparecido y magnífico saxofonista de *jazz* Charlie Parker: «Ahora es el momento». Así que pongámonos manos a la obra.

1

Descodificación de la cultura

Rebobina conmigo el reloj hasta 1999. Charles Stone III era un director de vídeos musicales con aspiraciones de rodar largometrajes. Su trabajo había destacado, sobre todo, en círculos de hiphop, donde había dirigido vídeos a principios de la década de 1990 para artistas como A Tribe Called Quest y Public Enemy. Estábamos en los albores del hiphop, cuando los presupuestos para los vídeos musicales no eran tan descomunales como acabarían siendo a finales de la década, y los destinados a la producción de los vídeos de Stone eran modestos. Stone aspiraba a algo más. Quería hacer películas, no vídeos musicales, pero no conseguía meter el pie en ninguno de los grandes estudios cinematográficos. De manera que en 1999 decidió actuar por su cuenta. Con un presupuesto de mil dólares, embarcó a sus mejores amigos de su ciudad natal, Filadelfia, como coprotagonistas de su película de debut como cineasta, un cortometraje de tres minutos con el sencillo título de *True*.

Decir que *True* tenía un diálogo flojo sería quedarse muy corto. El cortometraje filmaba una serie de intercambios entre Stone y sus amigos —Kevin Lofton, Fred Thomas Jr.,

Paul Williams y Terry Williams— que podían resumirse en una palabra: *wassup*, una forma coloquial de decir «*what's up?*», «¿qué pasa?». Era un saludo habitual entre los jóvenes urbanitas, sobre todo entre la comunidad negra. La fórmula *wassup* había hallado un público más amplio en la década de 1990 gracias al éxito meteórico de la serie de televisión de Martin Lawrence *Martin*. Su protagonista, Lawrence, uno de los mejores cómicos monologuistas de todos los tiempos en la vida real, interpretaba a un famoso presentador de radio de Detroit que trabajaba en una emisora con el indicativo WZUP, pronunciado «*wassup*». Su característico saludo al entrar en antena consistía en repetir en tono agudo la palabra *wassup*, que acabaría por convertirse en una de las muchas expresiones memorables de la serie. Sin embargo, todo ello quedaría eclipsado por lo que ocurrió después.

Según cuenta la leyenda, un director creativo de la agencia de publicidad DDB Chicago vio el cortometraje de Stone y pensó que era perfecto para uno de sus clientes, la cerveza Budweiser. Para aquel ejecutivo publicitario, aquello no era publicidad. Era algo completamente distinto. El cortometraje muestra a un joven de veintitantos en el sofá, viendo deporte en la tele. Suena el teléfono. Al otro lado del hilo, su amigo le pregunta: «*Yo, what's up?*», «¿Qué pasa, tío?». Y el joven responde: «*Nothing, man. Just chillin'*», «Pues nada, tío. Aquí estoy, tiradísimo», a lo que el amigo replica: «*True*», como queriendo decir: «Como yo». Justo entonces, otro amigo del joven entra en el apartamento y les pregunta a los dos «*Wassup?*» de manera exagerada, alargando la palabra. Ambos responden del mismo modo, exclamando también de manera exagerada: «*Wassup!*». Al poco, otros dos amigos se unen a este intercambio de saludos bisilábicos. El cortometraje acaba de manera similar a como ha empezado. El primer amigo le pregunta al joven de veintitantos: «*What's up with you?*», «¿Qué te cuentas?». Y el de veintitantos le responde: «*Nothing, man. Just chillin'*», «Pues nada, tío, aquí estoy, tiradísimo», a lo que el amigo replica: «*True*», «Ya».

El instinto del director creativo no pudo ser más atinado. En aquel momento, Budweiser se posicionó como una marca paladín de la camaradería, el lubricante social entre los buenos amigos —tus colegas, *buddies* en inglés—, tal como plasmaba su histórico eslogan: «*This Bud's for You*», «Esta Bud es para ti». Desde su punto álgido en los años cincuenta y durante las décadas sucesivas, Budweiser había sido sinónimo de la cultura estadounidense, patrocinadora de programas de éxito y de eventos deportivos. No obstante, en los años noventa había empezado a perder peso específico porque ya no representaba el espíritu cultural de la época. Pero *True* captaba la esencia de la amistad contemporánea. Cuando uno está con sus mejores amigos, sobran las palabras. Los amigos hablan en código, y todo aquel que entiende ese código «lo pilla», sin más. Stone y sus compinches lo demostraban a la perfección en aquel cortometraje, tanto que DDB se limitó a recrear *True* —incluso con el reparto original— para la campaña de Budweiser. El anuncio «Wassup» de Budweiser se emitió en fechas posteriores de aquel año, y el resto, como suele decirse, es historia. En cuestión de meses, presentadores de programas televisivos de entrevistas y personalidades de la radio habían recreado sus propias versiones de «Wassup», el anuncio se había parodiado en películas, había originado memes diversos y había proliferado en manos de creadores de contenido en línea en los primeros tiempos de internet hasta acabar formando parte del léxico cultural de las masas. Estados Unidos tenía una nueva muletilla, y Budweiser quedó de nuevo legitimada como una marca culturalmente relevante, lo cual generó millones de dólares en ventas de cerveza y abrió las puertas a Stone a grandes proyectos cinematográficos, además de granjearle un montón de premios publicitarios.

El *spot* «Wassup» de Budweiser era más que un anuncio publicitario: se convirtió en parte de la cultura porque entendía la cultura. Como las telecomedias y las películas que muestran las normas de la vida en sociedad en las que los espectadores pueden verse reflejadas, el anuncio «Wassup» plasmaba con precisión los matices de lo que la gente, sobre todo los jóvenes negros, hacían en sus vidas cotidianas. Al ver aquel anuncio, nos veíamos a nosotros mismos en él. Los amigotes de barrio se saludaban diciendo «*wassup*» años antes de que Budweiser utilizara aquella expresión para su campaña publicitaria. El contexto de «*wassup*» ya se había establecido como una expresión cotidiana entre amigos, no como un saludo formal entre empleados y sus jefes o algo que yo usaría con ninguna otra figura de autoridad, como mis padres o profesores. «*Wassup*» era uno de nuestros hechos sociales. Al integrar la expresión en su campaña como hizo, Budweiser convirtió algo que solía usarse para dirigirse a nosotros (la publicidad) en algo que nos ayudaba a comunicarnos entre nosotros y a expresarnos tal como éramos, tanto a nivel individual como colectivo. Y a partir de entonces usamos aquella campaña como una manera de proyectar nuestra identidad y conectar con personas como nosotros. Y así, aquella película de treinta segundos transformó lo que normalmente se consideraría un anuncio publicitario en lo que los estudiosos denominan un «producto cultural», las creaciones tangibles e intangibles que reflejan las perspectivas compartidas de un colectivo. La cultura tiene ese efecto transformador en casi todo lo que toca. Entender la física subyacente a la cultura y su repercusión en el comportamiento humano, por consiguiente, permitirá a líderes, directivos, profesionales del marketing y empresarios aprovechar su influencia, tal como Budweiser hizo en este caso.

El experto en cultura Raymond Williams proporcionó un enfoque útil y contemporáneo de la cultura que me ayudó a entender el concepto mejor de lo que lo había hecho hasta entonces. Williams es considerado uno de los padres fundadores de los estudios culturales, y su trabajo acerca de la cultura amplió la concepción teórica de esta y su relación con la sociedad. Williams dibujó el árbol genealógico del término «cultura» y el significado que se le atribuye, gracias a lo cual yo fui consciente del inmenso impacto de la cultura y cómo puede usarse para catalizar el comportamiento colectivo e inspirar la acción en las personas.

El origen de la palabra cabe buscarlo en el término latino *colere*, que significa 'cultivar' o 'cuidar de algo'. De manera conveniente, uno de los primeros usos de la palabra «cultura» se dio como parte del término «agricultura», que hace referencia al cultivo de la tierra para obtener cosechas uniformes. La ganadería y el cultivo eran las actividades económicas de la sociedad agrícola que perduró durante miles de años. En el siglo XVIII nos adentramos en la Revolución Industrial, que no solo cambió el panorama económico de la sociedad, con la sustitución del campo por maquinaria, sino que, además, modificó el contexto y el uso de la palabra «cultura». Conservando aún su raíz latina, su significado se amplió para abarcar el desarrollo intelectual, moral y expresivo de los niños en una sociedad industrial. De la misma manera que siglos antes los agricultores se habían ocupado de sus cosechas con el fin de garantizar la uniformidad en su florecimiento óptimo, la cultura se convirtió en el medio por el cual los padres velaban por el desarrollo de su prole para asegurar la previsibilidad de su crianza en el seno de aquella nueva sociedad. Como Durkheim, Williams sugirió que la cultura implica fuerzas sociales —tanto sutiles como evidentes— que gobiernan las creencias y los comportamientos de la vida cotidiana.

Williams definió la cultura como un sistema significante realizado, un sistema mediante el cual interpretamos el mundo y lo dotamos de sentido. Este sistema, argumentaba Williams, es todo un modelo de vida para las personas, un programa para vivir el día a día. A través de dicho sistema traducimos nuestras experiencias cotidianas para basar nuestra respuesta en ellas, en función de su significado. La cultura es un sistema de creación de significado en la práctica. Más específicamente, es un sistema de sistemas, un conjunto de principios y mecanismos interdependientes que se dan forma entre sí y que, de manera combinada, influye prácticamente en todo lo que hacemos por quiénes somos y cómo entendemos el mundo.

De ahí que nuestra afiliación cultural esté anclada en cómo nos autoidentificamos, en las etiquetas de las categorías que empleamos para decirles a los demás quiénes somos y para relacionarlos con otras personas en función de quiénes son. Dichas etiquetas abarcan desde el origen geográfico (por ejemplo, de dónde eres) hasta instituciones (la universidad en la que estudiaste), actividades (deportes), comportamiento de consumo (aficionados al *anime*) y un aparente sinfín de designaciones que configuran nuestra identidad. La identidad es el pilar fundamental de la cultura. Una vez que adoptamos un marcador identitario, sea por elección (suscripción) o asignación (adscripción), heredamos de manera implícita las características culturales de la comunidad mediante la interconexión del sistema de generación de significado. Exploremos esta idea en más profundidad desentrañando el intríngulis de estos sistemas.

Sistema uno: cómo vemos el mundo

Entender quiénes somos es un impulso humano fundamental. Esta designación, nuestra identidad, nos sirve de brújula y orienta cómo vemos el mundo. Más de siete décadas de investigación sobre conceptos relacionados con la identidad han revelado el papel fundamental que la identidad desempeña en la definición de las actitudes, los valores y las ideas que comparte un grupo de personas y que, en paralelo, dan forma a cómo esas personas extraen significado y viven sus vidas cotidianas. Ya se basen en referencias construidas socialmente (como el papel familiar de la «madre»), en una referencia individual (como una persona que nos sirve de modelo, sea un cantante de pop o un mentor), una afiliación colectiva (como nuestra religión) o una combinación de las tres cosas, nuestra identidad nos proporciona una lente a través de la cual contemplar el mundo aplicando las creencias compartidas por las personas que suscriben esa misma identidad. Por ejemplo, si se es cristiano, se verá el mundo de una manera; si se es hindú, de otra, y, si se es ateo, de otra completamente distinta, lo cual, a su vez, influirá en cómo se vive la vida día a día.

No utilizo la religión como ejemplo para ilustrar la relación entre identidad, visión del mundo y comportamiento por casualidad. La religión es una institución que existe en todas las sociedades humanas conocidas. Da forma a las creencias colectivas y potencia la coordinación social. Los fieles que suscriben una identidad religiosa también adoptan una conciencia colectiva que los unifica dentro de una sociedad. Estas fuerzas convierten la religión en un intermediario muy útil para entender la dinámica de la cultura. De hecho, el ámbito académico de la sociología empezó con el estudio de la religión precisamente por este motivo. Durkheim exploró el comportamiento contagioso debido en parte a la cohesión social de la religión. Max Weber, otro padre fundador de la sociología, investigó la función de la religión y su influencia en instituciones como la economía y la política, mientras que Karl Marx criticó la opresión que la religión ejerce en las clases sociales. El estudio de la religión como medio para entender la cultura ha sido un proyecto en curso desde entonces. Expertos actuales incluso han ampliado el espectro de la religión para englobar las sectas, el fanatismo y el consumo. Desde un punto de vista académico, la religión y la cultura están entretejidas de manera inextricable.

Tanto si se es «religioso» como si no, uno entiende la atracción gravitacional que la religión puede tener para las personas, y eso convierte la religión en una herramienta útil para explicar el poder de la cultura. A lo largo de este libro usaré referencias religiosas en algunos puntos para explicar un concepto o ilustrar un argumento.

En la superficie, el concepto de una creencia compartida es bastante sencillo. Se trata de la aceptación colectiva de una verdad, una visión comunitaria de la realidad. ¿Existe Dios? ¿Hay otras formas de vida en otras galaxias? ¿La llegada a la Luna fue una patraña? ¿Debería existir la separación entre la Iglesia y el Estado? ¿Todos los hombres nacen iguales? ¿Tiene cabida la política en el deporte? Estas creencias compartidas nos ayudan a enmarcar la cantidad infinita de información que nuestros sentidos transmiten a nuestro cerebro para que podamos encontrarle un significado al mundo y seamos capaces de movernos en él. Es célebre la frase de Anaïs Nin: «No vemos las cosas como son, vemos las cosas como somos». Es decir, que la verdad no es tan objetiva como nos gustaría pensar. La verdad está mediada por la cultura y se negocia y construye socialmente de acuerdo con nuestra visión común de la realidad, con nuestras creencias.

Las creencias y las ideologías compartidas son el sistema cultural menos tangible, aunque tal vez el más importante, porque precede a todos los demás. Tener ciertas creencias hace que nos comprometamos de manera profunda y emocional con determinados comportamientos, y no al contrario. Aunque nuestras creencias e ideologías no resultan fáciles de ver, se reflejan en todos nuestros actos. El antropólogo y estudioso de la cultura Grant McCracken afirmó que nuestras vivencias cotidianas están culturalmente constituidas, moduladas y mediadas por nuestras creencias y concepciones del bien y el mal, de lo justo y lo injusto, de lo aceptable y lo indeseable. Nuestro sistema de creencias e ideologías compartidas es lo que nos dicta lo que nos parece «normal» y «fuera de lugar» y, en consecuencia, es ese sistema el que determina lo que se adopta y lo que no. De manera que apelar a las creencias e ideologías de alguien puede tener una influencia material en su comportamiento. Y cuanto más adoctrinada esté una persona en esas creencias compartidas, más poderosa puede ser esa apelación.

Probablemente al leer esta última frase hayas pensado en las «sectas». No me sorprendería. La cultura y las sectas tienen mucho en común. Las sectas son grupos organizados de personas que se han consagrado a una idea o persona, que le rinden «culto». La palabra «culto» deriva del francés *culte*, que significa 'adoración' y proporciona una metáfora que capta la aparente devoción religiosa de un grupo de personas a un conjunto de hechos sociales compartidos por el cual se rigen y a una visión del mundo en la que están adoctrinadas.

Siento fascinación por sectas religiosas como el Templo de los Pueblos de los Discípulos de Cristo, Heaven's Gate o NXIVM. He leído artículos y he visto documentales acerca de personas que sucumbieron por completo a una organización y sus ideas. Como la inmensa mayoría, cuando escucho estos cuentos con moraleja me pregunto: «¿Cómo puede la gente ser tan crédula?». Me desconcierta la aparente facilidad con la que la gente cae en una «chifladura» tan evidente. Pero lo que tenemos que hacer es preguntarnos: ¿de verdad es una chifladura? Nadie entró en esas sectas pensando que lo eran. Y, sin embargo, con el paso del tiempo, alzaron la vista y se hallaron firmemente instalados en su seno. Este fenómeno puede explicarse en parte mediante lo que el filósofo francés Louis Althusser denomina «interpelación», el proceso mediante el cual se repiten ideas potentes que empiezan a entreverarse en nuestras vidas, hasta el punto de que comenzamos a sentirlas como propias.

Según Althusser, desde el momento en que nacemos nos crían con las ideas y los valores que forman parte del sistema de creencias de la familia y que nuestros parientes comparten. Desde una edad muy temprana y hasta la adolescencia, estamos condicionados a ver el mundo a través de este prisma y a comportarnos en consecuencia. Como es natural, esto forma parte de un sistema de creencias social más amplio con el que nuestra familia se identifica, ya sea la nacionalidad, la religión o una profesión. Por ejemplo, si tu familia pertenece a una iglesia conservadora, es probable que crezcas con ideas conservadoras que has aceptado como las tuyas propias. Eso es lo que significa estar plenamente adoctrinado en una creencia. Nos sentimos interpelados. Y aunque resulta fácil desdeñar a las personas que han caído víctimas de las artimañas de una secta tachándolas de «chifladas», nosotros también estamos adoctrinados en nuestras propias sectas. Lo que pasa es que las llamamos por otro nombre: cultura.

Durante el verano de 2008, tras mi primer año en el programa de máster en la Universidad de Míchigan, tuve la oportunidad de hacer prácticas en Apple en Cupertino, California. Trabajé en el grupo de marketing para socios de iTunes, la plataforma de música online de Apple, gestionando nuestra asociación con Nike Sport Music y una importante iniciativa de marketing universitario que impulsé. Hacia finales de aquel verano, mi periodo de prácticas se había convertido en un empleo y al instante me sentí oficialmente parte de la comunidad de Apple. Era, al menos en mi mente, un «tío de Apple». Había incorporado dicha designación en mi identidad y llevaba ese sobrenombre con orgullo. Me descubriría suscribiendo ideas que eran moneda corriente entre las cuatro paredes de aquella empresa como si fueran las mías propias (por ejemplo: «Decimos “no” a mil cosas que nos gustan, así que podemos decir “sí” a la que de verdad nos encanta» o «Esa experiencia no es intuitiva») y, de manera inconsciente, haciendo mi mejor imitación de Steve Jobs cada vez que me subía al estrado a hacer una presentación. La cultura de Apple había logrado interpelarme. Por supuesto, no era el único; nos ocurría a todos, empleados y aficionados por igual. Nuestras identidades estaban definidas por Apple, y nuestra visión del mundo también estaba modulada por la marca. Probablemente no sea ninguna sorpresa que empresas como Apple, Google, Nike y Tesla tienen lo que muchos consideran un público «sectario». Su sistema de creencias e ideologías compartidas sobresale entre quienes se identifican con ellas y se plasma en el comportamiento de esas personas, lo cual nos conduce a un segundo sistema: un modo de vida compartido.

Sistema dos: un modo de vida compartido

El segundo sistema cultural es un modo de vida compartido. Con ello me refiero al modo en que un grupo de personas se comporta y vive de acuerdo con la ideología y las creencias que comparte. Pongamos, por ejemplo, una fe y un patriotismo comunes. Ambos llevan incorporado un conjunto determinado de valores e ideas que influyen en cómo vive la gente que los suscribe. Los cristianos creen que Jesucristo es el hijo de Dios y, en consecuencia, viven sus vidas de acuerdo con sus enseñanzas. Ahora bien, la manera de interiorizar y ejercer dichas enseñanzas varía en función del tipo de cristiano que se sea. Tras la muerte de Jesucristo, sus discípulos (sus seguidores más fervorosos a la sazón) continuaron difundiendo su doctrina (las creencias e ideologías del cristianismo) y empezaron a propagar estas ideas a otras poblaciones en territorios lejanos. En el año 325 d. C., el clero cristiano se reunió en un concilio ecuménico para abordar algunas de las cuestiones y los desacuerdos crecientes en torno a la naturaleza del propio Jesús. ¿Fue un hombre? ¿Era el hijo de Dios? ¿Era ambas cosas? Pese a que llegaron a un consenso, las preguntas continuaron pendiendo. Un siglo después, la Iglesia empezó a resquebrajarse y algunos grupos se escindieron para poner en práctica su propia interpretación del cristianismo, con sus propios sistemas de creencias compartidas y sus conjuntos correspondientes de normas, artefactos y lenguaje. De aquí nació el confesionalismo en la fe cristiana y nuevas religiones, como el islam. En el año 1054, la Iglesia experimentó el Gran Cisma, a raíz del cual se formaron la Iglesia católica romana y la Iglesia ortodoxa oriental, cada una de ellas con su propio sistema matizado de creencias y prácticas culturales correspondientes, y con su propio estilo de vida. Siglos más tarde, un cura alemán llamado Martín Lutero expresó sus desavenencias ideológicas con la Iglesia a modo de protesta y reclutó a otros fieles para formar una escisión cristiana completamente nueva conocida como protestantismo, a partir de la etimología del término latín *protestari*, 'protestante'. Pero ni siquiera los protestantes consiguieron ponerse plenamente de acuerdo sobre sus visiones ideológicas, y también acabaron astillándose en distintas ramas, como los luteranos y los calvinistas, cada una de ellas con sus propios sistemas de creencias matizados y su propio estilo de vida.

Tal como vemos en la historia del cristianismo, los cambios en las creencias modulan la manera en que las personas conciben el mundo y, en última instancia, su conducta en este. Si uno se identifica como judío ortodoxo, verá el mundo de manera distinta a un judío reformado o un judío jasídico y, por consiguiente, se comportará de manera diferente. Nuestras identidades y los sistemas de creencias correspondientes nos ayudan a darle un significado al mundo, y el estilo de vida que elegimos es nuestra manera de llevar a la práctica esas creencias. Nuestras creencias se ejercen mediante los artefactos que empleamos, los comportamientos que normalizamos, el lenguaje que utilizamos y todas las demás formas de práctica cultural incorporadas en nuestras vidas cotidianas.

Analicemos la idea del patriotismo en Estados Unidos. Las creencias compartidas de los estadounidenses tienden a girar en torno a la noción de libertad: «la tierra de la libertad y el hogar de los valientes». La libertad está engranada en el tejido ideológico de Estados Unidos, por más que el país siga quedándose corto en la provisión de las mismas libertades a todos sus habitantes. Esta desigualdad se ha manifestado desde los inicios de Estados Unidos, con la esclavitud, hasta el actual complejo industrial penitenciario. A pesar de ello, la libertad sigue enarbolándose como uno de los cimientos del sistema de creencias nacional, y los estadounidenses la ejercen en su modo de vida, tanto mediante la libertad de expresión como en su derecho a llevar armas. Muchos de ellos podrían percibir cualquier norma o ley como una vulneración de su libertad, lo cual toparía con una fuerte oposición. De ahí que a nadie le sorprenda que, cuando la COVID-19 se propagaba como la pólvora por todo el planeta y, a título individual, diversos estados de Estados Unidos empezaron a imponer el uso de la mascarilla a sus ciudadanos, una amplia franja de los estadounidenses se negó a usarla. Muchos afirmaban que preferían morir a renunciar a su libertad. ¿Por qué? Porque es la manera de ser de los estadounidenses. Nuestra ideología da forma a nuestro modo de vida.

Desde luego, esto no se aplica a todos los habitantes del país. Muchos norteamericanos llevaron mascarilla, tal como se decretó durante la pandemia, y acataron las reglas dictadas por las autoridades de la sanidad pública porque consideraban que era lo correcto. Ambos grupos se identifican como «americanos» y comparten la misma afinidad por la «libertad». No obstante, su interpretación de la «libertad» difiere y eso los lleva a ejercer sus libertades de manera distinta. No todo el mundo extrae el mismo significado de las cosas; por eso tendemos a gravitar hacia quienes comparten una visión del mundo similar a la nuestra y con quienes, en general, nos identificamos. A aquellos que interpretan el mundo como nosotros los llamamos «nuestra gente» y a los que no, los tenemos por «locos». Esta discrepancia de interpretación es un microcosmos de las múltiples fracturas de la cultura estadounidense que hacen tan heterogénea «la forma que tenemos de hacer las cosas por aquí». En el caso del uso de la mascarilla, algunas personas contemplan esta fractura concreta como la diferencia entre ser liberal y ser conservador. Otras pueden establecerla entre los habitantes de las costas y los de los estados centrales, o entre los estadounidenses corrientes y los «verdaderos patriotas». Sea cual sea la convención en el apelativo, todas ellas nos ayudan a asignar una identidad a las personas que sostienen una determinada interpretación del mundo —un conjunto de creencias e ideologías— que se manifiesta a través de su modo de vida. Los artefactos que llevamos, el comportamiento que adoptamos y el lenguaje codificado que utilizamos son representaciones externas de nuestra visión del mundo.

La relación entre el sistema de creencias y el modo de vida que compartimos es equiparable a la manera en que nuestros genes definen nuestro aspecto físico. Es lo que hay en nuestro interior lo que determina nuestra altura, el tono de nuestra piel y nuestros rasgos faciales. De manera similar, las creencias que albergamos en la mente nos hacen ser como somos y hacer lo que hacemos. Un hondo conocimiento de los significados asociados con nuestros artefactos, comportamientos y lenguaje puede ser muy revelador de las creencias en que se sustentan y capacitan a los profesionales del marketing y los líderes para influir en ellas. Empecemos por los artefactos.

Los artefactos son objetos de fabricación humana que las personas utilizan para señalar sus afiliaciones culturales. Estos objetos adoptan múltiples formas —ropa, herramientas, ornamentos, símbolos, etc.—, pero todos se emplean para plasmar las creencias personales y la ideología con relación al mundo. Si eres un católico devoto, tal vez lleves un rosario (un crucifijo de madera o de metal que cuelga de una sarta de cuentas con la que se hace una serie de rezos ordenadamente) para ejercer tu fe. En cambio, en la fe islámica, las mujeres se ponen el hiyab para ejercer sus creencias. El hiyab es el velo islámico con el que las musulmanas se cubren el cabello. Sin embargo, el término «hiyab» en realidad alude a cualquier prenda que cubra como acto de recato, independientemente de si lo que cubre es el cabello, la cabeza, el rostro, las piernas o el cuerpo. Las creencias e ideologías de la fe islámica se ejercen mediante los artefactos significativos (es decir, «con significado») que los musulmanes usan. Tal es el poder de los artefactos. Y dicho poder nos ayuda a crear nuestro material cultural haciendo más tangibles las creencias e ideologías abstractas propias de nuestras suscripciones culturales. Más aún, los artefactos nos permiten expresar nuestra identidad cultural al mundo e identificar a «otras personas como nosotros».

Los artefactos hacen tangible lo intangible y envían al mundo una señal que dice: «Yo soy así». Además, sirven como elementos mnemotécnicos para los miembros de la comunidad, para ayudarlos a vivir sus vidas de acuerdo con las creencias e ideologías que esta profesa. Como diría mi madre: «Mirar una parte solo te hace ser parcial». Los atuendos, los símbolos y los adornos que llevamos y utilizamos funcionan como pistas que nos ayudan a mantenernos dentro de los confines aceptables de nuestras suscripciones culturales. Estas pistas pueden influir mucho en cómo se comportan las personas, por el significado asociado a los artefactos. Profundizaremos en este aspecto en el capítulo 5. Mientras tanto, pensemos en un Afganistán devastado por la guerra como ejemplo de cómo el significado de los artefactos puede conducir a los resultados conductuales deseados.

Afganistán tiene la peor tasa de mortalidad infantil del mundo, en gran parte a causa de los desafíos que afrontan los médicos de la región para mantener un registro adecuado de las inmunizaciones de cada niño. Estos historiales o carnets de vacunación ayudan a los médicos a saber qué vacunas hay que administrar a cada niño y cuándo hacerlo. Sin ellos, los médicos no tienen manera de saber qué medicinas puede necesitar un niño para sobrevivir. Para agravar este desafío de por sí enorme, los médicos afganos cuidan de una comunidad con un elevado nivel de analfabetismo y recelo hacia las vacunas. Los fundamentalistas musulmanes han creado resistencia en la región vendiendo las vacunas como una estratagema de los estadounidenses para esterilizar a las poblaciones musulmanas y, potencialmente, subvertir la voluntad del dios del islam. Ante tales obstáculos, el Ministerio de Salud Pública de la República Islámica de Afganistán recurrió a un artefacto cultural.

Por tradición, cuando nace un bebé afgano se le pone una pulsera de cuentas en la muñeca como amuleto para protegerlo de las fuerzas del mal. Con la ayuda de la agencia de publicidad McCann Health India, el Ministerio de Salud Pública rediseñó este artefacto para que sirviera como amuleto de inmunidad, colocando cuentas con códigos de colores en las pulseras para que los médicos pudieran comunicarse entre sí qué vacunas se le habían administrado al niño. Cada cuenta de un color representaba una vacuna distinta: el amarillo para la vacuna de la hepatitis B, el azul para la vacuna de la gripe, etcétera. Tras cada nueva vacunación, el médico añadía la cuenta correspondiente como un amuleto a la pulsera del niño, convirtiendo así un artefacto cultural en un historial médico. Los padres afganos no modificaron su comportamiento *per se*. Se limitaron a ejercer sus creencias e ideologías mediante el uso de amuletos para proteger a sus hijos de los malos espíritus. Y por su parte, el ministerio logró salvar las vidas de miles de niños que completaron sus calendarios de vacunación.

De los tres elementos que integran nuestro modo de vida (artefactos, comportamientos y lenguaje), los artefactos son los más fáciles de identificar, porque son claramente visibles. Los símbolos, los estampados, los alfileres, los botones, los gorros, las prendas de ropa, las herramientas y la tecnología de todo tipo y variedad componen las múltiples formas de creaciones humanas que revelan información acerca de los valores y las costumbres de las personas que los utilizan. Sabemos lo que sabemos acerca de las civilizaciones ancestrales porque los artefactos del pasado descubiertos por los arqueólogos divulgaron información acerca de esas sociedades. Estos artefactos del pasado son vestigios del mundo material que miembros de la sociedad de entonces modificaron con un significado incorporado para colmar necesidades funcionales y sociales, tal como ocurre con los artefactos que usamos hoy en día. Pensemos en los *brackets*, sin ir más lejos. Legiones de adolescentes de todo el país llevan estos aparatos de ortodoncia para enderezarse los dientes. Si bien los *brackets* cumplen una función tangible, también revelan información acerca del estándar estético de la sociedad y hasta dónde está dispuesta a llegar la gente por alcanzarlo. Yo llevé aparatos en los dientes durante tres años, como hicieron más de la mitad de mis compañeros de clase cuando éramos niños. Al igual que los *brackets*, los artefactos no son solo materiales, sino también conceptuales, tal como hemos visto con la pulsera afgana.

El psicólogo y filósofo estadounidense John Dewey describió los artefactos como cosas naturales que se han remodelado y reformulado por el bien de la interacción humana. Cumplen una función práctica y una función social, cada una de las cuales tiene una utilidad única y relacionada con los miembros de la sociedad. Los artefactos nos ayudan a sortear las abstracciones del mundo social —por su habilidad de otorgar significado— y a manejar las posibilidades del mundo físico —mediante su habilidad de ampliar los límites humanos—. Las zapatillas deportivas que llevamos, los ordenadores que usamos e incluso la cubertería que compramos son artefactos que cumplen el doble objetivo de tener una función y aportar significado. En consecuencia, los productos que mejor satisfacen estos objetivos para una comunidad concreta son los que tienen más probabilidades de ser consumidos y asimilados en las prácticas culturales de la comunidad como comportamiento compartido.

Los comportamientos son conjuntos de acciones, modales, rituales, tradiciones y ceremonias que practican los miembros de una comunidad. Las fiestas de cumpleaños, los *bar/bat mitzvás*, las cenas de Acción de Gracias, las graduaciones, los bautizos, las bodas, los funerales, las pedidas de mano, las *baby showers*, cantar el himno nacional antes de un partido y una lista interminable de actos sociales son los rituales que constituyen los comportamientos culturales previsibles de una comunidad. Al igual que los ritos de paso, los rituales y las ceremonias performativas cotidianas (como saludarse con la mano), estos comportamientos están intencionadamente cargados de significado simbólico para poner en práctica las creencias e ideologías subyacentes de la cultura.

Los cristianos bautizan a sus feligreses como gesto externo simbólico (sumergirse en agua) de una creencia interna (aceptar a Jesucristo como su Señor y Salvador). Los judíos conmemoran la mayoría de edad de los miembros más jóvenes de la comunidad mediante un rito iniciático conocido como *bar mitzvá* (en el caso de los niños) y *bat mitzvá* (en el de las niñas), el cual denota un momento de madurez espiritual. Todos los rituales en los que participamos están impregnados de significado y, con el tiempo, se convierten en comportamientos previsibles de los miembros de la comunidad. En otras palabras, estos rituales se vuelven socialmente normativos; son las reglas performativas y los estándares que todos los miembros de la comunidad entienden y esperan. Estas normas pueden adoptar un sinfín de formas. Algunas devienen tradiciones populares (prácticas o comportamientos como darse la mano o masticar con la boca cerrada) o costumbres (normas de moralidad que se perciben como «correctas» o «incorrectas», como las relaciones extramatrimoniales), y otras dan lugar a leyes (normas sociales, como la monogamia, que han pasado de ser reglas implícitas a convertirse en reglas formales con consecuencias específicas, por ejemplo, en los casos de poligamia). Estas normas surgen cuando las personas esperan que los demás aprueben o desaprueben un conjunto de conductas concreto, a resultas de lo cual puede darse una mayor cohesión social o un escarmiento social, respectivamente.

Uno de los mejores aspectos de ser profesor de marketing es que me permite viajar por el mundo, conocer a mucha gente y experimentar culturas muy distintas. Participo de su modo de vida, aunque sea de manera momentánea, e intuyo cómo sería ser miembro de esa sociedad. Con el paso de los años, he acabado por sentir una fascinación especial por las tradiciones y las normas sociales que envuelven los noviazgos y el cortejo en las distintas culturas, porque son muy reveladoras de las creencias de las personas. ¿Son los hombres quienes dan el primer paso? ¿Queda la gente con desconocidos? ¿Se besan en la primera cita? Todas estas reglas blandas están culturalmente mediadas y ancladas por la identidad de las personas y las creencias subsiguientes en las cuales se las ha adoctrinado. De manera que, en cuanto aterrizo en un país extranjero, recojo mi equipaje, franqueo la aduana y me subo a un taxi para dirigirme al hotel, acometo mi investigación charlando con el taxista. La pregunta de «¿Cómo funciona aquí el tema del flirteo?» suele suscitar risitas nerviosas. Quizá la alianza matrimonial en mi dedo les transmita la idea de que busco un poco de desenfreno durante mi viaje. O quizá se trate de una pregunta bochornosa, porque es muy personal. En cualquier caso, la gente a menudo se muestra dispuesta a hablar tras unos cuantos «pues...» y algún silencio incómodo. De todos los lugares a los que he viajado y de todos los taxistas a quienes he interrogado, la cultura del flirteo que me ha parecido más fascinante es la sueca. En Suecia, todo el proceso de quedar con alguien es como una danza coreografiada, según he averiguado. Al parecer, nunca se le pide una cita a nadie directamente. En Suecia, le pides a alguien quedar para una «*fika*».

No existe una traducción directa para la palabra sueca *fika*, pero lo más aproximado sería «hacer un café». En 1746, el rey Gustavo III gravó un fuerte impuesto al café y al té con la esperanza de reducir su consumo, por temor a que beberlos en exceso pudiera acarrear problemas de salud. Una vez se levantó su decreto, beber café pasó a ser un aspecto básico de la cultura y el modo de vida de los suecos. Tanto es así que forjaron una tradición, llamada *fika*, consistente en quedar con amigos, familiares o colegas del trabajo para tomar un café o un té con un dulce. En Suecia, *fika* es mucho más que beber café. Es un ejercicio de vinculación social que los suecos se toman en serio, tanto si lo hacen con conocidos como con gente a quien quieren conocer. De manera que, si quieres quedar con alguien, no le pides una cita. Lo invitas a tomar una *fika* y esa primera *fika* se convierte en la primera cita. En Estados Unidos, ir a tomar café se considera casi un trámite, de manera que quedar para tomar un café no se interpreta como algo tan importante como salir a cenar, seguramente porque el compromiso de tiempo invertido en cenar con alguien es mayor. En cambio, en Suecia el café sí que se percibe como algo importante y, por consiguiente, la vida del flirteo gira en torno a él. Comportarse de un modo fuera de tono con estas expectativas sociales en Suecia es equivalente a quebrar las reglas que la sociedad, implícitamente, ha convenido como «la manera normal de hacer las cosas aquí». Transgredir dichas normas puede derivar en un castigo social y, en ocasiones, incluso en la alienación (ahondaremos en ello en el capítulo 4).

Las normas sociales son tan omnipresentes y están tan hondamente arraigadas en nuestra memoria muscular performativa que, por lo general, las aplicamos sin ni siquiera ser conscientes de ello. Cuando alguien nos saluda y nos pregunta: «¿Qué tal estás?», acostumbramos a responder de manera automática y muy a menudo de forma afirmativa, con frases como «Todo bien», «Muy bien, gracias» o «Voy tirando». La respuesta casi nunca es: «Pues, mira, ya que lo preguntas, estoy teniendo un día horrible; estoy muy preocupada porque se rumorea que va a haber despidos en mi empresa», aunque tal pueda ser el caso. Ese grado de transparencia al saludar a alguien suele considerarse incómodo socialmente. La lista de normas sociales en el seno de una comunidad o una sociedad dadas nunca deja de aumentar ni de cambiar, a medida que sus miembros deciden qué se considera un comportamiento aceptable de acuerdo con las creencias e ideologías vigentes del colectivo. Durante este proceso, se construyen y se aplican nuevas reglas que acabarán por determinar las expectativas de los miembros de la comunidad. Las normas sociales podrían reducirse fácilmente a observar «una buena conducta», pero son mucho más que eso. Son los medios que generan cohesión social. La vida ordenada depende de ellas. Y nos desenvolvemos dentro de estas reglas, y de otras miles, cada uno de los días en que lidiamos con el mundo que nos rodea.

El 5 de julio de 1989 se estrenó una de las comedias televisivas más queridas e influyentes de todos los tiempos: *Seinfeld*, una idea original del guionista de comedia Larry David y del monologuista Jerry Seinfeld. *Seinfeld* es célebre porque se vendió como «una serie sobre nada», lo cual no podría distar más de la realidad. Era una serie sobre las convenciones sociales y las consecuencias que se derivan cuando se transgreden. Cada semana presentaba una crónica de las vidas de cuatro amigos —Jerry, Elaine, George y Kramer—, así como de las múltiples normas y rituales sociales que rigen nuestras vidas y del rechazo social que provoca subvertir las expectativas culturales. No mojes dos veces las patatas en la salsa. No orines en la ducha. No te acerques demasiado a alguien al hablarle. Lo que consideramos buenos modales en realidad son convenciones sociales que dictan lo que los miembros de una comunidad consideran un comportamiento culturalmente aceptable. A lo largo de 180 episodios que se emitieron durante nueve años, *Seinfeld* nos aportó una imagen detallada de la cultura estadounidense predominante y de los rituales que ilustran sus creencias e ideologías subyacentes. Como miembros de una comunidad realizamos estos rituales culturales para promover la solidaridad social con el colectivo. Incluso cuando visitamos otros lugares con culturas que nos son ajenas, adoptamos sus rituales con cierta fidelidad para no ofender a nadie ni incurrir en consecuencias sociales no deseadas. Como dice el refrán: «Allá donde fueras haz lo que vieras», lo cual evidencia la influencia de la cultura en grupos de personas a través de un conjunto dado de rituales.

Jimmy Faruggia era un veterano de la Segunda Guerra Mundial que se ganaba la vida como camionero con el objetivo de ahorrar para llevar a cabo sus proyectos empresariales. En 1954, logró ese objetivo al inaugurar Jimmy's Red Hots, un puesto de perritos calientes ubicado en la zona oeste de Chicago, Illinois. Pero la aportación de Jimmy a la ciudad no se quedaría en unas salchichas de carne procesada dentro de un panecillo. Según cuenta la leyenda, Jimmy se oponía categóricamente a condimentar sus perritos calientes con kétchup. Su postura al respecto resultaba desconcertante, habida cuenta del uso ubicuo del kétchup y la mostaza como salsas para estos bocadillos. Sucedía que Jimmy estaba firmemente convencido de que el kétchup se usaba para ocultar el sabor a podrido de la carne en mal estado. Para dejar clara la frescura de sus salchichas, Jimmy nunca ofrecía kétchup como condimento, jamás. En la pared de su restaurante colgaba un rótulo que decía: «¡Ni se te ocurra preguntar!». La combinación de la idea de que el kétchup invadía el gusto de un perrito caliente preparado al estilo de Chicago —con mostaza, pepinillos dulces, cebolla, tomate, un pepinillo en cuña, pimientitos picantes en vinagre y una pizca de sal— con la identidad asociada a ese perrito caliente hizo que al poco se estableciera una norma entre los habitantes de Chicago que se mantiene vigente hoy en día: nadie le echa kétchup al perrito caliente.

Para Heinz Ketchup, un cliente de Wieden+Kennedy, esta norma asentada no era buena para los negocios. Para combatir esta resistencia a su famoso condimento, Heinz decidió llevar a cabo un experimento social. Si se eliminaba el tabú social de echarle kétchup al perrito caliente, ¿lo disfrutarían los chicagüenses? El Día Nacional del Perrito Caliente de 2017 (antes de que contactara con Wieden+Kennedy), Heinz presentó su nueva «Salsa Chicago para Perritos Calientes», que, básicamente, era kétchup con otro nombre camuflado en un envase distinto. Se alentó a los clientes de un puesto de perritos calientes de Chicago a probar la nueva salsa mientras cámaras ocultas filmaban su reacción. Los lugareños dieron al misterioso condimento una oportunidad por recomendación de los empleados del puesto, si bien con reservas. Mientras la salsa salía del dispensador, un cliente dijo: «No creo haber visto nunca nada tan rojo en mi perrito caliente». Sin embargo, a medida que se lo iba comiendo, con cada nuevo mordisco, sus elogios hacia la «Salsa Chicago para Perritos Calientes» iban en aumento. Pero, cuando se les reveló que, en realidad, aquella nueva salsa era kétchup, las alabanzas de los clientes enseguida se tornaron en desprecios. Un de ellos dijo: «Ahora no sé si voy a poder acabármelo [el perrito caliente]», mientras que otros reaccionaron con un lenguaje mucho más gráfico. Y aunque es poco probable que esta campaña condujera a un mayor consumo de kétchup en el mercado, reveló una verdad muy potente: cuesta mucho romper los rituales, incluso cuando la alternativa es mejor. Tal como dijo otro de los clientes de este experimento: «Lo que estás haciendo es cuestionar la identidad de las personas, tío. Y eso es muy peligroso». En efecto, nuestra identidad, mediante la cual suscribimos una cultura, establece un conjunto de creencias e ideologías que se ejercitan a través de los comportamientos que se esperan de nosotros como miembros de la comunidad. Aprovechar un ritual actual —o quizá incluso catalizar la adopción de uno nuevo— puede tener una gran influencia si lo que se quiere es movilizar a la gente.

Hasta ahora hemos examinado en profundidad dos de los elementos del segundo sistema cultural: los artefactos y el comportamiento. Desentrañemos ahora el tercer elemento que configura nuestro modo de vida compartido: el lenguaje. La Biblia narra la historia de un tiempo en el que en el mundo había un solo idioma y una sola forma de hablar, tras el gran diluvio de Noé. La gente se asentó en una parcela de terreno y decidió construir una torre tan alta que llegara a los cielos, para prepararse ante la posibilidad de otra gran inundación. Según esa historia, Dios consideró una blasfemia que el pueblo renunciara a la fe en favor de una estructura hecha por el hombre. Y el Señor dijo: «Todos son un solo pueblo con un mismo lenguaje, y este es el comienzo de su obra. Ahora nada de cuanto se propongan les será imposible». El lenguaje permite la colaboración entre las personas. De manera que Dios confundió su lenguaje, dándoles distintas lenguas para que no pudieran entenderse entre sí y, por ende, no pudieran concluir la torre. El libro del Génesis se refiere a este lugar como Babel, que hoy significa desorden y confusión. La parábola de la torre de Babel, como se la conoce, ilustra el papel que desempeña el léxico de una comunidad para permitir la cooperación entre sus integrantes.

El léxico es el vocabulario, el idioma o dialecto que utiliza un grupo de gente. Los lingüistas definen el léxico como el conjunto de palabras usadas para transmitir significado, sea un léxico especializado o jerga, sean coloquialismos. Por ejemplo, donde yo me crie solíamos utilizar, con diferentes inflexiones, la expresión «Todo controlado», que tenía distintos significados. Así, «¿Todo controlado?» podía significar: «¿Estás bien?», pero también «¿Qué tal te ha ido?» o «¿Has tenido bastante [por ejemplo, de comer]?». «Todo controlado» podía ser una manera de decir: «Tranquilo, yo me ocupo», pero también servía para poner fin a una conversación acalorada, con el significado de: «Ya está bien, cambiemos de tema», o una manera de decir: «De nada». «¿Todo controlado?» podía usarse para preguntarle a la gente si necesitaba algo o, sin interrogante, como un modo de finiquitar una disputa, como diciendo: «Dejémoslo así. No es necesario disculparse». Es la misma expresión, pero tiene distintos significados codificados. No es muy diferente de lo que pasa con la palabra «malo», que puede significar algo negativo (es decir, «algo que no es bueno») y algo positivo (en el sentido de «pícaro» o «travieso», como el «Bad» de la canción de Michael Jackson). No obstante, en un contexto cultural más específico, las capas de significado asociadas con el léxico de un grupo de personas pueden tener una cantidad de matices extraordinaria, como ocurre en el caso de «Todo controlado» o incluso en el de *wassup*. En la superficie, estas expresiones parecen prestarse a una traducción universal, pero bajo esta se oculta un rico tapiz de significado cultural que los integrantes de la comunidad intercambian al hablar.

Los miembros de una comunidad utilizan su léxico, en gran parte como los artefactos y los comportamientos, para significar sus suscripciones culturales y llevar a la práctica las creencias e ideologías asociadas a estas. No solo se espera de ellos que utilicen este lenguaje, sino que entiendan el significado matizado en el contexto en el que se usa. Familias, religiones, fraternidades, clubs, escuelas y empresas tienen un lenguaje codificado que señala su pertenencia mediante el uso y la comprensión de su léxico. En la cultura del *cosplay*,* los miembros de la comunidad utilizan la palabra «canon» para describir un disfraz que recrea con precisión el atuendo que luce un personaje en un momento específico de una historia. En la cultura de los *gamers* o jugadores de videojuegos, los miembros de la comunidad utilizan el término «FPS», acrónimo del inglés *first-person shooter* ('tirador en primera persona') para describir el tipo de juego al que están jugando. También usan el término «KD», acrónimo de la proporción entre *kills* y *deaths* ('asesinatos' y 'muertes') de un usuario, una

* Se conoce como *cosplay* (del inglés *costume play*) la práctica de disfrazarse y representar a un personaje de ficción, especialmente de medios como el *anime*, el manga, los videojuegos, los cómics, las películas o las series. *(N. de la t.)*

unidad de medida para evaluar la habilidad del jugador. En la cultura de la música electrónica, los miembros de la comunidad usan el término «PLUR», acrónimo del inglés «*peace, love, unity, respect*» ('paz, amor, unidad y respeto'), para comunicar las creencias compartidas que los unen. Si no formas parte de estas comunidades, estos términos pueden sonarte a un lenguaje codificado, porque la verdad es que lo son.

Es fácil tildar el lenguaje de otra comunidad como «raro», hasta que nos detenemos a analizar la peculiar naturaleza del que usamos nosotros. Pensemos, por ejemplo, en toda la jerga específica que se usa en el mundo de los negocios. A alguien ajeno a este ámbito, el léxico que usamos puede parecerle incomprensible. «Luego volvemos sobre eso. Te lo paso ASAP, pero probablemente no antes de EOD. Me interesa saber tu POV, así que mándame un *ping* cuando tengas un momento. También me gustaría hacer doble clic en el tema del *low-hanging fruit* de pensar *out of the box*. Siempre que tengas *bandwith*, claro. En resumen, pensar en clave *glocal* puede generar sinergias que sean un *win-win* para la empresa. Con ganas de hacerte un *update* completo pronto». ¿Qué? Para alguien externo a esta comunidad, suena a chino. Y lo mismo puede decirse de la jerga técnica, del argot, de la fraseología religiosa y de otras formas simplificadas e informales de expresión.

La teórica de la cultura y lingüista Amanda Montell describe el lenguaje como el medio que nos permite sintonizar ideológicamente con la gente y hacer que sienta que pertenece al grupo. Conocer los significados ocultos de un lenguaje codificado revela un nivel de intimidad con una comunidad, es una manera de demostrar que eres «uno de los nuestros». El uso y la comprensión del léxico de una comunidad no solo indica la pertenencia a esta e intimidad, sino que, además, proporciona una divisa que los integrantes de esa comunidad pueden intercambiar como un acto de cohesión social. Al igual que los monos peinan a otros monos para fomentar la sensación de comunidad, nosotros usamos el intercambio de lenguaje para generar vínculos sociales mediante el acto de la mímica. Cuando entablamos conversaciones con otros, empezamos a coordinar patrones de pausa, usamos las mismas palabras y estructuras gramaticales similares. Todo ello son maneras de construir comunidad, y el léxico del grupo desempeña un papel capital en este acto performativo.

Producción cultural

El tercer y último sistema de cultura es la producción cultural. Se trata del resultado creativo compartido de una comunidad que manifiesta su perspectiva en el mundo. Puede adoptar la forma de arte, arquitectura, cine, televisión, cómics, pódcast, relatos, música, instrumentos, danza, literatura, moda, peinados, comida, poesía, juguetes o productos de marca. Los miembros de la comunidad utilizan estas producciones como expresiones externas o justificaciones de sus creencias e ideologías que posteriormente integran (en ocasiones por prescripción) en su modo de vida.

La producción cultural también nos proporciona una vía para conocer las expectativas de lo que significa ser miembro de una comunidad, así como un modo de participar en la generación de significado en el seno de esta. Artistas, periodistas, escritores y otros productores culturales crean textos y materiales para aportar un punto de vista acerca de un tema o una situación social que o bien refleja o bien cuestiona las creencias compartidas vigentes en una comunidad. Ya se trate de una canción como «This Is America», del cantante Donald Glover, que critica la violencia de las armas en Estados Unidos, o de una película como *Haz lo que debas*, de Spike Lee, que aborda las tensiones raciales en el país, las producciones ofrecen una perspectiva del mundo informada por la manera como lo ve una comunidad. Las creaciones de productores como Glover y Lee funcionan como un recipiente de información cultural que la comunidad debate y gestiona para decidir si refleja a la «gente como nosotros». Cuando es así, incluimos dichos productos en nuestras prácticas culturales. Lo analizaremos más en detalle a lo largo de este libro, pero, por el momento, exploremos la producción cultural a través de la lente del hiphop.

Aunque suele considerárselo un estilo musical, la verdad es que el hiphop es mucho más que eso. Se trata de una cultura integral, con sus creencias e ideologías, un modo de vida y de producción cultural. La música rap es el producto cultural de la cultura del hiphop. El hiphop surgió a finales de la década de 1970 en los proyectos de viviendas sociales del sur del Bronx, en Nueva York, cuyos residentes bregaban con la pobreza, la delincuencia y la injusticia racial. Estos problemas condujeron a una plaga de drogadicción, a la proliferación de la violencia callejera y a los efectos adversos tanto de una infraestructura urbana en pleno desmoronamiento como de la desindustrialización de las ciudades estadounidenses. Todas estas condiciones inculcaron en los residentes del sur del Bronx la aspiración de algo más de lo que les ofrecía su barrio. El hiphop apareció como respuesta a estas condiciones y se convirtió en una fuerza cultural de creatividad que proporcionó un terreno para la expresión personal y para dar voz política a los jóvenes marginados del Bronx. En la década de 1980, la mayoría de las personas que suscribían la cultura hiphopera o bien producían o bien participaban de su producto cultural, ya fuera haciendo de MC (rapeando por encima de la música), de *disk-jockey* (sampleando y scratcheando discos), bailando *break dance* o pintando grafitis y firmando en las paredes. Al cabo de poco, el hiphop traspasó fronteras, reverberó en otros estados y se asentó en ciudades con tensiones sociales parecidas a las del sur del Bronx. Jóvenes negros e hispanos de todo Estados Unidos se aferraron al hiphop como una vía de escape, como una manera de rebelarse y medrar en el tejido social. Los MC —los trovadores del hiphop— usaban su arte como una divisa social, para narrar las realidades de su entorno en forma de historias con las que el público podía empatizar, ya que gran parte de él procedía de trasfondos similares.

La fuerza gravitacional de la cultura del hiphop en Estados Unidos tuvo un efecto similar en todo el mundo. Aunque en los entornos externos se manifestase de otra manera, la misma marginación que se sentía en las calles del sur del Bronx —aquella pobreza, delincuencia e injusticia racial— también se percibía en las calles de Sudáfrica, por ejemplo. Las historias que relataba el hiphop, o la música rap, narraban experiencias universales, e internet permitió a un público internacional entrar en contacto con la cultura hiphopera y a sus consumidores conectar entre sí. Estas experiencias universales, lo que el estudioso del hiphop Halifu Osumare denomina «marginalidades conectoras», son parte del atractivo de esta cultura: revelan una sensación compartida de marginación, frustración y rebelión contra la opresión alrededor del mundo.

Con el paso del tiempo, la cultura hiphop se difundió más allá de los barrios pobres y llegó a las zonas residenciales, impregnando la cultura popular e influyendo en mercados periféricos. Tal como el periodista del hiphop Jeff Chang describió en su libro *Can't Stop Won't Stop*, «la ubicuidad de una forma de arte desarrollada por jóvenes negros y latinos ejemplifica bien la observación teórica de que lo que está socialmente marginado a menudo se convierte en el centro de la cultura». El éxito arrollador del musical de Broadway *Hamilton* —que narra la historia del padre fundador de Estados Unidos Alexander Hamilton— es un ejemplo de cómo el hiphop ha permeado en la cultura dominante. Durante las dos horas y cuarenta y cinco minutos de duración, el espectáculo se interpreta con una cadencia al estilo de rap, y *Hamilton* ha colgado el cartel de «entradas agotadas» de costa a costa del país, noche tras noche, desde su estreno en 2015. En fechas más recientes, el *break dance* se aprobó de manera provisional como deporte olímpico en las Olimpiadas de 2024 en París, Francia.

El hiphop como producción cultural resulta accesible y permite identificarse fácilmente con él. Su principal instrumentación musical es mediante el *sampleo*, consistente en tomar prestados fragmentos musicales de las composiciones de otros artistas, enlazarlos en bucle y rapear por encima de ellos. La mayoría de los estilos musicales requieren instrumentos, que pueden resultar caros, si no ya inaccesibles, a los grupos marginados o pobres. En contraste, el hiphop es completamente democrático y, en determinados casos, basta con una voz humana, lo cual levanta la barrera de acceso. Sin necesidad de instrumentos o equipamiento para participar en esta forma de arte musical, prácticamente cualquiera puede hacer su aportación a la cultura, y lo mismo puede decirse del *break dance* y de las firmas de los grafiteros. Esta vía de acceso tan fácil abre las compuertas a sumarse al colectivo hiphopero. El resultado de esta facilidad de acceso impulsa simultáneamente la creación y el consumo, y permite a cualquiera que suscriba la filosofía del hiphop contribuir con sus propios artefactos a la comunidad e influir en sus características culturales.

En la actualidad, la música rap —un producto cultural de la cultura del hiphop— es el género musical más consumido en Estados Unidos, y la moda de los hiphoperos, así como su forma de hablar, sus actitudes y su lenguaje corporal se han adoptado en todo el país y allende sus fronteras. La forma de arte a menudo adopta material preexistente y lo reformula pasándolo por el tamiz de un nuevo marco de significado, o bien lo remezcla. La difusión de la música rap ha conducido a la adopción de la cultura del hiphop en todo el mundo, traspasando fronteras étnicas, lingüísticas y geográficas. La gente experimenta el producto cultural y se alinea con los significados que incorpora porque ellos también suscriben las ideologías que sustancian el resultado.

Los tres sistemas de la cultura

Estos son los tres sistemas que componen la cultura. Nuestras creencias e ideologías son nuestra esfera más cercana. Dicha esfera nos ayuda a dotar de significado al mundo y a enmarcar nuestra realidad. Las creencias compartidas de nuestras comunidades se reflejan y ejercitan en nuestro modo de vida, que delimita lo que se considera aceptable en atención a los hechos sociales negociados y construidos de nuestra comunidad. No solo ejercemos esta aplicación a través de nuestro modo de vida, sino que además la expresamos y reformulamos mediante producciones culturales. Este sistema operativo —la cultura— y sus hechos sociales proporcionan tanto las reglas no escritas de la comunidad como las expectativas sociales de lo que significa ser un miembro bien considerado de esta.

Estos códigos elementales de la cultura configuran una manera compartida de entender el mundo y establecen un modo ordenado de comportarse en él, un sistema operativo que gobierna la vida cotidiana. Durkheim argumentó que quienes suscriben una cultura particular tienden a actuar de acuerdo con esta para fomentar la solidaridad social entre sus integrantes. Se refirió a este fenómeno como «efervescencia colectiva». Se trata de un concepto superpotente porque sugiere que lo que creemos, lo que hacemos, el significado que le encontramos al mundo y nuestra manera de comunicarnos son todo subproductos del sistema operativo cultural al que nos adherimos. El sistema dicta nuestro comportamiento colectivo. Lo que compramos, lo que conducimos, cómo nos vestimos, cómo llevamos a término los negocios, qué comemos, qué decimos, dónde trabajamos, dónde vamos de vacaciones, a quién rendimos culto, cómo nos casamos, con quién decidimos casarnos, cómo celebramos los nacimientos, cómo enterramos a los difuntos, dónde vamos a la escuela, qué votamos, qué vemos, a quién apoyamos y prácticamente todos los demás aspectos de la vida social son actos culturales.

Esto convierte la cultura en un vehículo bastante irresistible para catalizar el comportamiento colectivo, no solo para los profesionales del marketing, sino también para cualquiera interesado en que la gente se movilice, sean políticos, gestores, creadores de contenido, activistas, el clero, etc. La cultura influye de manera inconsciente en nuestras vidas y, frente a todas sus fuerzas, estamos relativamente indefensos. ¡Tú también, sí! ¿Por qué? Porque los humanos, como raza, estamos programados para que así sea.

Por eso la campaña «Wassup» de Budweiser tuvo el efecto que tuvo. El retrato de Stone y sus colegas era un reflejo de la cultura del «colegueo» de finales de la década de 1990. Probablemente, el comportamiento asociado con este grupo de personas en un sentido actual se describiría como «típico de tíos». El anuncio reflejaba a la perfección la simplicidad de los intercambios verbales rápidos entre amigos durante sus interacciones cotidianas, así como la situación cómica que se da cuando muchos «colegas» se suman a la conversación. Stone clavó dicha esencia con su cortometraje *True*, una representación perfecta para Budweiser porque captaba la esencia de la amistad y posicionaba la cerveza como el complemento ideal para las reuniones de amigotes.

Con todo, el golpe de Stone fue más allá de su precisión milimétrica al ilustrar un aspecto de la cultura. Fue su contribución al lenguaje con ese *wassup* lo que hizo aquel anuncio tan increíblemente tangible para la cultura de los «colegas» que empezaron a usarlo como divisa social, fortaleciendo así los vínculos relacionales que los conectaban. *Wassup* no era solo una palabra pegadiza; era un código taquigrafiado que indicaba «somos amigos». Durante unos tres meses, cada vez que mi amigo del alma Steven Snead me telefoneaba, me saludaba diciendo *Wassup!*, imitando el deje de Stone y sus colegas. Es más, cuando Steven me llamaba desde su habitación en la residencia, cuyo número no aparecía identificado entre los de la línea fija de mi apartamento, y yo contestaba al teléfono sin saber quién llamaba, en cuanto oía aquel *wassup* y reconocía su voz, me sentía a gusto.

Un aspecto importante fue que la adopción de *wassup* no requirió ninguna reunión ni procedimiento parlamentario. Ocurrió de manera espontánea, sobre todo porque el anuncio evidenciaba el sistema cultural a ojos de los espectadores con cada visionado, y eso creaba legitimidad. Veían aquel anuncio y se veían a sí mismos. A medida que más y más gente empezó a usar *wassup* en conversaciones entre amigos, más se propagaba su uso entre otras personas. La marca se halló inmersa en el espíritu cultural del momento y su legitimidad en el seno de la cultura conllevó un aumento de ventas de cerveza. Sin embargo, como suele decirse, todo lo bueno acaba.

Made in America

En 2011, más de diez años después del estreno de la campaña «Wassup», Budweiser había caído en desgracia entre el público informal. La marca que antaño había reflejado su sistema cultural había dejado de parecerles relevante o un reflejo de su vida. Aparte de los desafíos propios que afrontaba la empresa, todo el sector de las cervezas prémium estaba siendo atacado por las IPA y las cervezas artesanales que se habían puesto de moda. Ante los graves desafíos que afrontaba, Budweiser se puso en contacto con la agencia de publicidad ubicada en Nueva York donde yo trabajaba en aquel entonces, Translation, para intentar reencauzar la situación.

Translation empezó como una consultoría que ayudaba a marcas ambiciosas a prosperar en la cultura contemporánea. La fundaron el magnate de la música convertido en publicista Steve Stoute y sus socios en la sombra: el legendario ejecutivo musical Jimmy Iovine y la superestrella del hiphop Jay-Z.

Translation se forjó una reputación como agencia *cool* con un don especial para reclutar a celebridades y músicos como vehículos mediáticos para algunas de las principales marcas del mundo. Conocí a Stoute en 2010 cuando me pidió que me uniera a la agencia y me encargara de organizar su práctica de marketing en las redes sociales. Tras un cortejo de nueve meses, decidí incorporarme a Translation como director de interacción social. Para ello, monté y dirigí un equipo de estrategas sociales, gestores de asociaciones y distribución, analistas de datos y creadores de contenidos. ¿Y cuál fue el primer encargo que me hicieron? Ayudar a la marca Budweiser a reconquistar su relevancia cultural.

La marca Budweiser es icónica en Estados Unidos. El problema era que Budweiser representaba la cultura estadounidense del pasado. Ya no estábamos en la cultura de la década anterior, con el ondeo de banderas, el saludo a las tropas y el cántico a todo pulmón de «Orgullo de ser estadounidense» que acompañaron al aumento del patriotismo en respuesta a los atentados terroristas del 11-S contra las Torres Gemelas. Ahora imperaba un nuevo tipo de patriotismo, una «nueva cultura estadounidense más relajada y porrera». Aquella cultura estadounidense no arriaba banderas, sino que las lucía, irónicamente, en sus camisetas. Aquellos estadounidenses ya no creían en «la tierra de la libertad, hogar de los valientes», pero sí seguían creyendo en el sueño americano de que cualquiera, venga de donde venga, puede convertirse en lo que se proponga. Y sería esa verdad cultural la que capitanearía el retorno de Budweiser. Pero conseguirlo no iba a ser fácil.

Stoute intuyó la solución desde buen principio. Como ejecutivo de algunos de los sellos de música más destacados del mundo y una voz con autoridad entre los grandes nombres del mundo del entretenimiento, tenía un aguzado olfato para detectar las oportunidades culturales relacionadas con la música. Stoute sabía que, históricamente, Budweiser había invertido en la música como vehículo para conectar con los consumidores mediante un proyecto llamado Budweiser Superfest, un concierto que se celebraba todos los años en verano y era un éxito de taquilla. El primer Superfest se celebró el 19 de julio de 1980, con actuaciones imponentes de grandes nombres del momento, como Rick James, Ashford & Simpson y Teddy Pendergrass. En años posteriores, Stevie Wonder, Aretha Franklin y Whitney Houston pasaron por el escenario del Superfest, y actuaron ante un público con entradas agotadas que llenaba estadios de fútbol en múltiples ciudades cada verano. Sin embargo, cuando en 2011 Budweiser llamó a nuestra puerta, el Superfest había perdido su brillo y las multitudes de asistentes se habían desinflado de manera considerable. Consciente de ello, Stoute nos recomendó que replanteáramos el Superfest, considerando el impacto que la música tiene para forjar conexiones con los consumidores, y, a tal fin, nos propuso que tuviéramos presentes a los fans de la música contemporánea. De manera que, una noche de julio de 2011, casi treinta y un años después del día de la inauguración del primer Superfest, tres de mis colegas de Translation y yo acampamos en una habitación del St. Louis Westin Hotel hasta bien entrada la madrugada mientras preparábamos nuestra gran propuesta a Budweiser de la mañana siguiente. Fue el primero de una cadena de acontecimientos que conduciría a una asociación con Jay-Z, un documental con el legendario cineasta Ron Howard y una mención de reconocimiento del entonces presidente de Estados Unidos, Barack Obama.

El Superfest original era un concierto en múltiples ciudades con megaestrellas del mundo de la música *rhythm and blues* como cabezas de cartel. Pero los tiempos habían cambiado. El R&B no solo había sido destronado por el hiphop como uno de los géneros musicales predominantes, sino que la industria de la música había empezado a dar la espalda al formato tradicional de concierto y mostraba una afinidad creciente por los grandes festivales como Coachella, Bonnaroo y Lollapalooza. Recién salidos de una recesión, los aficionados a la música preferían ver a todos sus artistas favoritos de diversos géneros a ver un puñado de actuaciones de un mismo género por un precio de entrada comparable. Este deseo estaba influido, asimismo, por el modo en que se escuchaba música. Los días de comprar discos y escucharlos de cabo a rabo hacía tiempo que habían pasado a la historia. En lugar de ello, la música se oía de modo aleatorio, gracias a la aparición de plataformas y dispositivos digitales como la aplicación iTunes y el reproductor iPod de Apple, que popularizaron que los usuarios fusionaran sus bibliotecas musicales y escucharan canciones de distintos artistas y distintos géneros en una sola sesión continua. En esencia, los festivales pasaron a ser la manifestación física de escuchar música de manera aleatoria. Así, los asistentes podían ver un concierto de Radiohead, Kanye West, Jack Johnson, Coldplay y Rage Against the Machine por el precio de una sola entrada. Transformar el Superfest de un concierto en múltiples ciudades en un festival de varios días parecía la elección lógica. El paso siguiente era identificar un posicionamiento del festival que encajara con Budweiser.

Inspirándonos en la asociación de la marca con la cultura estadounidense, decidimos contemplar el festival a través del prisma de la música tradicional estadounidense, conocida con el nombre global de «New Americana». Esta cultura se sustentaba en la creencia de que, en este país, la gente que crea cosas y saca ideas al mundo puede alcanzar el sueño americano; en la creencia de que no importa quién se sea ni de dónde se proceda, si se tiene una idea, se puede lograr el éxito. O, tal como lo expusimos nosotros: la cultura New Americana estaba impulsada por una nueva tribu —o neotribu— a la que bautizamos con el nombre de «Makers». Los Makers creen que la expresión personal es un modo de vida y que la forma de vestir puede ser (y, seguramente, debería ser) una expresión de uno mismo, confeccionada por uno mismo. Se trata de un colectivo de personas convencidas de que la creación no es lo que haces, sino quién eres.

Ese sería el ángulo por el que se inclinaría Budweiser, reimaginando el Superfest como un festival de música Maker. No sería solo un evento musical, sino una celebración de los Makers, las personas que creaban la música, el arte y la moda que impulsaban la New Americana, que poblaban la cultura popular y representaban lo que hace de Estados Unidos un país tan grande. Un festival para quienes vivían en busca del sueño americano. Y nadie representaba mejor esa ideología que Shawn «Jay-Z» Carter.

Jay-Z se crio en el complejo de vivienda pública Marcy Projects de Brooklyn, en un trasfondo de delincuencia, drogas y vida en las calles. Jay-Z, que antaño había ejercido como camello, cambió una vida de delincuencia por una vida de rapero y tuvo un ascenso meteórico como músico, ejecutivo musical y empresario. Era la personificación del sueño americano, el ejemplo moderno del mendigo convertido en millonario, y el rostro ideal para nuestra nueva idea para un festival de música. Además, tampoco hacía ningún daño que hubiera sido socio de Translation y que fuera un buen amigo de Stoute. Pero dejando eso aparte, su congruencia con las características culturales de la comunidad Maker era perfecta.

Stoute le expuso la idea a Jay-Z, que se apuntó de inmediato. Con Jay a bordo, aprovechamos la condición de Budweiser como icono en Estados Unidos y actualizamos la marca para representar el sistema cultural más moderno del país, creando el Festival Budweiser Made in America, un festival de música de dos días de duración que se celebró el fin de semana del Día del Trabajador en pleno corazón del Benjamin Franklin Parkway en Filadelfia. ¿Hay algo más americano que eso?

Como socio del proyecto, Jay-Z comisarió el cartel del festival y optó por una gama ecléctica de artistas cuya diversidad reflejaba la del tejido social estadounidense. Desde D'Angelo hasta Run DMC, desde Hives hasta Pearl Jam, Made in America traspasó generaciones, fronteras raciales y géneros. El fin de semana del Día del Trabajador de 2012 dimos el pistoletazo de salida a aquel festival, dando la bienvenida a 90.000 asistentes en un evento de muestreo de Budweiser (la única cerveza que se servía en el festival) de dos días de duración con algunas de las actuaciones musicales más destacadas como trasfondo ambiental. Mediante la legitimación del festival, la marca Budweiser se convirtió en un artefacto simbólico que representaba esta nueva cultura New Americana y el sistema de creencias y comportamientos que apuntalaba a sus miembros culturales. En el momento de redactar estas líneas, Made in America va por su décimo año de existencia y se cuenta entre los cinco mejores festivales de Estados Unidos, y ha proporcionado una nueva base para Budweiser en el seno del sistema cultural de la comunidad Maker. Como su éxito con el anuncio de «Wassup» más de una década antes, Budweiser (con nuestra ayuda) catalizó el comportamiento colectivo aprovechando la influencia de la cultura, en particular, las creencias compartidas, el modo de vida y la producción cultural de la comunidad Maker.

Budweiser es solo un ejemplo, pero hay muchos otros que abarcan una amplia variedad de sectores, contextos y públicos objetivos. Por más distintos que sean los ejemplos, la línea que atraviesa todos estos casos es siempre la misma: la cultura tiene un potente ascendiente en nuestras vidas cotidianas. Afecta a nuestra manera de consumir, a nuestra manera de interactuar, a nuestra manera de trabajar, a nuestra manera de votar, a nuestra manera de presentarnos y prácticamente a todas las facetas adicionales de la humanidad que se puedan imaginar. No existe un vehículo que influya más en el comportamiento humano que la cultura. Y ahora que hemos conjeturado sobre qué es la cultura, escarbemos en por qué tiene una capacidad tan imponente y predecible para movilizar a las personas.

DE SABER POR QUÉ A SABER CÓMO

La naturaleza abstracta de la cultura hace que resulte difícil de describir y más difícil aún de aprovechar como un modo de conseguir que la gente adopte un determinado comportamiento. De ahí que sea esencial disponer del vocabulario para describir qué es la cultura y tener una perspectiva tangible para definir cómo funciona si queremos avanzar más allá de la nebulosa y pasar a lo operativo y aplicable. Cuando alguien dice: «Queremos colar nuestra idea en la cultura», ¿a qué se refiere exactamente? ¿En qué cultura? ¿En qué medida? Estas delimitaciones requieren una comprensión de la que ahora ya dispones.

La cultura es un sistema de creación de significado ya materializado y anclado en nuestra identidad (en quiénes somos), el cual se compone de tres elementos: cómo vemos el mundo, el estilo de vida que compartimos y la creación de una expresión compartida. La relación entre la identidad y estos tres elementos se ilustra a continuación, en la figura 1. Este es el sistema de sistemas que constituye la cultura. En combinación, estos elementos —los hechos sociales de una comunidad— influyen en cómo los miembros de esa comunidad perciben el mundo y en cómo se manifiestan en él. Y si somos capaces de entender estos hechos sociales, entonces podemos aprovechar su influencia para animar a la gente a moverse.

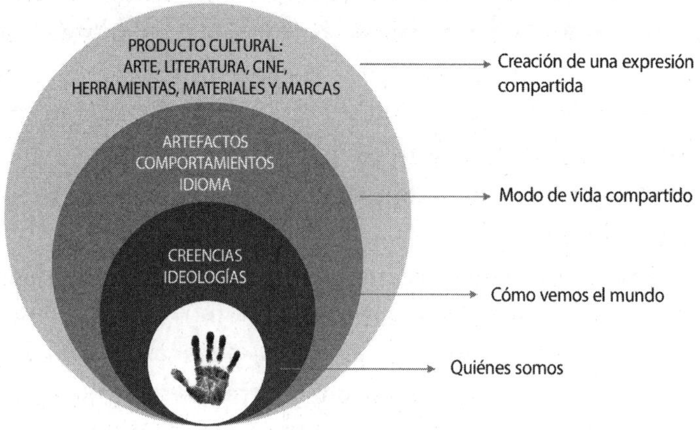

Figura 1. El sistema que constituye la cultura

2

Búsqueda de una congregación

Yvon Chouinard había sido un entusiasta de la naturaleza desde la adolescencia. Practicaba el senderismo, el surf y la pesca con mosca de manera religiosa, si bien su gran pasión era la escalada. Yvon fue uno de los escaladores más destacados de la década de 1960. Durante sus ascensos y descensos se le ocurrían nuevas ideas acerca de cómo perfeccionar su técnica. También pensaba en maneras de mejorar el material que se usaba para escalar que, en aquel entonces, en su opinión, era un poco «burdo». Los escaladores clavaban objetos metálicos en la roca para ayudarse a ascender. Pero, con el tiempo, a medida que se multiplicara el número de alpinistas, eso tendría un impacto significativo en la faz de la montaña y en su estado natural. Y a Yvon eso no acababa de parecerle bien.

Tenía unas firmes creencias acerca del medio ambiente. A su entender, había que disfrutar la naturaleza, pero sin dañarla, y los humanos no deberían dejar nada en su estela. En palabras de Yvon: «Basta una palabra para describirlo: "limpieza". Usar solo fisureros, mosquetones y cintas a modo de protección es practicar una escalada limpia. Y es limpia porque la roca no se altera con el paso del escalador. Es limpia porque no se clava nada en la roca, ni tampoco se desclava, de manera que no se dejan cicatrices en ella que hagan menos natural la experiencia de los alpinistas que vengan después. Es limpia porque la protección del escalador deja pocos rastros de su ascenso. Es limpia porque se escala la roca sin modificarla, y eso nos sitúa un paso más cerca de la escalada orgánica del hombre natural». Con esta sólida convicción, Yvon se lanzó a la herrería para manipular piezas metálicas candentes y convertirlas en material para una escalada limpia. Hacía realidad cada idea nueva que se le ocurría para mejorar el alpinismo, y vendía ese material a otros montañeros. No tenía la intención de montar una empresa. Lo que le movía no era hacer negocio, sino su afinidad con la escalada limpia y su convicción en la conservación del medio ambiente. Y lo que empezó siendo un *hobby* del bricolaje ha acabado convirtiéndose en la empresa multimillonaria que hoy conocemos con el nombre de Patagonia, una marca de artículos para la práctica de actividades al aire libre que vende ropa, mochilas y material deportivo de acampada.

Describir Patagonia como un negocio no le hace justicia. La empresa es más una entidad activista que comercial. En efecto, vende material para obtener beneficios, pero siempre teniendo en mente la protección del medio ambiente. Patagonia está tan convencida de su cometido que ha desestimado oportunidades lucrativas que no se corresponden con sus creencias. Por ejemplo, una de las líneas de negocio de Patagonia suministra ropa corporativa a clientes empresariales de alto perfil. En un momento dado, los chalecos y forros polares con el logotipo de Patagonia grabado en el pecho se convirtieron en una especie de uniforme extraoficial entre los banqueros de Wall Street y la comunidad tecnológica de Silicon Valley. Las caras prendas de vestir de Patagonia dotaron a la marca de una placa identificativa merecedora de aparecer en chalecos junto a los logotipos de Morgan Stanley, Facebook y otros gigantes corporativos. Y ello redundaba en unos ingresos significativos para la empresa. Pero entonces Patagonia constató que algunos de sus clientes corporativos participaban en iniciativas empresariales que no priorizaban el planeta y, al cobrar conciencia de ello, decidió zanjar todo trato comercial con las compañías que no comulgaran con sus creencias. No merecía la pena traicionar sus convicciones a cambio de obtener unos mayores beneficios.

El compromiso de Patagonia con sus creencias es profundo. En 2011, la empresa publicó un anuncio a toda página en el *New York Times* para informar a sus lectores de que no compraran sus chaquetas. ¿Por qué iba a invertir una empresa en publicidad para vender menos productos? Porque Patagonia consideraba que el consumo excesivo era nocivo para el medio ambiente, y optó por alentar al público a llevar a remendar sus chaquetas viejas, en lugar de adquirir una nueva. La empresa no solo se comprometía a reparar todos los productos de la marca Patagonia de manera indefinida, sino que, además, creó un servicio que arregla artículos de otras marcas. E incluso si te cansas de un color o quizá te engordas un poco, la empresa te ayuda a venderle tu artículo a otra persona. Y en el caso de que el producto haya quedado completamente inservible, Patagonia se lo queda y lo recicla a cambio de un vale para canjear en sus tiendas. Se trata de una garantía de por vida, y el objetivo de esta iniciativa es mostrar a la gente que no tiene por qué tirar sus prendas, que puede repararlas, y que hacerlo es lo mejor para el medio ambiente.

Lo más interesante es que, cuantas más decisiones tomaba Patagonia que, en teoría, podían dañar su negocio (como decirle al público que no comprara más productos de la marca), más crecía. La gente seguía comprando. Pero no lo hacía porque los artículos de Patagonia usaran los mejores materiales ni porque sus diseños fueran excepcionalmente mejores que los de la competencia. De hecho, si pones una chaqueta de Patagonia al lado de una de North Face o Columbia (todas ellas marcas de ropa para actividades al aire libre) y les quitas los logotipos, probablemente serías incapaz de diferenciar una de otra. No eran los productos lo que distinguía a Patagonia de otras marcas de su misma categoría; eran las creencias de la empresa —su convicción en una escalada limpia— lo que motivaba al público a comprarlos. Patagonia no salió en busca de un público al que vender. Lo que hizo fue encontrar una congregación que compartía sus creencias, y esas personas pasaron a la acción.

La palabra «congregación» suele describir a un grupo de personas que se reúne para practicar un culto religioso. Pero las congregaciones también son vehículos sociales a través de los cuales la gente halla una comunidad, ejerce sus obligaciones civiles (como servicios comunitarios, por ejemplo) y establece una identidad tanto colectiva como individual. La palabra «congregación» aparece en la Biblia más de trescientas cincuenta veces como referencia a un grupo de personas, que posteriormente se describe como «la iglesia» en el Nuevo Testamento, en el que el apóstol Pablo escribió cartas a muchas congregaciones acerca de lo que significaba formar parte de la comunidad, las epístolas. Dichas epístolas, que recogían las enseñanzas de Jesucristo, asentaron una comprensión de las creencias compartidas por el colectivo, el significado de unos artefactos concretos, las conductas que se esperaban de los miembros de la congregación y el uso aceptable del lenguaje en sus vidas cotidianas. Las congregaciones son practicantes y productores culturales que comparten ideologías que modulan cómo se presenta la gente en el mundo y cómo proyecta su identidad.

El contexto en el que miembros de una congregación interactúan va más allá de la religión. Como cualquier grupo social, las congregaciones poseen unas conexiones sociales hondas y significativas. Como las empresas, las congregaciones participan en actividades comerciales, como adquisición de propiedades inmobiliarias y proyectos de construcción. Aunque no son instituciones artísticas, sus miembros crean y comparten obras teatrales y actuaciones musicales. Las congregaciones no son escuelas y, sin embargo, llevan a cabo programas educativos, como las catequesis. Si le extirpamos la fe, una congregación es, en esencia, un grupo de personas que comparten la misma visión del mundo, y esta influye en su modo de vida, en su expresión exterior y en sus hábitos de comercio y consumo colectivos —si se me permite la licencia— de manera religiosa. Esta manera de concebir las congregaciones me ha resultado especialmente útil en el caso de empresas y dirigentes que pretenden influir en el comportamiento del público porque las congregaciones representan los grupos perfectos de clientes, votantes o suscriptores potenciales a quienes buscamos movilizar.

La mayoría de las empresas concentran sus esfuerzos en atraer a un público objetivo, un grupo selecto de personas que consideran que tienen más probabilidades de adquirir su producto por las funciones y ventajas que ofrece. Piensa en las personas a quienes diriges tus mensajes y en los productos que creas. Ese es tu público objetivo. Ese segmento de consumidores siempre se sentirá inclinado a comprar el producto por lo que es. En cambio, lo que mueve a las congregaciones a comprar es quiénes son ellas, y se trata de una diferencia significativa. Mientras que las marcas de ropa para actividades al aire libre intentan seducir al público con la calidez que aportan sus chaquetas, Patagonia inspira a una congregación a moverse en base a las creencias que comparten sus integrantes. De este modo, el consumo se convierte en un acto cultural para los congregantes (las personas que creen en la escalada limpia), a quienes no solo mueve la utilidad del producto. La gente compra productos por su función. Las congregaciones compran productos como una manifestación de sus creencias.

En gran medida, las congregaciones se componen de agrupaciones de colectivos más reducidos, lo que los sociólogos denominan «tribus»: grupos sociales dentro de una sociedad integrados por individuos vinculados por la geografía, las relaciones familiares y las similitudes ideológicas. Por ejemplo, hay un conjunto de tribus, como los ecologistas, los ambientalistas y los recicladores, que comparten la visión del mundo de la congregación de Patagonia. Todos ellos creen en la «escalada limpia». Ahora bien, cada uno se ejercita a su propio modo y con sus propios matices. Así se aprecia también prácticamente en todos los ámbitos, desde la política —los «liberales», los «progresistas» y los «moderados» componen la congregación del Partido Demócrata de Estados Unidos— hasta el consumo de los medios de comunicación —los «*gijinka*»,* los «*crossplayers*»** y los «*kigurumi*»*** conforman la congregación del *cosplay*—. Los miembros de estos grupos comparten unas creencias, las adornan con determinados artefactos, se adhieren a un conjunto de normas y se comunican mediante un dialecto cocreado. Las tribus se organizan alrededor de un sistema de características culturales que establece la cohesión social entre sus integrantes y permite la colaboración social necesaria para que el colectivo prospere. Dicho sistema les sirve de pauta. Los integrantes de la tribu construyen roles designados —roles laborales, roles de género y roles sociales— que indican cómo deben comportarse los individuos de un grupo. Luego, los miembros de la tribu interpretan sus papeles y se adhieren a las características culturales del grupo para mantenerse en buenos términos con la comunidad.

Han existido tribus desde el amanecer de la humanidad, en todo el planeta y todas las sociedades. Sin embargo, el impacto de la industrialización cambió nuestra comprensión tradicional de ellas. Lo que antaño había estado delimitado por la geografía quedó desarraigado a causa de la propagación de la Revolución Industrial, que obligó a la gente a abandonar sus pequeños pueblos en busca de oportunida-

* *Gijinka* es un término japonés que se traduce literalmente como «antropomorfización». Se refiere a la práctica de reinterpretar un personaje no humano como humano, creando un diseño nuevo inspirado en él y conservando características clave del diseño original. *(N. de la t.)*

** El *crossplay* —una combinación de los términos *cross-dressing* y *cosplay*— es una forma de *cosplay* en la que una persona se disfraza de un personaje de género opuesto. Suele asociarse con la cultura popular japonesa, especialmente con personajes de manga y videojuegos, aunque también puede abarcar figuras de otros medios como la televisión, el cine u otras formas de narrativa. *(N. de la t.)*

*** *Kigurumi* es un término japonés que se refiere a disfraces integrales, por lo general de animales, que cubren por completo a la persona que los usa. *(N. de la t.)*

des económicas en metrópolis densamente pobladas. Ciudades como Londres, París, Berlín y, poco después, Nueva York y Filadelfia recibieron a multitud de inmigrantes en busca de empleo durante el *boom* de las fábricas en el mundo occidental.

Personas de todos los extractos sociales llegaron a esas ciudades portando consigo una diversidad de ideologías, normas y otras características culturales que dio forma a un paraíso de descubrimientos para estos nuevos urbanitas. La gente entró en contacto con nuevas ideas y perspectivas a través del proceso del intercambio cultural, lo cual condujo a una desintegración de las tribus tradicionales y a la construcción de nuevas características culturales que desembocaron en nuevas creencias y prácticas. Fue el equivalente a enviar a un chaval o una chavala de dieciocho años recién salidos del bachillerato a experimentar la vida por sí solos por primera vez sin las presiones sociales de la interpelación y la conformidad familiar. En cuanto los universitarios de primer año llegan al campus topan con una población plagada de diferencias: personas nuevas procedentes de distintos lugares que suscriben creencias distintas, practican normas diversas, usan varios idiomas, visten de otra manera, escuchan música distinta, ven otro tipo de cine y compran otros productos. Todo es diferente. Y es ahí, en la universidad, donde los jóvenes se descubren a sí mismos a través de sus interacciones sociales, al tiempo que descubren el mundo a través de sus estudios académicos. Lo mismo ocurrió con las tribus durante la Revolución Industrial. La gente abandonó sus aldeas para ir a la gran ciudad en busca de empleo... y, al hacerlo, se descubrió de otra manera en una sociedad inmensa como un mar.

Ahora bien, tal como certifican la mayoría de los antropólogos, los humanos estamos configurados para vivir en colectivos cuidadosamente seleccionados, y no en sociedades de masas. De ahí que la gente formara nuevas tribus en el seno de aquella gran sociedad para hallar un «lugar» al que tuvieran la sensación de pertenecer. El sociólogo francés Michel Maffesoli denominó a estas nuevas tribus «neotribus». Los patrones conductuales de estas neotribus funcionan de manera similar a la noción de efervescencia colectiva de Durkheim, analizada en el capítulo anterior, por la cual una comunidad se agrupa para participar de manera colectiva en la misma acción. Dentro de una neotribu, son los miembros quienes negocian, construyen (tanto de manera implícita como explícita) y legitiman —deciden qué se considera aceptable y válido— las nuevas creencias, rituales, artefactos y lenguaje, todo lo cual da lugar a un insólito dogma político, nuevos hábitos de consumo y la adopción de tecnologías y coloquialismos entre los miembros del grupo social.

En gran medida como las congregaciones bíblicas del Nuevo Testamento, las tribus del mundo actual son colectivos sociales vinculados por la creencias e ideologías compartidas que gobiernan nuestra vida cotidiana. Son agrupaciones culturales, como clubs, equipos y organizaciones, que nos ayudan a transitar por el mundo. Todos somos miembros de la tribu de alguien, todos sin excepción. Y nos adherimos a las características culturales de esa tribu al estilo religioso. La pregunta no es si formamos parte de una tribu, sino a qué tribu pertenecemos y cómo nos identificamos a nosotros mismos.

Identidad y visión del mundo

La pertenencia a una tribu es un ejercicio de selección. Fuera de nuestra familia, que es nuestra tribu original, nos unimos a tribus por voluntad propia. Elegimos a un grupo de personas con quienes compartimos una visión del mundo, y ellas nos escogen a nosotros. En Estados Unidos, cada otoño una legión de universitarias presentan su solicitud a la sororidad de su elección, con la esperanza de que esta considere que encajan bien con su actual plantilla de «hermanas». Estas hermanas evalúan a las potenciales reclutas que quieren unirse a su organización en función del grado en que estas encarnan las características que reflejan los valores de la organización. Si la candidata es alguien «como nosotras», entonces es alguien con quien queremos asociarnos. De la misma manera, los potenciales miembros de una organización evalúan si pueden considerarla una extensión adecuada de su propia identidad. La búsqueda en ambos sentidos es coherente: por un lado, hay personas que buscan grupos con quienes compartan ideas y, por el otro, los grupos buscan nuevos integrantes que se adhieran a sus ideales.

Tenlo en cuenta cuando busques nuevas incorporaciones para tu empresa u organización o nuevos consumidores para tu marca. La gente busca formar parte de algo de la misma manera que tú buscas que la gente se te adhiera. Lo que tienes que hacer es encontrar el encaje adecuado con una congregación. Algunas veces hallarás a esas personas, como en el caso de Patagonia y la congregación de «escaladores limpios». Y otras serán ellas quienes te encuentren, como hemos visto que ocurrió con los *hipsters* y la cerveza PBR, por las creencias que transmites (ampliaremos este tema en el capítulo 4).

Todos buscamos una comunidad, ya sea en nuestra escuela, en el trabajo, en nuestra ciudad o en internet. Como dijo en su día Aristóteles: «El hombre es un animal social». Transitamos el mundo social preguntándonos: «¿Es esta mi gente?», «¿Vemos el mundo de forma parecida?», «¿Quiero que mi identidad se asocie con la suya?». Estas son las cuestiones que sopesamos, de manera consciente o inconsciente, cuando evaluamos nuestra pertenencia a una tribu particular representativa de una congregación más amplia. Cuando las respuestas están alineadas, tendemos a buscar hacernos un hueco en ese grupo. De lo contrario, buscamos en otra parte. Este mismo proceso se aplica en el caso de las marcas. Cuando las creencias de una marca están en sintonía con las nuestras, no solo gravitamos hacia ella, sino que hallamos una comunidad entre la gente que se comporta de manera similar a nosotros. En cambio, cuando los valores de la marca desentonan con los nuestros, solemos rechazarla.

La identidad y la visión del mundo tienen que estar alineadas. Esta relación es el puntal de la vida social y la pertenencia a una tribu. Se aplica a la hora de unirse a un nuevo grupo o de decidir quedarse en uno anterior. Como suele decirse, «en la mesa no se habla de religión, ni de política ni de dinero». Pero ¿por qué? Porque estos temas revelan las creencias y las ideologías de las personas, y cuando averiguamos que «nuestra gente» no ve el mundo como nosotros, es inevitable preguntarse: «¿De verdad esta gente es mi gente?». Podemos hacer el numerito de evitar estos temas en la comida de Navidad para que reine la paz, porque ya conocemos la concepción social que tiene nuestra querida tía, pero es menos probable que lo hagamos en grupos a los cuales nos unimos por nuestra propia voluntad.

Si cuestionamos las creencias e ideologías de una religión porque ya no se corresponden con nuestra visión del mundo, podemos abandonar la iglesia, o incluso la fe. Cuando la visión del mundo de la tribu deja de coincidir con la nuestra, dejamos al grupo. Lo hemos visto en el Partido Republicano de Estados Unidos en los últimos pocos ciclos electorales. A medida que las ideologías de los republicanos se fueron radicalizando, con el auge del Tea Party a finales de la década de 2000 y más recientemente con la elección de Donald Trump en 2016, muchos republicanos sedicentes se distanciaron de esta tribu porque sus creencias ya no estaban alineadas con el grupo. La falta de creencias y de coherencia ideológica dio lugar a una incongruencia identitaria consiguiente. Como su concepción del mundo ya no era compartida, la gente no quería que su identidad se asociara con el partido, de manera que estableció nuevas tribus que encajaban mejor con su identidad. Y la inversa, miembros del Partido Republicano cuya visión del mundo ya no se corresponde con el nuevo planteamiento del partido —por ejemplo, Liz Cheney— pueden verse excluidos del colectivo. Este proceso evaluativo ocurre de manera simultánea entre el colectivo y el individuo en base a las similitudes y diferencias en nuestra manera de vivir la vida como una manifestación de nuestra concepción del mundo.

La identidad, las creencias y las ideologías están entreveradas de manera inextricable. Las creencias son las verdades que sostenemos sobre el mundo. Nos ayudan a explicar por qué las cosas son como son. Las ideologías son los relatos acerca del mundo basados en dichas verdades que nos contamos a nosotros mismos. Nuestra identidad es el carácter que nos asignamos en la historia que delimita cómo encajamos en el mundo. En combinación, enmarcan la aleatoriedad de este y aportan significado a lo que observamos y experimentamos. Sostenemos creencias concretas alineadas con nuestra identidad y, como nos identificamos a nosotros mismos con determinados apelativos (apellidos, cargo, empresa o religión), tenemos tendencia a adoptar la visión del mundo asociada con estas etiquetas categóricas. Esta relación fundamenta nuestro tránsito por el entorno social e influye de manera directa en la conducta colectiva de la congregación y las múltiples tribus que la componen. La congruencia entre nuestra identidad y nuestra visión del mundo funciona como un carnet sindical de las tribus a las que nos apuntamos, y la pertenencia a ese sindicato se rige por las características culturales del colectivo: los artefactos, los comportamientos y el idioma.

Podría argumentarse que el fútbol americano se ha impuesto al béisbol como pasatiempo favorito de los estadounidenses. Las poblaciones se dan cita para compartir la emoción de ver jugar a los equipos de los institutos locales los viernes por la noche. Tanto es así que se han creado una película y un programa de televisión (titulados *Friday Night Lights*) para documentar la experiencia hiperbólica de este deporte en esas poblaciones. En cambio, las tardes de los sábados se reservan para otro animal: el NCAA, el campeonato de fútbol americano universitario. Ejércitos de aficionados y espectadores se congregan en estadios, salones domésticos, espacios masculinos, bares y jardines de todo el país para demostrar lealtad a sus instituciones. Es todo un espectáculo. Los estudiantes abarrotan las gradas decorados con pintura corporal y extravagante parafernalia de sus escuelas. Y de todos los rincones del país llegan antiguos alumnos dispuestos a revivir viejos recuerdos y participar en la tradición consagrada de reunirse en los párquines antes de entrar a ver el partido. Las poblaciones se vuelcan en recibir a los asistentes. Para muchos comercios locales, estos sábados son el alma de su negocio, y se preparan como es debido. Yo vivo en Ann Arbor, Míchigan, donde los sábados se dan cita en torno a 107.000 personas en el estadio Big House para ver jugar a los Wolverines de la Universidad de Míchigan («¡Vamos, azules!»). Es la multitud más numerosa que se reúne en el país un sábado cualquiera.

Y este enérgico fanatismo alcanza su cénit los domingos, cuando los equipos de la Liga Nacional de Fútbol Americano, la NFL, salen al campo. Es tan generalizado que incluso he visto acabar antes misas dominicales para que los parroquianos puedan volver a sus casas a tiempo de ver el partido. Es una realidad. Y se ha convertido en un nuevo ritual ceremonial en la cultura estadounidense, hasta el punto de eclipsar la tradición de ir al estadio para ver los partidos de béisbol. Sin embargo, un aciago domingo estuvo a punto de ponerlo todo en riesgo.

Durante un partido de la pretemporada de 2016 de los 49ers de San Francisco, el mariscal de campo titular, Colin Kaepernick, decidió permanecer sentado mientras sonaba el himno nacional antes del inicio del encuentro. Lo hizo en protesta contra las injusticias raciales que muchas personas de color afrontan debido a problemas sistémicos de los sistemas judicial y político de Estados Unidos. Kaepernick pretendía demostrar que no estaremos en disposición de rendir tributo a los ideales del país, tal como se expresa en el himno o al izar la bandera, hasta que decidamos vivir guiándonos por ellos. Su acto no pasó desapercibido. Kaepernick no se limitó a permanecer sentado en aquel juego de pretemporada, sino que durante toda la temporada se arrodilló mientras sonaba el himno nacional. Esto provocó una tremenda polémica en el país. Tanto en tertulias como en prensa escrita, en internet y prácticamente en todas las cadenas de noticias, programas radiofónicos y medios deportivos se debatía sobre el tema. Había opiniones para todos los gustos. El presidente Donald Trump hizo su propia aportación (aunque no es precisamente alguien para poner el listón muy alto). Kaepernick acabaría siendo despedido del equipo —lo cual solo avivó las llamas de la polémica y la conspiración— y presentó una demanda judicial contra la NFL que se volvió muy mediática. La gente empezó a boicotear la NFL. Hubo celebridades que anunciaron que dejarían de ver los partidos. Artistas musicales declinaron invitaciones para actuar en la Super Bowl, el momento más mediático del país, todo ello en solidaridad con el jugador, «alzándose con Kap».

Dos años después de la primera protesta de Kaepernick, Nike —nuestro cliente fundador en Wieden+Kennedy— estrenó un anuncio en prensa con una foto en blanco y negro del deportista repudiado y una declaración sencilla pero provocadora sobreimpresa en el rostro de Kaepernick: «Cree en algo, aunque eso suponga sacrificarlo todo». Nike, la querida marca de deporte que llevaba décadas diciéndole al mundo «*Just Do It*» (otra campaña creada por Wieden+Kennedy), hizo suyo su lema y «simplemente lo hizo». La frase de la marca dejaba claro en qué bando del debate se situaba y, a resultas de ello, agitó el avispero de la opinión pública en las redes sociales. Montones de personas se manifestaron furiosas con Nike por sus acciones y prometieron no volver a comprar nunca un artículo de la marca. Hubo quien incluso llegó a quemar en público ropa de Nike para dejar clara su desaprobación. Internet se llenó de centenares de vídeos que documentaban tales manifestaciones.

¿Por qué se comportaba así la gente? ¿Por qué destruían sus propias cosas después de gastarse un dinero ganado con esfuerzo por un simple anuncio? Te diré por qué. Porque el anuncio de Nike no era solo un anuncio, era la marca comunicando su punto de vista, expresando sus creencias y su ideología. La gente que había adquirido productos de Nike, pero no compartía la opinión de la marca sobre la situación de Kaepernick, lo vivió como una traición, o, al menos, como una desincronización ideológica. Si Nike cree que la protesta de Kaepernick es justa, entonces ¿apoyo yo implícitamente su creencia vistiendo sus productos? En sociología, esto se conoce como autocongruencia, y se da cuando el concepto que una persona tiene de sí misma (cómo se ve y cómo quiere que la vean) se evalúa en relación con su alineación con las marcas y los productos que compra. Si las creencias y las proyecciones de la marca no están en sintonía con las de la persona, entonces se produce una incongruencia, con la consiguiente penalización cognitiva. De ahí que, como consumidores, todos busquemos alcanzar la autocongruencia, o la alineación, con los productos y las marcas que adquirimos. ¿Se alinea esta marca con mi concepción del mundo? En caso afirmativo, seguimos adelante. En caso negativo, abandonamos la marca sin más.

Y eso era lo que estaba ocurriendo en el caso de los clientes de Nike que no «se alzaban con Kap». Su concepción del mundo, aparentemente, no estaba en sintonía con la de Nike y, en consecuencia, se negaban a volver a comprar productos de la marca. Es más, incluso que los vieran llevando prendas Nike podría señalar equívocamente a otras personas que ellos también «se alzaban con Kap», y eso estaba fuera de toda cuestión. Así que decidieron quemar sus zapatillas y tirar sus prendas de vestir Nike a modo de acto de discrepancia ideológica. No estaban de acuerdo con Nike y querían que el mundo lo supiera, aunque eso implicara destrozar productos que ya habían comprado.

Entre tanto, el anuncio de Nike con Kaepernick tuvo el efecto contrario en una gran congregación de tribus que sí estaba de acuerdo con la protesta del jugador. De hecho, esas personas no solo compartían la misma visión del asunto que Nike y Kap, sino que se vieron movidas a comprar más productos Nike como demostración de su congruencia ideológica, lo cual redundó en un aumento del 31 por ciento en ventas para la marca. Tal es el poder de una concepción del mundo compartida: nos hace movernos por quiénes somos. Esto se conoce con el nombre de «efectos motivados por la identidad», un fenómeno que hace que las personas tengan más tendencia a prestar atención a los estímulos que guardan relación con quiénes son. Cuando un estímulo está en sintonía con quiénes somos y cómo vemos el mundo, tenemos más inclinación a detectarlo, preferirlo, seleccionar el medio de comunicación que lo proyecta y adoptar los comportamientos que lleva asociados. Este efecto impulsó a los consumidores a lucir sus productos Nike con orgullo y generó un incremento de 6.000 millones de dólares en las ventas de Nike.

Las personas que comparten la misma visión del mundo son propensas a actuar de manera concertada no solo porque «sientan pasión» por una marca o político, sino porque dicha marca o dicho político son una extensión de ellas mismas. Esas marcas comerciales, dirigentes y organizaciones funcionan como un símbolo de quiénes somos, como una placa identificativa. Transferimos significado del mundo cultural, lo extrapolamos a productos y afiliaciones políticas, y los ritualizamos en nuestra identidad. Marcas como Nike actúan como un tótem —un artefacto consagrado— entre una congregación de personas, y las empresas, las organizaciones y los dirigentes que alcanzan ese estatus totémico entre los integrantes de una congregación son los que esta incorpora en su práctica cultural. Con excesiva frecuencia tendemos a pensar en la imagen de marca como una ejecución de proyectos —logotipos, colores, lemas— en lugar de como una exploración ideológica. Eso sucede porque nuestra concepción de la imagen corporativa es muy limitada. Las marcas son significantes que evocan pensamientos y sentimientos acerca de una empresa, un producto o un organismo, y pueden desbloquear oportunidades para que los dirigentes catalicen una conducta colectiva cuando están ideológicamente alineados con el grupo.

El término «marca» deriva originalmente de la expresión «marcar a fuego» o «marcar con hierro», que describe el marcado que los granjeros le hacían a su ganado con un hierro candente para identificarlo y diferenciarlo del de otros rancheros. Una de las primeras marcas registradas fue una empresa de cerámica llamada Wedgwood, incorporada en el registro a finales de la década de 1770. Cuando los comerciantes llevaban sus productos al mercado para trocarlos, su fundador, Josiah Wedgwood, necesitaba una manera de diferenciar sus artículos de los de otros ceramistas con una oferta similar. De manera que empezó a indicar el nombre de la empresa en sus productos para que resultaran identificables y, por consiguiente, diferenciables de los de otros comerciantes. En este caso, la marca se usó como una «señal legal» para que los clientes supieran qué artículos pertenecían legalmente a qué empresa.

Con el paso del tiempo, conforme el público fue comprando a empresas que lucían una marca legal concreta, este sistema empezó a generar confianza. De ahí que las marcas dejaran de ser «marcas legales» para convertirse en «marcas de confianza». Todos hemos oído decir eso de «Lo barato sale caro». En Estados Unidos hay una expresión parecida, que incluye el nombre de una marca; allí es habitual oír: «A nadie le despiden por comprar un IBM». ¿Qué quiere decir? Pues que IBM es una marca de confianza —o eso se dice—, y esa confianza que transmite sin duda ha comportado beneficios para su negocio a lo largo de los años. La confianza es clave. Y, cuando hay confianza, el amor está a la vuelta de la esquina. Ese fue el siguiente paso en la evolución de las marcas: pasamos de «marcas de confianza» a «marcas que despiertan pasión», unas marcas por las cuales el consumidor desarrollaba potentes sentimientos y con las que establecía una sólida relación que a menudo conducía al consumo irracional de sus productos. La gente seguía comprando artículos de estas empresas porque les apasionaban, y eso representaba alcanzar la cumbre para los comerciantes que vendían sus productos en el mercado.

Ahora bien, aunque el amor y la pasión pueden estimular a la gente a actuar, la identidad tiene un atractivo muy superior, y las marcas actuales más poderosas y codiciadas se benefician de estos efectos inducidos por la identidad. Estas marcas han evolucionado de «marcas que despiertan pasión» a «marcas de identidad» que la gente usa para comunicarle al mundo quién es y con qué congregación comulga. Tal como hemos visto en el caso de Colin Kaepernick y Nike, incluso cuando una marca que despierta pasiones desentona con la identidad de algunas personas (debido a una discrepancia de creencias e ideológica), el público deja de consumirla. En cambio, cuando sus identidades están alineadas y su concepción del mundo es coherente con la marca, es mucho más probable que la gente se movilice. Esto no depende tanto de la funcionalidad del producto en sí, sino de lo que la marca revela de nosotros.

En sociología, este fenómeno recibe el nombre de teoría de los roles, un concepto que establece que nuestras actividades cotidianas son meramente roles que interpretamos como personajes en el mundo social. Tal como escribió William Shakespeare en su obra *Como gustéis*, «el mundo es un gran teatro, y los hombres y mujeres son actores. Todos hacen sus entradas y sus mutis y diversos papeles en la vida». En efecto, todos somos actores sociales que hemos elegido personajes que interpretar en función de los proyectos identitarios que hemos escogido presentar. Si te identificas como un *skater* o patinador, probablemente te comportarás de una manera determinada, te vestirás con una ropa concreta y hablarás siguiendo el guion que se espera de los patinadores (y creado por ellos) para señalar que eres «uno de los nuestros». A fin de cuentas, esto son hechos sociales que marcan lo que significa ser un miembro de los colectivos a los que nos suscribimos.

Como actores sociales dentro de estos colectivos, seleccionamos con esmero nuestra presentación personal en aras de controlar y manejar nuestra imagen pública, y actuamos en función de cómo nos vemos y cómo queremos que nos vean los demás. Huelga decir que adoptamos las costumbres que acompañan al papel que decidimos interpretar tal como los médicos visten batas blancas y los obreros de la construcción llevan ropa de trabajo y casco. Las marcas con las que nos engalanamos, las universidades en las que estudiamos, las empresas en las que solicitamos empleo y las organizaciones a las que nos afiliamos funcionan como insignias de identidad que remachan nuestro personaje social. En consecuencia, la identidad influye en lo que compramos, en adónde vamos, cómo nos mostramos al mundo y con quién decidimos congregarnos. Haz una pausa y piensa en qué revelan de ti las marcas que usas. Quizá sean sutiles señales de asociación que emplean un lenguaje codificado para comunicar tu identidad; por ejemplo, en mi sudadera solo pone «1914», el año en que se fundó la fraternidad a la que pertenezco, los Phi Beta Sigma. La mayoría de las personas con quienes me cruzo en la calle probablemente desconozcan esta relación, pero hay quien sí la conoce, sobre todo otros miembros. También puede ser una declaración más manifiesta, como la camiseta que lleva mi mujer con el eslogan «*I'm with her*» («Yo la apoyo»), que indica sin ambigüedades su respaldo a Hillary Clinton como candidata a las elecciones presidenciales de 2016. Por humildes que sean dichas señales, estas marcas comunican quiénes somos en base a los personajes que decidimos interpretar como actores en la sociedad.

Congruencia e influencia

Nuestras creencias e ideologías definen quiénes somos, y elegimos a nuestras tribus en consecuencia. Lo que hace a las tribus tan especiales no es solo el hecho de que, como animales sociales, las personas tengamos propensión a estar conectadas, sino también que las conexiones que nos unen influyen en nuestro comportamiento colectivo. Nos comportamos de una manera con nuestros colegas del trabajo y de otra con nuestros amigos de toda la vida. Con nuestros compañeros de la universidad podemos soltar tacos como unos energúmenos, mientras que, delante de nuestros padres solemos abstenernos de decir improperios. ¿Por qué? Porque nos adaptamos a lo que se considera un comportamiento aceptable en «personas como nosotros». De ahí que actuemos como se considera «normal» entre nuestra tribu en función de los hechos sociales que hemos definido de manera colectiva. La influencia no siempre es evidente, pero su impacto es sustancial. Hablamos de una determinada manera por nuestra afiliación tribal. Nos comportamos de una determinada manera. Nos vestimos de una determinada manera. Y modulamos nuestras opiniones y creencias para reflejar nuestra alineación con la ideología y el sistema operativo cultural de la red.

Esta dinámica está presente en todas las tribus a las cuales pertenecemos. Pongamos mi familia, por ejemplo. Soy Marcus Collins y pertenezco a la tribu de la *familia Collins*. En casa, creemos que la familia y la iglesia son lo primero, de manera que cada domingo por la mañana se me puede encontrar en la parroquia, nuestro santuario. En caso de no asistir, más me vale prepararme para una llamada telefónica pasivoagresiva de mi madre el mismo domingo por la tarde, preguntándome: «¿Qué tal has pasado la mañana, Marcus?». Se trata de una consecuencia social de comportarme de manera disconforme con las normas culturales de mi tribu.

Cabe decir que no he firmado ningún contrato ni ninguna tablilla de piedra comprometiéndome a ir a misa los domingos. Sería ridículo, a tenor de los estándares sociales de Estados Unidos, el constructo ideológico que da forma a las características culturales de este país. Acudo a la iglesia todos los domingos por la mañana no porque sea una obligación, sino porque creo que es lo que hace la gente como yo. Es lo que hacen los Collins y, como yo me identifico como tal, es lo que hago yo.

Dicho esto, añadiré que tengo primos que se apellidan Collins, pero no van a la iglesia religiosamente como el resto de nosotros. Aunque forman parte de la familia, no los sentimos del todo como «de los nuestros». Y probablemente ellos también se sientan un apéndice de la tribu, en lugar de uno de los órganos vitales de su organismo. Asisten a los eventos especiales, como las graduaciones, y nos visitan durante las vacaciones, pero los lazos familiares que nos unen han quedado relegados a la ceremonia y la nostalgia. No creo que nos queramos menos, pero desde luego no contemplamos el mundo de la misma manera y, por consiguiente, no nos comportamos de forma similar.

Como profesor con una doble licenciatura por la Universidad de Míchigan, también me autoidentifico como miembro de la congregación de los Michigan Wolverine, en particular de las tribus de las facultades de Ingeniería y Empresariales, porque son los programas en los que me licencié y obtuve mi máster, respectivamente. Como congregación, todos creemos que Míchigan es la mejor universidad que existe. Y supongo que es debatible, pero es una creencia que tenemos muy arraigada. De hecho, nos sentimos muy satisfechos de haber estudiado allí. Si nuestra convicción es una verdad objetiva es discutible, pero lo que es incuestionable es el odio profundo que siente la congregación de los Michigan Wolverine por la Universidad Estatal de Ohio. No hablamos de una mera rivalidad. La congregación de los Michigan Wolverine siente animosidad hacia todo el estado de Ohio por el simple hecho de que alberga la Universidad Estatal de Ohio en su capital, Columbus. En un origen, esa enemistad, que se remonta a hace casi dos siglos, era a la inversa. Cuando el estado de Míchigan se estaba preparando para incorporarse a la unión de los Estados Unidos de América, en 1835, hizo campaña por la inclusión de la Franja de Toledo, una masa de tierra limítrofe con su estado vecino, Ohio. Según se recoge este episodio en la historia, el estado de Ohio se opuso a tal movimiento y se llegó al pacto de que Ohio se quedara con Toledo y Míchigan con la Península Superior del estado (que apodamos cariñosamente la «U.P.»), en aquel entonces prácticamente deshabitada. Cuando el equipo de fútbol americano de la Universidad de Míchigan se enfrentó al de la Universidad Estatal de Ohio en 1897, la tensión histórica inherente entre ambos estados reverberó en el campo. Y hasta la fecha, los Michigan Wolverines no soportan a los OSU Buckeyes, y, hasta donde yo sé, el sentimiento es mutuo.

Por cierto, no exagero. Antes de matricularme en la Universidad de Míchigan, me traía sin cuidado la Universidad Estatal de Ohio. Pero, una vez que me admitieron, hice mío ese desprecio por la institución. No tuve que marcar ninguna casilla comprometiéndome a odiarla al rubricar mi carta de admisión en Míchigan, como tampoco juré lealtad a la enemistad entre estas dos escuelas rivales al matricularme, pero prometo que lo hice —figurativamente, claro está— una vez que adopté la identidad de un alumno de la Universidad de Míchigan. Cognitivamente, me resultó fácil y conveniente. Era un Michigan Wolverine, y eso era lo que hacía la gente como yo. Era una expectativa implícita y, como tal, la acepté. Ahora bien, curiosamente, mi sentimiento de desprecio hacia la Universidad Estatal de Ohio cambió cuando mi identidad evolucionó de «estudiante de Míchigan» a «profesor de Míchigan». Para ilustrar esta asociación, acostumbro a hacer un ejercicio con mis alumnos (tanto los de los programas de posgrado como los de programas para ejecutivos) en el que presento a las tribus de las que soy miembro y luego les pido que describan las suyas identificando: (1) el nombre de la tribu, (2) una creencia compartida, (3) una regla tácita del grupo y (4) una expresión común exclusiva del grupo. Tras dar estas instrucciones, describo a una de mis tribus aplicando estas mismas categorías: (1) familia Collins, (2) la familia y la iglesia son lo primero, (3) misa los domingos y (4) «¡Amén!». En mi familia, decimos «amén» para indicar acuerdo, por ejemplo: «¡Hoy cenamos hamburguesas con queso!», «Amén». O «¿Qué te parece si pasamos de todos los planes y nos quedamos en casa viendo una película?», «Amén». La situación puede no tener ningún matiz religioso; es solo una forma de hablar, nuestro vocabulario es un reflejo cultural de nuestras creencias religiosas.

También está (1) la tribu de los Michigan Wolverine, que (2) creen que pertenecen a la mejor universidad que existe. Y, aunque eso pueda ser discutible, todos estamos de acuerdo (3) en detestar a la Universidad Estatal de Ohio y (4) en gritarle a cualquiera que lleve prendas de la Universidad de Míchigan fuera del campus «¡Viva Míchigan!». De hecho, yo llevo a propósito una gorra de la Universidad de

Míchigan siempre que viajo, sea dentro del país o al extranjero, porque nunca falla que alguien la vea y me diga «¡Viva Míchigan!». Y cuando eso ocurre, inmediatamente tengo la sensación de que no estoy solo, como si mi tribu me acompañara incluso cuando estoy de viaje. A fin de cuentas, los humanos somos animales sociales y nuestras afiliaciones tribales nos ayudan a conectar con personas que antes eran completos desconocidos.

Después de describir a mi gente, les concedo a los alumnos un rato para identificar y describir a tantas de sus tribus como sea posible utilizando esas cuatro categorías. Y una vez que han tenido tiempo para pensarlo bien y han plasmado a su gente en negro sobre blanco, los hago colocarse por parejas y compartir sus grupos con el objetivo de detectar similitudes y disparidades. Al cabo de unos minutos de diálogo, vuelvo a convocar a todo el grupo para debatir lo que han averiguado. Cada vez que hago este ejercicio, independientemente del lugar del mundo en el que me encuentre, los resultados son los mismos. Algunas personas nombran a su familia, a sus amigos de la universidad, a un grupo íntimo de amigos y quizá a sus colegas del trabajo, un club de deporte al que pertenecen, una banda de música o algún grupo social con un interés concreto. He escuchado muchísimas respuestas a lo largo de los años. Y, al margen de cuáles sean esos grupos, mis alumnos descubren que las características son a un tiempo universales —en el sentido de que muchas personas comparten rasgos similares con las tribus de otra gente— y matizadas —por el modo específico en el que cada tribu hace las cosas—. Sobre todo, he detectado que la puerta de acceso es muy ancha pero que el sendero que conduce a la pertenencia a un grupo es estrecho. Esa pertenencia requiere intimidad y conocer los códigos de cómo se ejercen las creencias generales dentro de un colectivo concreto. Todos convenimos en que la libertad es importante, pero el significado de la libertad y cómo se manifiesta depende de los hechos sociales de la tribu.

Prosigo el ejercicio preguntando: «¿Qué pasa cuando rompes las reglas no escritas de la tribu?». La respuesta es siempre la misma: «Te expulsan». Desviarse de las normas sociales de la tribu comporta la excomunión. En el caso de una pandilla de amigas de São Paulo, Brasil, que se hacen llamar «el Club del Vino», una regla tácita era que las integrantes no podían tener citas con los exnovios de las demás. Entre un grupo de republicanos de South Bend, Indiana, una regla no escrita era que los miembros no debían mostrarse en desacuerdo con otro republicano en público. Entre un grupo de amigotes que jugaban a fútbol intramuros en la universidad y luego siguieron haciéndolo de manera recreativa de adultos, una regla tácita era que sus integrantes no podían saltarse un partido con menos de cuarenta y ocho horas de aviso y una buena excusa. (Por cierto, el primer departamento de deportes intramuros de Estados Unidos se estableció en los campus de la Universidad de Míchigan y la Universidad Estatal de Ohio en 1913: como ya he dicho, la rivalidad viene de lejos.) No adherirse a estas reglas tácitas comporta la expulsión del grupo, de manera que las acatamos. Esa es la influencia que tiene nuestra gente. Al margen del grupo (ya sea una tribu que colecciona zapatillas deportivas o una tribu de *skaters*), siempre hay un conjunto de características culturales que gobiernan lo que significa pertenecer a esa comunidad, un conjunto de creencias compartidas, artefactos cargados de significado, conductas normativas y un lenguaje codificado. Por consiguiente, para seguir siendo miembros bien considerados de la comunidad, asimilamos estas características culturales. Dichas características rigen nuestras vidas cotidianas como miembros de la comunidad y ayudan a reforzar los vínculos que nos conectan con otros miembros de la tribu. Haz tú el ejercicio que he comentado y observa qué descubres al analizar tus propias afiliaciones tribales.

En mis clases, siempre concluyo este ejercicio formulando una pregunta en apariencia sencilla cuya respuesta ya conozco: «¿Por qué importa tanto que te expulsen de un grupo?». No se requiere un doctorado para saber qué contestar. Los integrantes de nuestras tribus son las personas más relevantes de nuestras vidas. Nos ayudan a enmarcar el mundo que experimentamos y, a través de estos grupos, definimos quiénes somos. No es solo una cuestión de cohesión social; va sobre nuestra identidad. Ser apartado de esa gente sería equivalente a la alienación social y el abandono de nuestra identidad. De manera que nos aferramos con fuerza a estas tribus y acatamos las reglas culturales que las gobiernan. En determinados casos, cuando su mérito se pone en entredicho, incluso defendemos estos rasgos culturales, porque cuestionar la legitimidad del modo de vida de la tribu conllevaría cuestionar nuestra propia identidad. De ahí que las tribus practiquen y protejan sus características culturales como los congregantes religiosos practican y protegen su fe espiritual. Yo soy mi tribu y viceversa.

¿Actúa igual todo el mundo en la tribu? Por supuesto que no. Cuando hablamos de personas, la variedad es la norma. Hay quien rompe las reglas, mientras que otras personas las aplican a rajatabla. Sin embargo, por lo común, la gente tiende a ser coherente con lo que la tribu considera legítimo porque entiende como «normales» las presiones sociales a las que está sometida. Dichas presiones son las expectativas culturales de la tribu que garantizan que las personas se comporten y se presenten de un modo que el grupo considere aceptable.

Estas expectativas culturales representan la centralidad en el seno de un colectivo. Cuanto más alineados estemos con las características culturales de la tribu, más «normales» seremos. Como integrantes de la tribu, nuestro objetivo es estar en buenos términos con los demás, de manera que cumplimos las normas y acatamos las reglas. Actuamos en consonancia con la cultura de la tribu. Por descontado, en la tribu siempre hay actores sociales que van a la suya. Forman parte de la población, pero se desvían de las características culturales del colectivo. Es entonces cuando surge una subcultura, una cultura dentro de otra cultura. Las personas en los márgenes de la sociedad, que suscriben algunas características culturales del grupo, pero no todas, como la mayoría de la gente «normal», tienden a crear su propia subcultura, una subcultura que identifica mejor quiénes son y cómo entienden el mundo. A menudo, este fenómeno ha recibido el nombre de contracultura, como en el caso de los *beatniks*, los *hippies* y los *hipsters*. Estos grupos sociales viven en el seno de una población más amplia hasta que la subcultura se convierte en la nueva norma, en la cultura dominante de la tribu más general, e influye en las nuevas creencias, artefactos, comportamientos y el lenguaje del grupo.

Esta congruencia identitaria entre nuestras tribus y nosotros está tan arraigada que, de manera inconsciente, da forma a nuestro comportamiento en el día a día. Cada día tomamos montones de decisiones partiendo del malentendido de que responden a nuestra voluntad cuando, en realidad, son en gran medida subproductos de un marco mental que refleja las características culturales de nuestra tribu. Es un marco muy simple: soy miembro de [nombre de la tribu]; creemos en [creencia compartida de la tribu] y, en consecuencia, yo [norma conductual]. Soy un Collins; creemos que la familia y la iglesia son lo primero y, en consecuencia, cada domingo por la mañana voy a la iglesia. Todos pasamos por este marco centenares de veces al día para decidir cómo mostrarnos ante el mundo social. La fuerza de una sola pregunta muy simple hace que los miembros de la tribu actúen en armonía: «¿A la gente como yo le gusta hacer esto?». Si la respuesta es sí, lo hacen. Y si la respuesta es no, no lo hacen. Tan sencillo como eso. Tal vez ni siquiera seamos conscientes de estar actuando guiados por este marco, pero no te equivoques: está operativo en la mente de todos y cada uno de nosotros, y para nuestras múltiples afiliaciones tribales. En filosofía está la famosa afirmación «pienso, luego existo», traducida del texto original en latín *cogito, ergo sum*. No obstante, con respecto a las tribus y las congregaciones, sería más adecuado decir: «Soy, luego hago». Soy un Collins, luego voy a la iglesia el domingo por la mañana. Y lo mismo les ocurre a todas las personas y a todas las tribus con las que nuestras creencias e ideología están alineadas y en las cuales proyectamos nuestra identidad.

Esto crea una gigantesca oportunidad para los profesionales del marketing, los empresarios, los líderes o mánagers que buscan catalizar un comportamiento colectivo entre una población. La gente se mueve en sintonía con sus tribus, y sus tribus adoptan características culturales alineadas con la visión del mundo del colectivo. De manera que, cuando las creencias e ideologías de una marca, institución o movimiento son coherentes con las de una tribu (o un conjunto de tribus, es decir, una congregación), los miembros de la tribu se sienten más inclinados a adoptarlas. Y es más probable que pasen a la acción que otras personas. Haz una pausa y pregúntate en qué cree tu empresa. Cuáles son las ideologías que definen cómo ve tu marca el mundo y cuáles son las características culturales asociadas con esa perspectiva. Cuando las creencias de una marca concuerdan con las de la tribu, sus miembros la usarán para comunicar su identidad al mundo y esa marca dejará de ser una mera marca de propiedad para convertirse en una marca de identidad.

¿Crees?

Obtuve mi máster por la Facultad de Empresariales en plena crisis económica de 2008. Fue una auténtica tragedia. Debía 116.000 dólares de mi crédito estudiantil y no tenía ni un empleo ni enchufes para colocarme. Esa es la peor pesadilla para cualquier estudiante de posgrado. Trabajé en Apple durante mi último año de mi máster, pero unos cambios organizativos en el departamento en el que me encontraba pusieron fin a mi periodo en la empresa a finales del curso escolar. De manera que, después de graduarme, hice dos maletas y me mudé a Nueva York a probar suerte en la Costa Este. Por fortuna, había conseguido ahorrar una buena porción de mi salario en Apple y eso me sirvió de colchón para amortiguar el golpe del coste de la vida en la Gran Manzana. Aun así, como puede corroborar cualquiera que haya vivido allí, en Nueva York el dinero vuela.

Tras tres meses de prueba e incontables decepciones, seguía sin trabajo y con la soga al cuello... hasta que un e-mail introductorio de Lauren, la prima de mi esposa, coló mi currículum en el buzón de entrada de Mathew Knowles, el padre de Beyoncé Knowles. Mathew era el ideólogo empresarial tras el ascenso meteórico de Destiny's Child y el director ejecutivo del sello discográfico y la agencia de representación del grupo, Music World Entertainment. Me reuní con Mathew dos veces en Houston, donde tenía la sede la empresa, antes de que me ofreciera el cargo de gestionar la estrategia digital del sello y todos sus artistas, incluida su megasuperestrella, Beyoncé. No cabía en mí de la alegría.

Beyoncé acababa de lanzar su tercer disco de estudio, *I Am... Sasha Fierce*, el año antes de mi incorporación en 2009. Su sencillo «Halo» justo empezaba a despegar mientras aún disfrutaba del éxito arrollador de «Single Ladies (Put a Ring on It)». «Single Ladies» no solo ganó tres premios Grammy, incluido el de Canción del Año, sino que iba acompañado de un vídeo musical aclamado por la crítica que atrapaba tanto como la propia canción. La canción incluía una frase pegadiza, «*put a ring on it*» («ponle el anillo»), que se convirtió en un mantra para las mujeres solteras en relaciones de larga duración. El vídeo incluía un gesto con la mano acorde a ese eslogan e hizo que la canción deviniera un fenómeno cultural mundial. Sin ningún género de duda, Beyoncé era una de las mayores artistas de la escena musical del momento, incluso pese a no saber aún que pronto iba a convertirse en una de las figuras mundiales más aclamadas del planeta. Era el momento idóneo para estar en la esfera de Beyoncé —aunque nunca es mal momento para estar en la esfera de Queen Bey— y yo tenía una entrada en primera fila para ver el espectáculo y la oportunidad de contribuir a establecer su reinado.

Durante mi etapa en Music World Entertainment dirigiendo la estrategia digital para Beyoncé ayudé a lanzar su primer perfume, Heat, que se agotó en Macy's el mismo día que salió a la venta; promoví su debut como directora del vídeo musical para su sencillo «Why Don't You Love Me»; y participé en el estreno de las películas de sus conciertos en directo, entre otros proyectos y ofertas de productos. Con todo, la experiencia más reconfortante para mí trabajando con Beyoncé tuvo poco que ver con esos éxitos y mucho con un fracaso que sería una de las mayores lecciones de mi carrera profesional de todos los tiempos: el Beyontourage.

«Beyontourage» era el término que utilizábamos para identificar a los fans más apasionados de Beyoncé. Combinaba su apodo, «Bey» (pronunciado «*bii*») con la palabra en inglés *entourage* ('séquito'), empleada para referirnos al equipo de asistentes, guardaespaldas, amigos, etcétera de cualquier celebridad. Estábamos en pleno apogeo de la serie de HBO *Entourage (El séquito)*, de modo que, en aquel momento, el Beyontourage se antojaba una idea inteligente. Dejando de lado las convenciones del nombre, nuestro error no radicó en llamar así a estos fans, sino en la perspectiva desde la cual los contemplábamos. El Beyontourage, al menos en nuestra mente, era nuestra apuesta para crear un club de fans digital. Si estás leyendo esto, imagino que en algún momento tú también formaste parte de algún club de fans, aunque no fuera oficialmente, al menos en tu corazón. (Yo lo era de Boyz II Men. Estaba obsesionado.) Los clubs de fans eran el medio principal mediante el cual los fans y los artistas interactuaban (más allá de la propia música). Los fans escribían cartas a sus artistas favoritos (la mayoría de las cuales no recibía respuesta), expresándoles su amor eterno y la apreciación por su trabajo. Estos fans desnudaban su corazón en prosa, describiendo cómo se veían reflejados en la música del artista o cómo una canción en concreto los había ayudado a superar un bache en la vida. Antes de internet, estos intercambios solían ser manuscritos y, tristemente, unilaterales. (Yo sigo esperando una respuesta de Boyz II Men veintisiete años más tarde, por si suena la flauta.)

Internet dio a los fans más oportunidades de recibir noticias directas de sus artistas y de interactuar entre ellos, conversando acerca del amor que compartían por su estrella favorita y de sus experiencias con su música, en sus conciertos y cosas por el estilo. El mundo digital hizo que los clubs de fans fueran menos transaccionales y tuvieran más sentido tanto para los fans como para los artistas. Los diálogos que tenían lugar en el seno de estos clubs online proporcionaban abundante información acerca de lo que a los fans les gustaba y les disgustaba del artista y, en muchos aspectos, funcionaban como un equipo promocional en la calle que ayudaba a difundir nueva música y apariciones. El Beyontourage fue nuestro intento de codificar el club de fans online de Beyoncé, centrado en lo asombrosa que era (y sigue siendo) Queen Bey. Pero nos quedamos muy cortos.

Mientras andábamos ocupados intentando montar un club de fans online, los fans de Beyoncé estaban construyendo su propia red tribal. Nosotros llamamos a sus fans el Beyontourage. Ellos bautizaron su comunidad como «Beyhive» ('Colmena'). Nosotros creamos un grupo en línea alrededor de Beyoncé. Ellos crearon una comunidad alrededor de sí mismos. Mientras que nosotros poníamos el foco en un fanatismo centrado en la música y la fama de Beyoncé, ellos generaron una cultura en sintonía con las creencias y la ideología de Beyoncé porque suscribían su misma convicción: el empoderamiento de las mujeres.

Ellos tenían sus propias normas: una *bey* ('abeja') nunca se volvería contra otra, las *beys* se defenderían entre ellas y siempre cuidarían unas de otras. Establecieron su propio lenguaje, como, por ejemplo, usar «polen» para hacer alusión a cualquier noticia o novedad acerca de Beyoncé. Se comportaban en consonancia y no toleraban que se faltara el respeto a su abeja reina. Si alguna celebridad o figura pública pronunciaba alguna palabra desagradable acerca de Beyoncé, las Beyhive se movían como un enjambre y aguijoneaban. En una ocasión, el cantante de country/rock Kid Rock dijo en una entrevista en *Rolling Stone*: «Para mí, Beyoncé no hace una m...», y la Beyhive respondió con una ira desaforada. Miles de abejas soltaron una sarta de comentarios negativos acerca de Kid Rock en internet y poblaron las redes sociales con su particular emoji de una abeja. Abrumado, Kid Rock respondió en Instagram con una imagen de un bote de insecticida Raid, aceptando que era el responsable del ataque. Como era de esperar, las Beyhive no se tomaron a bien su gesto y continuaron clavando su aguijón. El ataque se prolongó tres años tras la entrevista inicial.

Una vez que el equipo supo de la existencia de Beyhive, la estrategia para el club de fans de Beyoncé cambió de arriba abajo. Ya no se trataba de apoyar a los fans de Beyoncé, la artista, sino más bien de propiciar la consagración de una comunidad de personas en torno a una concepción del mundo compartida, las creencias e ideologías que siempre habían estado presentes en su música, desde «Independent Ladies» hasta «Survivor» y desde «Single Ladies (Put a Ring on It)» hasta «Who Runs The World (Girls!)». Era eso lo que atraía a las personas y lo que compartían a un nivel cultural, más allá de la música. La música de Beyoncé era, simplemente, el producto cultural que las personas utilizaban para comunicar la visión del mundo con la que comulgaban y participar en el diálogo social. Hacerlo les ayudaba a proyectar su identidad y delimitar su encaje en el mundo. A través de esta lente de la identidad cultural establecemos conexiones dentro de las redes sociales a las que elegimos unirnos, y luego actuamos en consecuencia.

Las Beyhive excedían todo lo que nosotros habíamos pensado para el club de fans, porque lo habíamos planteado desde la perspectiva equivocada. Buscábamos fans cuando lo que deberíamos haber buscado eran creyentes. Observar cómo aquel proyecto se hundía cambió por completo mi manera de entender cómo se moviliza al público. En lugar de intentar convencer a los incrédulos, ¿por qué no activábamos al colectivo de los que ya creían, los voluntariosos?

Los expertos en marketing suelen dirigirse a los clientes potenciales. Los políticos ponen el foco en sus posibles votantes. Los recaudadores de fondos buscan a donantes viables. Sin embargo, el auge de las Beyhive (y el consiguiente fracaso del Beyontourage) me enseñó que en el mundo ya existe gente que ve la realidad como tú. Tienen un conjunto de creencias e ideologías similar que modula sus conductas. En consecuencia, teniendo en cuenta los que sabemos acerca de la identidad tribal y una concepción del mundo coherente, en lugar de intentar crear una comunidad en torno a ti, quizá te iría mejor intentar encontrar a gente que ya crea en lo que tú crees y facilitarles una red para conectarlos.

En 2018, la catedral de Grace en San Francisco, California, acogió a los feligreses en lo que denominaron la «Misa de Beyoncé», un oficio que exploraba temas sobre la raza y el género a través de la religión. La misa no posicionaba a Beyoncé como una deidad a quien había que adorar. En realidad, se trataba de una iglesia episcopal. Aun así, fueron las creencias y las ideologías compartidas entre la iglesia, Beyoncé y los asistentes a aquel servicio centrado en el empoderamiento de las mujeres lo que inspiró a más de 9.000 personas a asistir a la catedral, cuando en un día cualquiera habrían acudido unos cincuenta feligreses. Si quieres inspirar a la gente a pasar a la acción, tu mejor baza es hallar tu congregación, es decir, la suma de tribus de personas que comparten tu visión del mundo. Esas personas tienen más inclinación a actuar en sintonía y a hacerlo de un modo religioso, precisamente por quienes son. Se movilizan como una expresión de su identidad y sus adscripciones culturales, no por las propuestas de valor que les ofrezcas, como una música mejor, un coche más veloz o una batería más duradera. Son creyentes, y se comportan como los creyentes. Como animales sociales que somos, es así como estamos programados, y ese es el poder de la cultura en el seno de una tribu. Nos instiga a movernos en armonía con otros miembros de la tribu, como un acto de pertenencia y solidaridad social. Para conseguir este nivel de influencia, primero tenemos que decidir en qué creemos y luego identificar a la o las tribus de personas que ven el mundo como nosotros.

Tú sabes en lo que crees. Sabes cuál es tu ideología y cuáles son tus creencias. ¿Quién más en el mundo comparte esas mismas creencias y esa misma visión ideológica del mundo? En marketing, a esto lo denominamos «segmentación» y «publicidad dirigida». La segmentación es el acto de tomar a un grupo heterogéneo de personas, en el que cada una es distinta de las demás, y colocarlas en grupúsculos más homogéneos, donde tengan más cosas en común que discrepancias. Cuando segmentamos a una población, la dividimos en grupos en función de distintas preferencias y atributos para poder ofrecerles los productos y mensajes de marketing que más les influyan a adoptar determinados comportamientos. Esa es, a fin de cuentas, la función principal del marketing: motivar la adopción de conductas. Una vez que la población se ha dividido en estos segmentos, los profesionales del marketing seleccionan aquellos a los que ofrecerán sus productos. Ahí es donde entra en juego la publicidad dirigida. Dirigimos la publicidad (seleccionamos) a un segmento (o varios) para impulsar a la mayoría de las personas a adoptar el comportamiento que buscamos, sea comprar, votar, ver, suscribirse, asistir, etc. Aunque nuestro proyecto podría ser útil para «todo el mundo», centramos nuestros esfuerzos en las personas más propensas a movilizarse. Teniendo en cuenta la influencia que la cultura tiene en nuestro comportamiento, debido a las presiones sociales de nuestras tribus y a nuestra búsqueda de la congruencia identitaria, las tribus se presentan como el segmento más atractivo al cual dirigir la publicidad.

Esta perspectiva exige una sólida consideración, aunque solo sea por el hecho de que las tribus son reales. Se componen de personas reales, y las personas las utilizan para comunicar quiénes son y definir su encaje en el mundo. Los segmentos, en cambio, no son reales. Son un constructo que los profesionales del marketing crean mediante el cual se reparte a las personas en grupos homogéneos basándose en un indicador impreciso que nos ayuda a identificar quiénes son y a predecir lo que tienen probabilidades de hacer. Los segmentos son sencillos y claros. Pero la gente real es compleja y caótica. Tal como escribió el astrofísico Neil deGrasse Tyson en un tuit: «En ciencia, cuando el comportamiento humano entra en la ecuación, las cosas se vuelven no lineales. Por eso la física es fácil y la sociología es difícil». Las personas reales no encajan en pequeños compartimentos, por mucho que nos esforcemos en meterlas en ellos.

Ahora bien, los profesionales del marketing no son los únicos que actúan así; todos lo hacemos. Metemos a la gente en casillas para simplificar la complejidad del mundo y que nos resulte más fácil dotarlo de sentido, no en aras de la precisión, sino de la eficiencia. Veamos este ejemplo. Te presento a mi amiga Deborah. Deborah conduce un monovolumen. ¿Tiene hijos? ¿Juegan sus hijos a algún deporte? ¿A qué deporte juegan? ¿Y dónde vive Deborah? Mientras leías estas preguntas, es probable que te hayas ido formulando las respuestas. Seguramente habrás pensado: Deborah conduce un monovolumen, de manera que debe de tener hijos que juegan al fútbol, y viven en un callejón sin salida. Más o menos, ¿no? La clave está en lo siguiente: te he dado un dato suelto de Deborah (conduce un monovolumen) y, a partir de eso, has cartografiado toda su vida. Es lo que hacemos todos... con una gran fluidez cognitiva, debo añadir. Metemos a la gente en casillas basándonos en características que nos sirven de atajo para asignarle una identidad. Ahora te presento a Mike. Mike lleva una cresta de mohicano. ¿Qué clase de música escucha Mike? ¿Qué tipo de ropa viste? ¿Qué tipo de vehículo conduce? ¿De qué color tiene la piel? Hago este ejercicio en todo el planeta y las respuestas casi siempre son las mismas y, normalmente, se expresan al unísono. ¿Por qué? Porque hemos establecido unas determinadas casillas en las que meter a los conductores de monovolúmenes y a las personas que llevan cresta. No porque sea preciso, sino porque es fácil.

Estas casillas suelen fraguar en base a estereotipos que se han ido construyendo y socializando a lo largo de los años como, por ejemplo, que a todas las mujeres les encanta ir de compras y que los hombres son unos calzonazos. Es fácil entender cómo acaba esto. Estos estereotipos presentan graves defectos porque no hay nada que «todas las mujeres» hagan, más allá de su constitución biológica de ser una mujer. Dicho esto, el género es tan fluido que hasta la biología se queda corta para describir lo que «todas las mujeres» hacen. Aun así, no hay nada inherente al hecho de ser mujer que predisponga a una persona a algo como ir de compras. Si bien sí que existen fuerzas sociales que imponen ciertas normas de género a las mujeres, dichas normas son culturales por naturaleza. Es decir, nuestro comportamiento no lo dicta nuestro hardware, sino nuestro software, en otras palabras: nuestras características culturales.

Por desgracia, esta delineación suele pasárseles desapercibida a los profesionales del marketing, que recurren a la demografía para describir a las personas en función de su edad, raza, género, ingresos familiares, ubicación geográfica y educación. La demografía proporciona casillas separadas en las que distribuir a las personas y nos ayuda a perfilar un mundo nítido. Pero pasa una cosa: la demografía, pese a fundamentarse en hechos, no describe con precisión quiénes son las personas. Pensemos, sin ir más lejos, en mis datos demográficos. Soy afroamericano. En el momento de escribir este libro tengo cuarenta y tres años. Procedo de Detroit, Míchigan, donde nací y me crie, y he ido a la escuela pública toda mi vida. Si un experto en marketing viera esta descripción de mí —mi edad, raza y ubicación geográfica— como un objetivo de su interés, probablemente me encasillaría aplicando los estereotipos mentales que se ha forjado acerca de lo que hacen los hombres negros cuarentones que viven en Detroit. Es lo mismo que hemos hecho nosotros con Deborah, que conduce un monovolumen, y con Mike, con su cresta *punk*. Deborah seguro que tiene hijos. Y vive en una zona residencial. Probablemente sus hijos jueguen al fútbol. A todas las mujeres les gusta ir de compras. Y a todos los negros les gusta [rellena el espacio con algo racista].

Por defectuosa que pueda ser esta estrategia, tanto los profesionales del marketing como todo el mundo caen víctimas de estos atajos cognitivos a diario. Por más que, en efecto, tengo cuarenta y tres años, soy negro, de Detroit y he estudiado en escuelas públicas toda mi vida, nada de eso permite deducir que aprendí a tocar *jazz* de niño y participé en competiciones de natación desde los seis años hasta acabar el instituto (mi hermano, Eugene, lo hizo también durante la universidad). En la veintena me ganaba la vida componiendo canciones de amor y crecí amando a los Monkees tanto como me pirra A Tribe Called Quest. Estas experiencias contribuyen a modular mi concepción del mundo, que a su vez influye en mi comportamiento en ese mundo. Los datos demográficos nunca captan los matices que me convierten en quien verdaderamente soy. En cambio, mis tribus sí que lo hacen, lo cual las convierte en un mejor medio para segmentar el mercado que la demografía. Además, la gente se identifica con sus tribus y hace suyas las características culturales de estas y, más en general, de su congregación. Por eso nuestras conductas son mucho más fiables como predictores de los comportamientos de personas como nosotros que las casillas ficticias que establecen los profesionales del marketing.

A través de este prisma, la segmentación y la publicidad dirigida resultan muy claras. Dividimos el mercado en dos segmentos: los que creen y los que no. Y a partir de ahí nos dirigimos a los creyentes, que tienen más propensión a movilizarse, y pasamos de los no creyentes. Ah, por cierto, probablemente haya más creyentes en el mundo real de los que imaginas. Recuerda, múltiples tribus se combinan para crear congregaciones. Como hemos visto anteriormente con Patagonia y la congregación de convencidos de la escalada limpia, hay personas en la «tribu verde», un colectivo que intenta llevar un estilo de vida más ecológico y respetuoso con el medio ambiente, que probablemente también apuesten por el concepto de la escalada limpia. Asimismo, algunas personas que se identifican como miembros de la tribu decidida a revertir el cambio climático también son creyentes. He ahí dos tribus distintas que comparten la misma concepción del mundo que la marca. Junto con otras tribus de mentalidad parecida, componen una congregación, una serie de personas con unas creencias e ideologías afines que influyen en cómo se muestran al mundo y cómo proyectan su identidad.

Incluso las congregaciones religiosas están formadas por muchas tribus, normalmente tribus familiares. Están los Collins, los Henton, los Davis, los Sim, los Finley, los Thomas, los Ewing y otros que, en conjunto, integran la congregación, tal como los romanos, los corintios, los efesios y los filipenses eran tribus separadas que compusieron la congregación del cristianismo. Estas tribus constituyen una congregación porque comparten la misma concepción del mundo. La Casa de Israel estaba formada por doce tribus, cada una de las cuales poseía su propio programa de vida con matices; por ejemplo, los integrantes de la tribu de Levi eran sacerdotes y los miembros de la tribu de Judá eran reyes, pero todos tenían creencias e ideologías comunes. Hay una serie de tribus que creen lo que Beyoncé cree y una serie de tribus que creen lo que Patagonia cree, de la misma manera que hay tribus que comparten la misma concepción del mundo que Nike y Kaepernick. Las colecciones de estas tribus integran las congregaciones respectivas de esas marcas. Son las tribus de personas que contemplan el mundo como nosotros y actúan coordinadas de manera religiosa, lo cual las convierte, indudablemente, en las que tienen más probabilidades de movilizarse cuando se las active. De modo que, si quieres que la gente se movilice, te conviene empezar a buscar tu congregación.

Tribus en red

La Super Bowl de la NFL es uno de los mayores acontecimientos mediáticos de Estados Unidos. Aproximadamente un tercio de la población del país se conecta para ver cómo los dos mejores equipos de las dos conferencias que integran la NFL (la Conferencia Americana de Fútbol [AFC] y la Conferencia Nacional de Fútbol [NFC]) se enfrentan por el título de campeones. Mucho más que un partido de fútbol americano, la Super Bowl se ha convertido en uno de los acontecimientos culturales del país, y conlleva una serie de rituales y ceremonias que los espectadores experimentan religiosamente año tras año, como reunirse con amigos, comer alitas de pollo y, por supuesto, ver los anuncios televisivos. La publicidad se ha convertido en una parte tan esencial de la vivencia de la Super Bowl que la cobertura en prensa del partido tras el campeonato suele quedar eclipsada por qué marca exhibió el mejor anuncio. De ahí que los anunciantes inviertan una pequeña fortuna para llegar a esta audiencia embelesada durante el gran encuentro. En 2022, el coste medio por emitir un anuncio de treinta segundos durante la retransmisión de la Super Bowl era de 5,6 millones de dólares. Esa cifra supera el presupuesto anual global de comunicaciones de marketing de muchas empresas y, sin embargo, las marcas más renombradas se presentan en el partido con sus anuncios más grandilocuentes y repletos de estrellas porque nosotros (el público) sintonizamos la emisión... a veces ni siquiera para ver el partido (como mi esposa), sino para ver (y hablar) de la publicidad.

Aunque Facebook (ahora Meta), la red social gigantesca con más de 2.500 millones de usuarios, se gastó 382 millones de dólares en publicidad en 2018, la empresa estuvo ausente en el espectáculo publicitario de la Super Bowl hasta la edición de 2020, cuando emitió su primer anuncio en el evento. El *spot* de sesenta segundos (¡11,2 millones de dólares!) ponía el foco en la función de Grupos de Facebook, que permite a los usuarios conectar con otras personas con intereses afines. A diferencia de la función tradicional de Facebook, los Grupos permiten a los usuarios organizar comunidades con personas a quienes probablemente no conocen ni han visto nunca en carne y hueso. El anuncio empieza con el chirrido de unos neumáticos de una furgoneta verde de estilo ochentero. El tema de Twisted Sister «I Want to Rock» suena de fondo, de modo que cuando el portón trasero de la furgoneta se abre y sale por él un joven desgarbado y melenudo con unos cuantos amigos, es fácil dar por sentado que se trata de una banda de rock. Sin embargo, enseguida descubrimos que es una pista falsa. A continuación, la cámara enfoca al mismo tipo y sus amigotes alineados a la orilla de un lago, lanzando piedras al agua, y vemos al grupo con el lema «Table Rock Lake Facebook Group» sobreimpreso en pantalla. La cámara enfoca ahora a otro grupo de personas que preparan cócteles con las palabras «Craft Cocktail Club Facebook Group» impresas en pantalla. Acto seguido, muestra a un nuevo grupo de personas, en este caso escaladores, y revela que este grupo es el «Moab Rock Climbers Facebook Group». El anuncio continúa con el «Starting Strongman Facebook Group», un grupo de pugilistas a quienes vemos levantando rocas para ejercitarse, seguido del «From the Front Porch Facebook Group», un grupo de personas que aparecen sentadas en mecedoras en el porche delantero de una casa. Le siguen el grupo de Facebook de *buggies* de escalada «Rock Buggies Facebook Group», el grupo de Facebook de cohetes experimentales «Amateur Experimental Rocketry Facebook Group», el grupo de Facebook de triatletas «Alcatraz Triathletes Facebook Group» y tomas rápidas de muchos otros grupos de Facebook cuyo título contiene la palabra «rock». El anuncio concluye en la escalinata delantera del Museo de Arte de Filadelfia, famoso por ser el escenario de la icónica escena de la película *Rocky*, con un oportuno grupo de Facebook de corredores llamado «Rocky

Balboa Going the Distance Facebook Group» y un Chris Rock que pregunta «¿Quién pensabais que era?» antes de que el protagonista de las películas *Rocky*, Sylvester Stallone, aparezca en pantalla.

El anuncio, creado por Wieden+Kennedy, no solo nos habla de la función de los Grupos de Facebook, sino que hace mucho más que eso. También nos recuerda que todos estamos conectados con otras personas a través de nuestros intereses y afiliaciones. Dichos intereses no son en absoluto genéricos. Tienen multiplicidad de matices y significados. Se sustentan en un conjunto de creencias e ideologías que todos tenemos en gran estima y están gobernados por las características culturales que dan forma a cómo nos mostramos al mundo. Aunque Facebook los llama «grupos», podemos referirnos a ellos por un nombre más apropiado: «tribus». Y, por supuesto, puede accederse a estas tribus a través de redes sociales como Facebook, porque las personas que integran nuestras tribus están interconectadas a través de estructuras en red.

Si colocáramos a nuestras tribus bajo un microscopio hipotético, lo que veríamos sería una serie de vínculos, invisibles a simple vista, que nos conectan con nuestra gente como los hilos y nudos de una telaraña. Cada nudo conecta a una persona con otra y, de manera colectiva, el conjunto de nudos nos conecta a todos entre nosotros. Si bien tendemos a aludir a estos nudos en función de la naturaleza de nuestra relación («novio/a», «mejor amigo/a», «compañero/a de equipo», «colega del trabajo» o «mentor/a»), en esencia son los enlaces covalentes que crean la red que conecta a la tribu.

En conjunto, estos nudos constituyen la red de conexiones de la tribu —una red tribal, por así decirlo—, de tal manera que cada conexión une a una persona con otra y permite el intercambio de información, experiencias y recursos entre personas de toda la tribu. Precisamente estos intercambios posibilitan la socialización de las creencias y las ideologías, la apropiación de artefactos, la normalización de comportamientos y la creación de un nuevo lenguaje, todo lo cual constituye las características culturales de la tribu. Esto no sucede por mera casualidad. De hecho, ocurre de manera estructural a través de los lazos sociales de la red que vinculan a los integrantes de la tribu. Así pues, si queremos catalizar un comportamiento colectivo, nuestra consideración debe ir más allá de las «tribus» tal como las conocemos para abarcar las «redes tribales».

Nuestras tribus están conectadas en red, lo cual permite los intercambios que apuntalan la inteligencia social y fomentan la comunidad. Las redes proporcionan una herramienta útil para ver nuestros grupos sociales porque, como las personas que forman parte de nuestra vida, estamos rodeados de redes. Nuestros cauces fluviales están conectados en red, de tal manera que ríos y arroyos alimentan los océanos y conectan una masa de agua con otra dentro del ecosistema general. Nuestros cerebros están conectados en red para maximizar las comunicaciones neuronales y los intercambios de recursos. Probablemente ello explique por qué el tendido eléctrico está diseñado como redes para maximizar el sistema general. Las autopistas están conectadas en red. Los aeropuertos están conectados en red. Las torres de telefonía móvil están conectadas en red. Y también lo están nuestros grupos sociales: nuestras tribus.

El estudio de las redes sociales se remonta a finales del siglo XIX, con ideas precursoras acerca de los grupos sociales y sus dinámicas. Uno de los pioneros de la exploración de las redes sociales fue un sociólogo alemán llamado Georg Simmel, que indagó en la relación entre la dinámica de los grupos sociales y sus estructuras en red. A medida que los estudios de investigación se multiplicaron con la entrada del nuevo siglo se reveló nueva información acerca de la relación entre las estructuras de red y cómo los objetos (la información, las experiencias y las características culturales) fluyen por los nodos que conectan a los integrantes de la tribu. Una de las ideas que se plantearon procedía de un legendario presentador de radio y televisión, David Sarnoff. Sarnoff dirigió la Radio Corporation of America (RCA) durante más de cincuenta años, tras incorporarse poco después de su fundación en 1919. La RCA se diversificaría más adelante en departamentos de música, cine y hardware, pero durante la etapa de Sarnoff creció hasta convertirse en una de las mayores redes de radiodifusión del mundo. (En las décadas posteriores, RCA crearía la NBC en el número 30 de la Rockefeller Plaza, productora de series como *Saturday Night Live*, *Seinfeld*, *The Office*, *Friends*, *El príncipe de Bel-Air*, *Las chicas de oro*, *Cheers*, *Ley y orden* y *Rockefeller Plaza*, entre muchas otras.) Al evaluar el desarrollo de la RCA, Sarnoff supuso que el valor de la red era directamente proporcional a su tamaño. Es decir, que cuantos más espectadores vieran sus programas, más valiosa se volvería RCA. Lo que Sarnoff describió fue la estructura de una red de radiodifusión en la que muchos nodos se conectan a un nodo. En este caso, los múltiples nodos eran espectadores y el nodo singular era la RCA. Cuanta más gente se conectara a la RCA mediante sus programas radiofónicos y televisivos, más valiosa sería la red de RCA. Esto acabaría por conocerse como la ley de Sarnoff, según la cual el valor de una red es directamente proporcional al número de nodos conectados a un nodo central.

Cuando la etapa de Sarnoff en la RCA llegaba a su fin, un estudiante de doctorado en Ciencia Computacional de Harvard trabajaba en un hardware que enlazara miniordenadores para formar una red local. Junto con su socio, David Boggs, inventó Ethernet, la estructura de red de área local que usamos en la actualidad para conectar nuestras oficinas, campus universitarios e incluso hogares a través de puertos cableados. El nombre de dicho caballero es Robert Metcalfe, el ingeniero y empresario que ayudó a asentar las bases para la internet que conocemos hoy. El trabajo de Metcalfe en las redes de área local reveló que el valor de una red aumenta cuando está descentralizada de un nodo focal. A diferencia de la red de radiodifusión de Sarnoff, en la que muchos nodos se conectan a uno, en una configuración de Metcalfe muchos nodos pueden conectarse entre ellos, de manera que el valor de la red es mayor debido a la mayor utilidad que se crea con cada intercambio. Esto acabaría conociéndose como la ley de Metcalfe, según la cual el valor de una red descentralizada es un subproducto del número de nodos y sus conexiones dentro de la red.

La ley de Metcalfe representó un gran paso adelante en el entendimiento de las estructuras de red y su valor. Pero entonces otro informático, esta vez del MIT, planteó una nueva perspectiva que hizo una profunda aportación a las redes computacionales y las redes de comunicaciones. Su nombre es David Reed y explicó que, en la red de radiodifusión de Sarnoff, el público intercambiaba su atención por contenido y eso le hacía estar conectado. RCA producía y emitía programas televisivos que competían con otros canales por los ojos y los oídos del público, los nodos de la red. Cuantos más espectadores hubiera, más valiosa se volvía la red, lo cual convertía el contenido (en este caso, programas de televisión) en el objeto más importante que fluía por los nudos de la red que conectaban a los espectadores con la RCA. En una red Metcalfe descentralizada, añadía Reed, la transacción ocupaba el lugar central. La capacidad de interactuar con otras personas a través de internet permitía el flujo de contenido (YouTube), información (blogs), comunicaciones (Twitter), dinero (PayPal) y servicios (Fiverr). Sin embargo, en una red descentralizada, donde las personas pueden conectarse con otras personas con quienes comparten las mismas creencias y una concepción del mundo similar, el papel central de la red es la construcción y el intercambio de las características culturales que se transmiten por los nudos de la red que unen los nodos. En consecuencia, una red Reed es cuantitativa y cualitativamente más valiosa.

La profesora de Marketing de Harvard Jill Avery certificó que nuestras identidades, los relatos que construimos y negociamos con los demás y que definen quiénes somos y cómo nos mostramos al mundo, se crean y confirman a través de nuestras interacciones sociales. Y dichas interacciones están gobernadas por las características culturales del colectivo. Este fenómeno encierra un gran valor para quienes quieren motivar a la gente a pasar a la acción, no a «segmentos del mercado», sino a personas reales que suscriben un conjunto concreto de creencias e ideologías. Buscamos congregaciones de personas, no una colección de etiquetas.

Cuando enseño esta idea de las congregaciones y las tribus en red a altos directivos, suelen replicarme: «Pero, un momento, nosotros usamos un montón de datos para describir a las personas, para describir quiénes son y cómo se comportan». En marketing nos referimos a estas descripciones como «perfil de cliente ideal». Y abarcan todo el espectro, desde lo meticuloso y detallado hasta lo general y trivial. Por ejemplo, un perfil de cliente detallado podría ser: «Tiffany es una mujer soltera de veinticinco años que vive en Chicago, Illinois. Trabaja en una *start-up* y mira maratones de *Casados a ciegas* en Netflix mientras hace *scroll* por Tik-Tok e Instagram después de salir a correr y darse una ducha al acabar de trabajar. Los fines de semana sale con amigos y prueba los nuevos restaurantes de la ciudad». Parece genial, ¿verdad? ¡Por supuesto! Es descriptivo, y probablemente te hayas hecho una imagen mental de quién es Tiffany y en qué casilla meterla. No obstante, el desafío que plantea utilizar estos perfiles de cliente ideal es que suelen describir a una persona prototípica con la esperanza de que puedas imaginar quién es y cómo concibe el mundo. El problema es que los seres humanos no somos ni típicos ni agentes individuales en este mundo. Por el contrario, vivimos en un sistema social complejo —al cual yo llamo «red»— que se rige por características culturales que influyen en nuestro comportamiento cotidiano.

En otros casos, cuando los profesionales del marketing crean perfiles de clientes ideales como un grupo de personas en lugar de como un individuo representativo de un colectivo, es habitual hacer referencia a dichos grupos por nombres inventados como «Aspiracionales», «Tradicionalistas cautelosos», «Progresistas acomodados» y «Pragmáticos exigentes». (Para que conste, todas estas son convenciones de nomenclatura reales que un cliente mío de antaño utilizó en una ocasión para identificar segmentos.) Imagínatelo por un instante, una sala llena de expertos en marketing diciendo: «Vamos a poner el foco en los tradicionalistas cautelosos». ¿Qué? Yo ni siquiera sé lo que es un «pragmático exigente». Pero lo que tengo claro es que nadie se mira al espejo y se dice: «Soy un progresista acomodado». Porque no es algo real. Nadie se identifica mediante estas convenciones de nomenclatura. Y puesto que no nos identificamos así, no hay creencias, artefactos, comportamientos ni un lenguaje normativo para estas personas. Lo que sí hacemos es mirarnos al espejo y decir: «Soy un Collins, creo en esto y me comportó así o asá». Hay personas de todo tipo: coleccionistas de zapatillas deportivas, veganos, *hackers*, diseñadores y corredores de maratones. Estos grupos, y muchos otros como ellos, se basan en la congruencia identitaria, y las personas que se identifican con ellos suscriben los hechos sociales que dictan lo que significa ser un miembro de esa tribu.

Nuestros grupos sociales son sumamente importantes para nosotros por esta misma razón. Nos ayudan a autoidentificarnos, a dotar de significado el mundo y a decidir cómo comportarnos. Cuanto más valoramos el grupo, más probable es que nos influyan, aunque otros miembros no compartan nuestra misma configuración demográfica. Hay muchas personas que apoyan el movimiento Black Lives Matter y no son negras: son una tribu en red movida por la congruencia ideológica.

El mero hecho de ponerle un título a las cosas no las hace reales. Les ponemos títulos a las personas y les aplicamos características en base a nuestros sesgos, no a su identidad. Piensa en el generacionalismo, por ejemplo: en los *millennials*, la generación Z, etc. Estos nombres también son constructos que no describen de verdad a personas reales. Pero dichos títulos generacionales se asignan de manera arbitraria a un grupo de personas en función de su fecha de nacimiento, un dato demográfico. Y tenemos una idea mental de quiénes son esas personas. Se dice que los *millennials* creen que se lo merecen todo por el mero hecho de existir y que son unos vagos. No quieren «trabajar ni esforzarse», pero quieren tener todo lo que se les antoja. Te suena, ¿no? Incontables artículos en prensa, publicaciones en blogs y ensayos de opinión han acusado a los *millennials* de acabar con todo lo bueno que había en el mundo. Según los titulares, ellos son los responsables de echar a perder los *brunchs*. También han acabado con los programas de fidelidad de los hoteles, y se las han ingeniado para acabar, ellos solitos, con los tapones de corcho de las botellas de vino (signifique eso lo que signifique). Pero en Estados Unidos hay 80 millones de *millennials*. ¿Cómo podemos decir que son todos iguales porque nacieron en una franja temporal concreta? La gente no se rige por la demografía, sino por sus afiliaciones culturales, que se reflejan en su pertenencia a distintas tribus. Todo gira en torno a la disposición, no a la demografía. No es de extrañar que la gente no actúe cuando los expertos en marketing intentan motivarla a hacerlo. Lo que hacen esos expertos en marketing es dirigirse a etiquetas, no a personas de carne y hueso.

En cambio, las tribus son reales y sus miembros actúan de manera coordinada para promover la solidaridad social entre ellos, lo cual es superpoderoso para cualquiera que quiera animar a la gente a pasar a la acción. Para mánagers, líderes y activistas que aspiran a hacerlo, hallar una congregación —las distintas tribus que comparten su manera de contemplar el mundo— es el objetivo primordial de todas sus acciones.

DE SABER POR QUÉ A SABER CÓMO

La cultura es un sistema de creación de significado materializado. Está anclada en nuestra identidad y modulada por nuestra concepción del mundo, que a su vez influyen en lo que hacemos y cómo consumimos. Si lo que quieres es aprovechar el poder de la cultura para vender una marca, promocionar a un candidato o inspirar a las personas a sumarse a una causa, primero tienes que hacer un poco de introspección y preguntarte: «¿En qué cree mi marca?», «¿Cómo ve mi candidato el mundo?», «¿Cuál es la ideología de nuestra causa?». Por ahí es por donde nos conviene empezar, por identificar las creencias de la marca.

La creencia de la marca debe articular algo sustantivo, en lugar de limitarse a perogrulladas y declaraciones vacuas como «creemos en la honradez». Aunque sea cierto, lo que tienes que desvelar es por qué importa la honradez a la marca. ¿Qué convicción te impulsa e impulsa a tu empresa a ser honrados? Como hemos visto anteriormente en este capítulo, Patagonia cree en la escalada limpia y eso apuntala todo lo que hace la marca, desde los productos que fabrica hasta cómo los publicita. La convicción de Patagonia en la escalada limpia es tan sólida que, en lugar de sacar a la bolsa esta empresa de 3.000 millones de dólares o venderla al mejor postor, recientemente Yvon Chouinard y su familia decidieron donarla. En una declaración de septiembre de 2022, Chouinard anunció que su familia y él le transferían la propiedad de la empresa a un fideicomiso y una organización sin ánimo de lucro que financiarían a personas que trabajaran de manera activa por salvar el planeta. ¡Eso sí que es convicción!

Identificar el sistema de creencias de este modo es fundamental porque es tu sistema de creencias lo que definirá a quién te diriges, las personas que tienen más probabilidades de movilizarse porque comparten tu misma concepción del mundo. Si tu marca cree que la vida es una aventura y debería vivirse como tal, entonces puedes imaginar a qué tipo de personas tienes que dirigirte: los aventureros, deportistas extremos y yonquis de la adrenalina. Esas son las personas que comparten la visión del mundo con tu marca y las que se sentirán más inclinadas a consumirla, no (solo) por lo que es el producto, sino también por quiénes son esas personas. Al identificar la creencia de tu marca, confecciona una lista de las distintas comunidades que podrían compartir el mismo sistema de creencias. Resístete a la urgencia de recurrir a los datos demográficos. En lugar de ello, piensa en colectivos reales ya existentes. En conjunto, estas tribus conectadas en red compondrán tu congregación. Y cuando hayas hallado tu congregación, es momento de predicar el evangelio.

3

Prédica del evangelio

El Black Friday es la jornada más importante para el comercio al por menor en Estados Unidos. De hecho, su nombre, «Viernes Negro», se atribuye al consumo en masa que tiene lugar el día después de Acción de Gracias, cuando muchos comerciantes empiezan a generar beneficios por primera vez en el año y pasan de «estar en números rojos» a estar «en números negros». A ello se suma que el Black Friday se ha convertido en todo un acontecimiento cultural. En veintiún estados del país, el día después de Acción de Gracias se considera festivo y los funcionarios no tienen que ir a trabajar. Si Acción de Gracias es el día en el que reflexionamos sobre todo lo que tenemos, entonces el Black Friday es el día en el que nos damos cuenta de que no tenemos suficiente. ¿Y quién puede culparnos por ello? Las rebajas del Black Friday son asombrosas. ¿Quién puede resistirse a un televisor de pantalla plana y cuarenta pulgadas por veinte dólares? ¿O a comprarse cualquier cosa que haya en la tienda a mitad de precio? Yo no, desde luego. No tengo esa fuerza de voluntad. Y las grandes cadenas comerciales, como Walmart y Target, lo saben bien. El Black Friday se ha convertido en un baile entre vendedores y consumidores. La gente se agolpa a las puertas y los vendedores despliegan su espectáculo: precios reducidos en los artículos más codiciados del año que son demasiado buenos para dejarlos escapar. Este ritual se ha extendido tanto que algunas rebajas del Black Friday se han colado en el Día de Acción de Gracias y las tiendas abren ya a las 18.00 horas con «ofertas irresistibles». Así que más te vale trinchar el pavo pronto y hacerte con una de esas gangas antes de que vuelen.

Este tema ha acabado convirtiéndose en una carrera armamentística en la que a los comercios no les queda más remedio que participar, peleando por superarse unos a otros, porque lo contrario comportaría arriesgarse a caer en el purgatorio potencial de «los números rojos». De manera que las rebajas se han vuelto cada vez más escandalosas, en una competición a degüello entre los comerciantes. Tal era el caso de la empresa de ropa para actividades al aire libre de Washington REI hasta que se sometió a un proceso de reexamen y reflexión interno durante un retiro de la dirección en 2015.

REI (Recreational Equipment Inc.) vende justamente lo que se esperaría de una tienda de ocio al aire libre: cortavientos impermeables, bicicletas, zapatillas de senderismo, tiendas de campaña y cosas por el estilo. Los productos que ofrece no tienen nada de particular. En cambio, la marca es otra historia. Estructurada como una cooperativa en la que los consumidores pagan una afiliación de por vida y un umbral de compras por poseer un pedacito de la empresa, REI cree que «la vida al aire libre es una vida bien vivida». El problema radicaba en que, si esta es la verdadera convicción de la marca, la dirección tenía que cuestionarse si le convenía o no participar en el ritual del Black Friday. Si REI cree que «una vida al aire libre es una vida bien vivida», entonces ¿cómo iban a abrir sus tiendas el día en que tantos ciudadanos del país tienen festivo? Por supuesto, el sentido común diría: «Pues porque es el día en que se pasa del "rojo" al "negro", ni más ni menos». Pero entonces un entusiasta de la cultura replicaría: «Un verdadero acto de convicción se produce cuando uno es coherente con sus creencias al margen de las repercusiones». Y eso fue justamente lo que hizo REI. El Black Friday de 2015, REI cerró las puertas de sus 142 establecimientos, suspendió las ventas a través de internet y les pagó a sus empleados para que salieran al aire libre a disfrutar, porque esas acciones eran las que concordaban con las creencias de la marca, aunque ello supusiera sacrificar ganancias financieras.

Con este atrevido gesto, REI invitó a todos aquellos que compartieran sus creencias a unirse a la propuesta de la marca de «salir al exterior», en lugar de hacinarse en los pasillos de los comercios. Y lo que sucedió fue increíble. Después de que REI anunciara sus planes, con el hashtag #OptOutside, otras 170 empresas y organizaciones se sumaron a la causa y también cerraron sus puertas. Centenares de parques estatales, que normalmente permanecen cerrados el Black Friday, abrieron sus puertas de manera gratuita en respuesta a la campaña para que la gente pudiera salir a jugar al aire libre. Y lo más impresionante de todo, 1,4 millones de personas que hasta entonces habían seguido la doctrina de este ritual de consumo masivo optaron por pasar el día fuera. Más aún, REI registró sus mayores ventas del Black Friday de la historia aquel fin de semana, gracias a las personas que compartían la misma convicción que la marca —es decir, que suscribían sus características culturales— y se dijeron a sí mismas: «Ese es mi tipo de marca».

¿Qué pasó? En lugar de comunicar su selección de inventario y su magnífico servicio de atención al cliente, REI decidió comunicar su creencia a la gente que compartía su concepción del mundo, y eso activó a esa gente a pasar a la acción: a salir al aire libre y también a consumir. Dicho en pocas palabras, REI halló a su congregación —la colección de tribus en red que comparten las creencias y la ideología de la marca— y se dedicó a difundir su evangelio, lo cual motivó un comportamiento colectivo.

Como miembro de la Iglesia del Israel de Dios, me he pasado la vida escuchando a pastores. Crecí cantando en el coro, pasando los veranos en un campamento religioso y yendo a conferencias de la Iglesia por todo el país durante el resto del año con mi familia. Soy un «hombre de iglesia», como suele decirse, y desciendo de un largo linaje de predicadores. Mi abuelo, el obispo Joseph Thomas, era pastor. Mi tío, el reverendo Hurley Collins, era pastor. Mi primo, el reverendo Terrance Collins, es pastor (precisamente el mío en la actualidad). De manera que creo que puedo decir sin temor a equivocarme que alguna cosa sé sobre predicadores. En el sentido religioso, los predicadores son pregoneros a quienes se designa —u ordena— para hablar en público acerca de asuntos teológicos y liderar el debate relativo a las expectativas sociales filtrado por el prisma espiritual. La función principal de un pastor es servir como portavoz de la palabra de Dios y predicar el evangelio —las enseñanzas y la vida de Jesucristo— a su congregación como un conjunto de principios y creencias que deberían guiar la vida de los congregantes. Y así, quienes suscriben tales creencias saben cómo comportarse como miembros bien considerados de la congregación.

En el sentido coloquial, el término «predicar» tiene una connotación similar: también significa 'difundir', 'anunciar'. Aunque el tema no sea de naturaleza espiritual, su difusión suele estar arraigada en un conjunto de principios y creencias que se comparten con otras personas. Cuando alguien expresa una opinión sin convicción real, solo para quedar bien, decimos que «predica para la galería»; si nadie nos escucha hablamos de «predicar en el desierto», y, si actuamos de acuerdo con nuestras palabras y somos coherentes, «predicamos con el ejemplo». También «predicamos al coro» o «predicamos a los conversos» cuando defendemos una idea ante personas que ya están convencidas, solo para reforzar lo que piensan. Todas estas expresiones, por supuesto, remiten a la acepción religiosa de «predicar», en la cual el predicador —el que anuncia o difunde— y ese coro —que emite la alabanza colectiva— actúan en tándem durante el culto para propiciar la solidaridad espiritual entre la congregación.

De la misma manera, la palabra «evangelio» suele usarse en un sentido coloquial para aludir a «la verdad», tal como los cristianos consideran que las enseñanzas y la vida de Cristo son «verdad». De ahí que «predicar el evangelio» consista en difundir la verdad con la esperanza de inspirar a las personas a actuar. Y esto se aplica también en sentido coloquial. Los profesionales del marketing, los activistas, los políticos y similares que predican el evangelio —su verdad ideológica— pueden espolear a grupos de personas a pasar a la acción cuando predican dirigiéndose a un público que comparte su visión del mundo: su congregación. ¿Quieres saber por qué predicar el evangelio tiene ese efecto en nosotros? Te diré que basta con observar el cerebro y la biología de la adopción de comportamientos.

Biología de la adopción de comportamientos

Si recuerdas algo de lo que estudiaste sobre biología en el instituto, el cerebro es el responsable de todo lo que hacemos. Asimila toneladas de información de nuestros cinco sentidos —vista, oído, tacto, olfato y gusto— y sintetiza estos puntos de datos en cláusulas «si x, entonces y» que rigen el comportamiento que exhibimos. Nuestro cerebro es una máquina predictiva que nos ayuda a permanecer vivos en base a nuestras experiencias pasadas, las cuales están siempre disponibles tanto en nuestra memoria a corto como a largo plazo. Estas experiencias se recuperan de manera parecida a como un disco duro de un ordenador recupera un archivo de su sistema de almacenamiento digital para nuestro uso. El cerebro accede a vivencias almacenadas en los recovecos de la memoria para que sepamos qué hacer y cómo reaccionar en una situación determinada en aras de aumentar nuestras posibilidades de sobrevivir. Esa es precisamente la función del cerebro —mantenernos con vida—, para lo cual cuenta con un complejo sistema de circuitos. No obstante, en un macronivel, el cerebro puede compartimentarse en tres grandes sistemas. El primero es el cerebro reptiliano.

Según los antropólogos evolutivos, que afirman que el «hombre» tardó millones de años en evolucionar hasta convertirse en el ser humano que conocemos hoy, el cerebro reptiliano es la parte más antigua del cerebro. Está relacionado con las funciones corporales primitivas que damos por sentadas, como controlar la frecuencia cardíaca, la respiración o el parpadeo. Este sistema cerebral también se asocia con la respuesta de «lucha o huida», que es involuntaria, porque estamos programados para reaccionar así.

El segundo sistema del cerebro es el límbico. Esta parte del cerebro está asociada con emociones como el amor, la confianza y la conexión. El sistema límbico contiene estructuras complejas como el hipocampo, que desempeña un papel principal en el aprendizaje y la formación de recuerdos, y la amígdala, responsable de la relevancia emocional de nuestros recuerdos. Estas dos estructuras funcionan coordinadas en el sistema límbico para asociar recuerdos a emociones, de manera que sepamos cómo responder a los estímulos del mundo. No sorprende que la amígdala también esté conectada con la reacción de «lucha o huida» basada en las experiencias emocionales registradas en nuestra memoria a largo plazo. Según afirmó Jon T. Willie, neurocirujano y director del laboratorio de neuromodulación conductual de la Emory University de Atlanta: «Si tienes una experiencia emocional, la amígdala parece etiquetar ese recuerdo de manera que lo recuerdes mejor». Probablemente ello explique por qué se nos inunda el cerebro de emociones y recuerdos nítidos cuando oímos una canción que nos devuelve a un lugar y un momento determinados de nuestra vida en los que estuvo muy presente. Nos sobrecogen los sentimientos relacionados con esa etiqueta emocional, lo cual nos insta a revivir esa experiencia o a rechazarla. Lo que está funcionando en esos momentos es el sistema límbico.

Ahora bien, el sistema límbico no solo está asociado con las emociones, sino que también participa en la toma de decisiones. Es decir que la parte del cerebro responsable de nuestros sentimientos también influye en cómo decidimos actuar. Lo sabemos de forma intuitiva, pero lo llamamos «instinto visceral» o «corazonada». Lo notamos por dentro, y actuamos en consecuencia. Con todo, esa asociación no tiene nada que ver con el estómago, sino que está exclusivamente relacionada con la actividad que tiene lugar en el sistema límbico. En cuanto a las «corazonadas», suele ser difícil determinar por qué las sentimos. Simplemente creemos que es lo correcto, y es lo que hacemos, o, por el contrario, nos parece inadecuado y lo evitamos. Lo peor es que tampoco podemos explicarlo. Es difícil expresar con palabras la justificación para estas decisiones «viscerales», para estas «corazonadas». Si alguien me preguntara cómo supe que mi esposa era la mujer con la que quería casarme, no tendría una respuesta clara que darle. Sencillamente, lo supe. No puedo expresar con palabras por qué ni tampoco identificar el momento exacto en el que me di cuenta. Fue una corazonada —el sistema límbico— y le propuse matrimonio. Esta separación entre la articulación y el «instinto visceral» también es un factor de la biología, porque el lenguaje no está asociado con el sistema límbico, sino que es una función del tercer sistema del cerebro: el neocórtex.

El neocórtex es la parte del cerebro que se ocupa de las funciones cognitivas de orden superior, como el pensamiento abstracto, el lenguaje y la racionalidad. Entre el sistema límbico y el neocórtex, tenemos un sistema asociado con las emociones y el comportamiento —el sistema límbico— y otro asociado con el lenguaje y la racionalidad. Imagina que son como el capitán Kirk y el doctor Spock de *Star Trek*. Kirk, apasionado y emocional, diría: «Adelante, vayamos», mientras que Spock, racional y basándose en datos, respondería: «Un momento, vamos a pensarlo un poco mejor». Aunque a todos nos gusta pensar que somos Spock (sobre todo en contextos empresariales), a menudo distamos mucho de serlo. No somos seres humanos racionales; somos seres humanos que razonan. Tomamos la mayoría de nuestras decisiones por ensayo y error, aplicando atajos heurísticos basados en las etiquetas emocionales que colocamos a nuestras asociaciones con recuerdos, las cuales influyen en cómo nos sentimos y, en última instancia, en lo que hacemos.

Lo cierto es que sabemos qué decisiones vamos a tomar antes de tomarlas basándonos en lo que sentimos. Y después de eso seleccionamos los datos que nos conviene para respaldar nuestros sentimientos. En psicología, esto se conoce como la falacia del francotirador, un sesgo cognitivo mediante el cual desoímos la información que difiere de nuestra perspectiva y elegimos los datos que la refrendan. Este sesgo se basa en la metáfora de un francotirador que dispara a una pared y luego dibuja una diana alrededor de los agujeros que han hecho las balas, como ocurre con nuestra «racionalidad» o falta de ella. Nuestros comportamientos están biológicamente conectados a nuestros sentimientos, a nuestro sistema límbico. De manera que, si queremos que la gente se movilice, nuestra mejor baza es apelar a su sistema límbico activando el lado emocional del cerebro que influye en el comportamiento.

Pero ¿cómo apelamos al sistema límbico? ¿Cómo tocan los líderes las teclas emocionales del cerebro que espolean un comportamiento? ¿Cómo nos las ingeniamos los expertos en marketing para establecer conexiones que movilicen a las personas? Pues lo hacemos dirigiéndonos directamente a lo que nos hace ser quienes somos: nuestra identidad —el ancla de la cultura— y nuestras creencias subsiguientes —el primer sistema de nuestras afiliaciones culturales—. Cuando comunicamos nuestras creencias a personas que comparten nuestros puntos de vista ideológicos, resuenan en un nivel emocional profundo que trasciende la racionalidad y las inspira a pasar a la acción. ¿Por qué? Porque «las personas como yo actúan así». Ahí está la clave. Predícale el evangelio a tu congregación y se moverán por quienes son y por cómo ven el mundo. Y lo harán en un intento por alcanzar la congruencia identitaria y fomentar la solidaridad social. Puede sonar un poco abstracto, así que exploremos cómo funciona esto con algo más de precisión pragmática.

El escritor y educador C. C. Chapman lo expresó de una manera simple: cuando intentamos establecer conexiones emocionales, nuestras comunicaciones deben «partir del alma y acabar en ventas». Empezamos con el atractivo emocional, que se basa en cómo contemplamos el mundo (es decir, en apelar al sistema límbico), y concluimos con el argumento racional que conecta con el neocórtex. Este enfoque puede aplicarse prácticamente en todos los contextos —marketing, liderazgo, política, lo que sea—, porque se fundamenta en nuestra biología, no en nuestras circunstancias. Pensemos, por ejemplo, en Max Lanman. Max es un creativo publicitario cuya novia quería vender su Honda Accord de 1996. En aquel momento, 2018, el coche tenía veintidós años y 225.000 kilómetros en el cuentakilómetros. Previsiblemente, la oferta no iba a resultar muy atractiva, pero, como publicitario ambicioso que era, Max asumió el desafío. Y lo que decidió fue grabar una película que transmitiera el valor del vehículo. En ella, su novia aparecía conduciendo el coche con una radio improvisada, un termo de café en el asiento del copiloto (porque el portabebidas estaba roto) y un interior descuidado. Sobre estas imágenes se oía una voz en *off* que decía:

> ¿Tú? Tú eres diferente. Tú haces las cosas a tu manera. Y eso te hace único. Tú no necesitas cosas. Eres feliz siendo quien eres. El dinero no te preocupa. Tienes todo lo que quieres tener. No te gusta aparentar. Actúas como lo sientes. ¿Y este? Este no es tu coche. Este eres tú. Es un estilo de vida. Una elección. Es un Honda Accord de 1996 de segunda mano. Un coche para la gente que sabe lo que quiere en la vida y solo necesita un medio para llegar a todas partes. El lujo es un estado mental.

Una vez completado el vídeo, Max lo publicó en eBay con un precio de partida de 500 dólares. El coche se vendió por 150.000. Pero no se vendió por sus prestaciones, sino por su congruencia ideológica. Aquel vehículo era una extensión del proyecto de identidad del comprador; adquirirlo era una manera de proclamar: «Creo que el lujo es un estilo de vida, y por eso conduzco este coche». Aquel automóvil se convirtió en un transmisor de identidad, en una manera del comprador de anunciarle al mundo quién era y en qué creía. El sociólogo Ivan Ross se refería a este fenómeno como el «concepto de uno mismo» y afirmaba que nuestras compras y nuestras preferencias de marcas están influidas por la concepción que tenemos de nosotros mismos, es decir, por nuestra identidad. Más en concreto, afirmó que «la gente compra un producto [o una marca] solo si es coherente, recalca o encaja de algún modo con la idea que tiene de sí misma». Es nuestra identidad, así como las creencias que lleva asociadas, lo que más seduce a nuestro sistema límbico emocional y nos anima a movernos. Cuando existe congruencia ideológica entre nosotros y una marca, una empresa, una organización o una causa, las propuestas racionales no importan ni de lejos tanto como las asociaciones culturales. Tal como revela la biología de la toma de decisiones y de adopción de comportamientos, a las personas no las mueve la racionalidad, sino sus emociones, y no hay nada que nos resulte más emocional que el «nosotros». Por eso Max Lanman fue capaz de multiplicar por trescientos el precio de partida de ese Honda Accord destartalado: porque partió del alma y acabó en una venta.

Los productos que compramos, las organizaciones a las que nos afiliamos y las cosas que usamos para engalanarnos tienen muy poco que ver con su funcionalidad. Eso es un resultado racional. En lugar de ello, están más asociadas con nuestra identidad, que es un resultado emocional. El escritor y conferenciante motivacional Simon Sinek lo expresó con estas palabras: «La gente no compra lo que haces, compra por qué lo haces». Soy muy fan de esta provocación porque alude directamente a lo que la cultura lleva diciéndonos desde hace siglos: las personas se mueven para estar en coherencia con su identidad, sus creencias y su ideología. De ahí que sintamos inclinación a actuar —comprar, mirar, compartir, probar, reciclar, asistir, etc.— cuando estos comportamientos se inscriben en nuestras afinidades culturales.

Tras su popular TED Talk «Empieza con el porqué», Sinek afrontó un escepticismo considerable con respecto a su idea de centrarse primero en el «porqué» de la existencia de una empresa u organización y luego ir enfocándose en los beneficios del producto: primero el alma y luego la venta. La gente de negocios replicaba: «Mira, tío, yo lo que quiero es hacer dinero. ¿De qué me estás hablando? Yo no soy un filántropo». ¿Y quién puede culparlos de tener ese punto de vista, cuando la mayoría de las escuelas de negocios enseñan a sus alumnos a priorizar los beneficios y aumentar el valor para los accionistas por encima de todo lo demás? Sin embargo, hacer dinero es una derivada de lo que haces, no de por qué lo haces. En la misma línea, aunque el organismo solo necesita fabricar glóbulos blancos para vivir, fabricar esos glóbulos no es el significado de la vida. Nuestra existencia tiene un sentido superior. Ese es nuestro porqué.

Lo mismo ocurre en el caso de los negocios, las organizaciones, las instituciones, la población y los políticos. ¿Por qué existimos? ¿Cuáles son nuestras convicciones? ¿Cómo concebimos el mundo? Es ese sistema de creencias el que motiva nuestras acciones, lo racional. Steve Jobs lo expresó así: «¿Cuál es nuestra razón de ser [la de Apple, la empresa que cofundó], más allá de los bits y los bytes? ¿Cómo encajamos en este mundo? Nuestro cometido no es fabricar cajas para que la gente haga su trabajo, aunque eso sabemos hacerlo bien». Lo que hacemos es una derivada de por qué lo hacemos, y todo se fundamenta en nuestra convicción.

Más aún, hablamos acerca de cosas racionales como funciones, beneficios y especificaciones, pero cuando hablamos acerca de nuestras creencias y convicciones, acostumbramos a hacerlo con mucho más entusiasmo. Hablamos del «qué» pero predicamos el «porqué», el evangelio. Como mencionaba Sinek, no hay mejor ejemplo de ello que el reverendo Martin Luther King. Cuando Luther King se hallaba en activo en la década de 1960, no era el único líder defensor de los derechos civiles que luchaba por el pueblo. Había muchos otros, como Malcolm X, Marcus Garvey y Medgar Evers, todos los cuales eran figuras potentes y magníficos oradores. Todos sacrificaron sus vidas, y las de sus familias, en aras de unas condiciones de vida mejores para las personas. Y todos eran figuras queridas y reverenciadas. Sin embargo, Martin Luther King sigue siendo el rostro de los derechos civiles sesenta años después. ¿Por qué? Porque Luther King tenía un sueño, una creencia que la gente compartía. Lo seguían y lo encumbraron como la cara visible de la lucha por los derechos humanos por ese sueño —su creencia— de que un día Estados Unidos sería un país unido en el que todos los niños y todas las niñas, todos los hombres y todas las mujeres tendrían las mismas libertades que prometía la Constitución nacional. Sus seguidores también creían en ese sueño.

Todos hemos oído la frase mítica del discurso de Luther King «*I Have a Dream*» («Tengo un sueño»). Se considera uno de los mejores discursos de la historia. Ahora bien, un dato interesante acerca de ese discurso es que Luther King lo había pronunciado en varias ocasiones antes de la mítica ponencia durante la Marcha sobre Washington por el trabajo y la libertad en la escalinata del Lincoln Memorial, el 28 de agosto de 1963. Lo había hecho por primera vez nueve meses antes, en noviembre de 1962, en Carolina del Norte. Tenía diversos borradores y versiones del discurso, un poco reestructurado aquí, un poco más extenso allá o más breve acullá. De hecho, cuando subió al estrado aquel 28 de agosto de 1963, tenía previsto pronunciar otro. Si se decidió a cambiarlo, fue a instancias de la legendaria cantante de góspel Mahalia Jackson, quien le dijo: «Háblales de ese sueño, Martin», después de haber oído el discurso en Detroit unos meses antes. Y Luther King protagonizó uno de los discursos más famosos de todos los tiempos. Lo que lo hizo tan potente aquel momento no fue solo la mecánica de la arenga, sino la convicción que transmitían sus palabras. Luther King predicó el evangelio ante una congregación de fieles que veían el mundo como él y pasaron a la acción de manera colectiva. Para los empresarios, líderes y activistas, esto constituye una herramienta poderosa para movilizar al público, aunque no a cualquier público, claro está, sino cada cual a su congregación.

Como dijo Steve Jobs una vez...

Los mejores vendedores de este planeta entienden esto mejor que la mayoría. Todos tienen unas convicciones muy claras y notables. Predican el evangelio —empezar por el alma y acabar en una venta— y eso inspira a las congregaciones a moverse. Pongamos Coca-Cola, a título de ejemplo. Coca-Cola cree en difundir el optimismo y la felicidad. Lo sabemos desde el día que nos dijo: «*I want to teach the world to sing in perfect harmony*» («Me gustaría enseñar a cantar al mundo»), la letra de la canción de su anuncio navideño que llegó a las pantallas del mundo hispanohablante con el lema «Quisiera al mundo yo enseñar la perfecta armonía». Por eso cuando Coca-Cola dice «destapa la felicidad», que fue su eslogan durante bastante tiempo, tiene todo el sentido. Por supuesto, Coca-Cola lo dice porque se asegura de que todo lo relacionado con la marca esté imbuido de felicidad. Uno de mis ejemplos preferidos de esto es la campaña que estrenó en 2010, «La máquina de la felicidad». La premisa era muy sencilla: Coca-Cola instaló en la cafetería del campus de la St. John's University máquinas expendedoras que sorprendían a los usuarios desprevenidos con algo más que una botella de refresco. Algunos clientes recibían múltiples latas para compartir con amigos, mientras que a otros les salía una mano de la máquina invitándolos a «chocar esos cinco», dándoles «flores» o incluso pizza en una caja. La diversión en el rostro de los compradores y la clientela general del bar era contagiosa. No se puede ver el anuncio sin sonreír. Tal como explicó Wendy Clark, a la sazón vicepresidenta sénior de las comunicaciones y estrategias de marketing integradas de Coca-Cola Company: «Es una idea muy sencilla y, a la vez, irresistible, y, además, retrata de manera precisa la esencia de lo que es Coca-Cola: uno de los placeres simples de la vida». El «porqué» se demuestra con el «qué». Coca-Cola detectó la distancia que separaba la normalidad de la felicidad y cerró la brecha. Resulta que Coca-Cola se dedica a vender agua azucarada con burbujas, pero lo hace para propagar la felicidad, y ese es el evangelio que predica.

En la misma línea, Nike es una marca que cree que todo ser humano es un deportista en potencia. Grande, pequeño, alto, bajo, con capacidades superiores o diferentes, todos somos atletas, y todos somos capaces de convertirnos en ese deportista que llevamos dentro. Todos y cada uno de nosotros, sin excepción. Así que ¿qué nos dice Nike? «*Just Do It*» («Tú hazlo»). Ese ha sido el mantra de la marca (un eslogan creado por el difunto y magnífico Dan Wieden, cofundador de la agencia Wieden+Kennedy) desde hace más de cuarenta años. Es el evangelio que Nike predica como marca. La razón de la existencia de Nike es ayudar a las personas a convertirse en el mejor deportista que pueden ser. Y resulta que Nike se dedica a vender zapatillas, ropa, accesorios y tecnología de deporte. Te verías en apuros si tuvieras que encontrar un anuncio de Nike en el que exponga las características o ventajas de uno de sus productos, como la calidad de la piel o la comodidad del ajuste. Porque no es así como se anuncia Nike, y no se anuncia así porque Phil Knight, su fundador, odia la publicidad convencional.

La publicidad es la manera que tienen los vendedores de comunicarse para que el público conozca los productos y las ofertas de una empresa, institución, organización o persona. Por tradición, la publicidad se ha centrado en el producto y en hacer propuestas de valor (es decir, en la venta), en lugar de guiarse por la ideología (el alma). Pero a Phil eso no le seducía. Y tampoco estimulaba a Dan Wieden y David Kennedy, motivo por el cual uno de los principios de nuestra agencia actualmente es «date cuenta de que lo que tienes que hacer no es publicidad, es evangelizar la fe». No hacemos anuncios para Nike; predicamos el evangelio de que todo cuerpo humano encierra a un deportista. La manera de Nike de predicar su evangelio a su congregación inspiró a otras empresas a adoptar este medio de comunicación, entre las cuales quizá la más destacada sea Apple.

Cuando Steve Jobs se reincorporó a Apple en 1997, presentó una nueva campaña de marketing que marcaría el retorno de la empresa, la cual había perdido relevancia —y valor en el mercado— desde que expulsaran a Jobs (ni más ni menos de la empresa que había creado) unos años antes. Antes de revelar la nueva campaña, Jobs expresó su admiración por el marketing de Nike afirmando: «El mejor ejemplo de marketing del universo es Nike». Le recordó al público que Nike vende un producto básico —zapatillas—, pero que nadie piensa en Nike como un simple fabricante de zapatillas deportivas. De hecho, Nike prácticamente no menciona sus zapatillas cuando se comunica con los consumidores. Una campaña de finales de la década de 1980 mostraba a Michael Jordan y Spike Lee declarando que las zapatillas no tenían nada que ver con la grandeza de Jordan. Lee decía: «Tiene que ser por las zapatillas», a lo que Jordan respondía con un escueto: «No». Lo que hace Nike es rendir tributo a los deportistas, a la gente decidida a hacer realidad su mejor versión atlética. La empresa empezó rindiendo tributo a los mejores deportistas del mundo y, años después, empezó a celebrar a los deportistas cotidianos —como tú y como yo—, porque la grandeza no depende de una cepa especial de ADN ni es un don con el que se unge a unos pocos elegidos. «La grandeza es tan natural como respirar», asegura un anuncio de Nike mientras vemos a un adolescente con sobrepeso correr por una carretera solitaria que atraviesa lo que parecen ser las vastas llanuras de Estados Unidos. Y justo antes de finalizar el anuncio, el chico sigue corriendo —lento pero decidido— mientras el narrador dice: «Todos podemos lograrla [la grandeza]. Todos». Ni una palabra sobre las zapatillas. Ni una palabra sobre dónde adquiere la marca el cuero con el que las fabrica ni sobre la amortiguación de impactos de las suelas. Nada que tenga que ver con argumentos racionales. Solo pura convicción. Ideología pura. Y Apple se inspiró en este manual para crear la campaña que ayudaría a la marca a predicar su evangelio: «*Think Different*» («Piensa diferente»):

Esto es para los locos,
los inadaptados, los rebeldes,
los problemáticos.
Los que van en contra de la corriente.
Los que ven las cosas de diferente manera.
Ellos no siguen las reglas y no tienen respeto por lo establecido.
Puedes citarlos, estar en desacuerdo,
glorificarlos o satanizarlos.
Pero lo único que no puedes hacer es ignorarlos.
Porque ellos cambian las cosas
e impulsan a la humanidad hacia delante.
Y mientras que otros los ven como «locos»,
nosotros los vemos como genios.
Porque la gente que está tan loca
como para pensar que puede cambiar el mundo
es quien lo logra.
Piensa diferente.

Como marca, Apple creía en cuestionar el *statu quo*, y tal como Nike homenajeaba a los mejores deportistas de todos los tiempos, Apple utilizó su campaña para rendir tributo a las principales figuras que desafiaron el *statu quo* en un amplio abanico de ámbitos, desde los deportes (Mohamed Alí) hasta la aviación (Amelia Earhart), el arte (Pablo Picasso) o el entretenimiento (Jim Henson, el legendario titiritero). Resulta que Apple solo vende ordenadores, teléfonos móviles, tabletas, relojes, música, películas y cosas por el estilo. Pero su convicción es desafiar lo establecido, y ese es el evangelio que predica a la gente que comparte su idea sobre el mundo. ¿Y quiénes eran las personas que compraban productos Apple en aquel entonces? En esos primeros años, los usuarios de Apple eran artistas y creativos. Las personas que veían el mundo de manera diferente y pensaban que podían dejar huella en él. Compraban productos Apple como una seña de identidad y pegaban pegatinas de Apple en el parachoques de su coche y otras superficies disponibles para mostrar su congruencia ideológica. Este es el poder que tiene predicar el evangelio ante tu congregación: activa el sistema límbico de las personas y las motiva a actuar.

Recuerdo viajar en el metro de Nueva York a principios de los 2000, escuchando mi iPod de Apple de segunda generación, con los auriculares blancos que venían con el dispositivo, en un tren lleno de cables negros. Eran los primeros años del iPod y solo los fans más devotos de Apple tenían uno de aquellos reproductores de música nuevos. Y allí andaba yo, uno de los primeros usuarios, un compositor de canciones en ciernes viajando por la Gran Manzana en medio de un mar de usuarios con auriculares con el cable negro. Pero, por el rabillo del ojo, vi a otro viajero con auriculares blancos. Y él también me vio a mí. Y, sin más, los dos intercambiamos una mirada que decía: «Nosotros sí que sabemos». Formábamos parte de una congregación, y los auriculares blancos eran los artefactos que señalaban nuestra afinidad.

Así es exactamente como REI inspiró a la gente a moverse, y como lo hicieron Luther King, Coca-Cola, Nike y muchos otros. Todos ellos predicaron el evangelio ante su congregación, partiendo del alma para acabar en la venta, y consiguieron movilizarla. Lo vemos también en política, sobre todo (recientemente) con el auge de Donald Trump. Trump no se presentó con ninguna idea legislativa ni política concreta. Su campaña se basó en la ideología, en un conjunto de creencias que, casualmente, eran las que tenía también la cara racial oculta de los sectores más extremistas de la sociedad. Trump puso esas creencias en primer plano y despertó a una población de estadounidenses a quienes de otro modo se habría ignorado e infravalorado. El racismo radical introducido en la política por el Tea Party, la corriente ultraconservadora dentro del Partido Republicano, a finales de la década de 2000 no era más que un aperitivo de la índole de política que Trump despacharía diez años después. El evangelio que Trump predicaba era tan sencillo como el «Tengo un sueño» de Luther King, si bien la convicción de Trump era justo su antítesis: «*Make America Great Again*» («Hagamos grande a América otra vez»).

Si bien se abstuvo de especificar a qué periodo se refería con ese «otra vez», sabemos a ciencia cierta que no se refería a los ocho años anteriores, cuando Barack Obama era el presidente del país, por los extravagantes ataques que Trump lanzó contra aquel durante su campaña presidencial de 2007. Trump cuestionó que Obama fuera ciudadano estadounidense, afirmando que había nacido en Kenia, lo cual dio lugar a lo que se conoce como el «Birthergate», en alusión al caso Watergate. Sea cual fuere el momento al que Trump quería devolver a Estados Unidos, es poco probable que fuera un tiempo donde la gente de color, los inmigrantes, las mujeres y los colectivos marginados se sintieran a gusto, porque Donald Trump se dedicó a arremeter sistemáticamente contra estas personas... antes, durante y después de su presidencia.

Y aunque a muchos sus dagas políticas y comentarios envenenados se nos antojaban una vileza, para otros sirvieron de megáfono para los silenciados en política. Aquellas palabras —«*Make America Great Again*»— fueron un mensaje subliminal para todos aquellos que compartían su visión del mundo. Y aunque el Partido Republicano en un principio lo denunció y declaró que su candidatura de 2016 era una broma de mal gusto para el país, la congregación de personas que suscribían la ideología de Trump empezó a movilizarse. Él predicó el evangelio ante su congregación y ellos se movilizaron, estimuló a millones de personas a votarle para alcanzar la presidencia en 2016 e instigó a centenares a asaltar el Capitolio el 6 de enero de 2021, protagonizando una insurrección letal. Ese es el poder de la identidad y las creencias, los cimientos de la cultura. Cuando se predica el evangelio, se insta a la gente con una mentalidad afín a movilizarse.

El bueno, el feo y el malo

Ya se trate de activismo, de productos de gran consumo, de zapatillas deportivas o de política, el efecto que predicar el evangelio tiene sobre las personas no solo es agnóstico al contexto, sino, además, independiente de la validez de la marca. Pongamos, por ejemplo, WeWork. En esencia, WeWork es una agencia inmobiliaria moderna que adquiere arrendamientos a largo término y alquila a corto plazo espacios de trabajo compartidos a organizaciones, *start-ups* y emprendedores. No obstante, pese a no incluir nada parecido a la tecnología en su oferta comercial, WeWork se presentaba como una empresa de tecnología contemporánea... y el público se lo compró. ¿Por qué? Porque el fundador de la empresa, Adam Neumann, predicó un evangelio que «partía del alma y acababa en la venta», lo cual transformó WeWork, un negocio inmobiliario común y corriente, en algo mucho más grande.

WeWork incorpora el pronombre «*we*» ('nosotros') en su nombre. Y lo hace porque cree en el poder del «nosotros» y en que las posibilidades son infinitas cuando la gente aúna fuerzas. La empresa creció rápidamente gracias a su habilidad de hacerse con una congregación de fieles, entre los cuales figuraba el fundador de SoftBank, Masayoshi Son, que invirtió 9.000 millones de dólares en WeWork. No era la propuesta de valor de la empresa lo que la hacía tan atractiva para los miles de empleados que engrosaron sus filas ni los diferenciadores de su producto los que espolearon a Son a hacer una inversión tan agresiva. Fue la ideología de la empresa, el evangelio que predicaba Neumann, lo que inspiró a la gente a movilizarse. Esa filosofía encerraba multitud de deficiencias que hicieron que el negocio se fuera al garete apenas un año después, cuando sus carencias no podían seguir ocultándose, entre ellas temas relacionados con su contratación de mano de obra, unos gastos escandalosos de su junta ejecutiva y, cómo no, el hecho de que no era una empresa tecnológica... y aun así intentó salir a bolsa. WeWork fue un ejemplo clásico de un mal producto que se benefició de una buena prédica, y a la empresa le funcionó hasta que la verdad salió a la luz.

De manera similar, Elizabeth Holmes se convirtió en la niña bonita del mundo tecnológico y en beneficiaria de cerca de mil millones de dólares en capital riesgo gracias a la empresa que fundó, Theranos. La compañía prometía una tecnología para analizar la sangre capaz de extraer una gran cantidad de datos de apenas unas gotas tomadas de la yema del dedo de una persona, una hazaña que hasta entonces se había considerado científicamente imposible. Holmes, una admiradora en la distancia de Steve Jobs, no hablaba de las especificaciones de la tecnología de Theranos. En lugar de ello, se dedicó a predicar el evangelio acerca de un mundo transparente donde podrían salvarse vidas gracias a la disponibilidad de información y un acceso democratizado al sistema sanitario. Aquella muchacha que había abandonado sus estudios en Stanford a los diecinueve años se las ingenió para convencer a ejecutivos de Walgreens (quienes accedieron a asociarse con Theranos para distribuir sus productos), al exsecretario de Estado de Estados Unidos Henry Kissinger, al exsecretario de Defensa Jim «Maddog» Mattis, al magnate de los medios de comunicación Rupert Murdock, a la familia Walton (famosa por Walmart) y al decano adjunto sénior de la Facultad de Ingeniería de Stanford, Channing Robertson, de invertir en su idea con muy pocos datos o pruebas acerca de la eficacia de la tecnología de la empresa. Lo que hizo fue venderles el evangelio, y ellos se lo compraron —literalmente— antes de que la empresa fuera desmantelada y quedara sepultada bajo demandas judiciales.

Es fácil señalar esta situación y decir: «¿Cómo pudieron dejarse engañar?». Pero todos nos dejamos engatusar en algún momento y nos comportamos en consecuencia, no porque algo sea «verdad», sino porque concuerda con el relato del mundo (la ideología) que nos formulamos y con nuestro encaje en ese mundo (identidad); y eso nos lleva a actuar como corresponde (cultura). Lo único que hace falta es que alguien nos predique el evangelio para que sepamos qué hacer y cómo hacerlo. Piensa en todas esas cosas maravillosas que tu organización se plantea hacer para mejorar las vidas de las personas y en la multitud de maneras en que tu producto podría facilitar los quehaceres de la gente a diario. Si predicar el evangelio puede influir en el público para que compre un producto dudoso o una empresa cuestionable, imagina lo que puede conseguirse con un producto bueno y una compañía como es debido.

Parece fácil, ¿no? Identificas aquello en lo que crees, buscas a tu congregación y predicas el evangelio para impulsar un comportamiento colectivo. De hecho, cuando les doy clases a ejecutivos acerca de utilizar la cultura para movilizar a la gente, todos asienten vigorosamente con la cabeza y responden «claro», «por supuesto» o «totalmente de acuerdo». Sin embargo, en cuanto regresan a sus oficinas, a su vida de siempre, vuelven a centrarse en las características y las ventajas del producto. Sin embargo, no me gustaría que me malinterpretaras. Las características y las ventajas son importantes. Forman parte de la «venta», pero, si queremos que la gente actúe, primero debemos empezar por el «alma». Tal como expresó Bill Bernback, cofundador de la agencia de publicidad DDB, «a la gente no se la persuade mediante el intelecto. Se la convence apelando a la pasión». Siempre me ha encantado esa cita porque la mayoría de la gente ve «pasión» y piensa en «interés», como en «me apasiona la música» o «me apasiona la lectura». Pero la etimología de la palabra «pasión» procede de la teología cristiana y significa 'sufrimiento'. En el fondo, lo que Bernback está diciendo es que no se convence a la gente a través del intelecto, es decir, con argumentos racionales, propuestas de valor y beneficios. Al contrario, se la persuade con el evangelio que predicamos, con las creencias e ideologías que tenemos y por las cuales estaríamos dispuestos incluso a sufrir. Esta es la definición de convicción. Estamos dispuestos a defender con firmeza una creencia, aunque seamos los únicos que lo hagamos.

Y ahora viene la parte dura. Pese a que lo sabemos de manera intuitiva, resulta bastante difícil zafarnos de nuestra memoria muscular relativa al modo como por tradición hemos comunicado nuestros productos (bienes o servicios), organización o iniciativas. Yo lo denomino el dilema de la cuchilla de afeitar, y la pregunta que les formulo a los ejecutivos es la siguiente: «Imaginemos que Caleb le vende a un barbero navajas de tres cuchillas y que su competencia le vende a otro barbero navajas de cuatro cuchillas. ¿Qué pasará a continuación?». En este punto, un ejecutivo suele responder: «Seguramente, la gente se decantará por el producto de Andrew porque las cuatro cuchillas proporcionan un afeitado más apurado que tres, de manera que Caleb tendrá que hacerse con una navaja de cuatro hojas pronto para competir con Andrew». Correcto. Y eso es exactamente lo que ocurre. Caleb se hace con una navaja de cuatro cuchillas y le añade una tira de gel al cabezal de la maquinilla para proporcionar un afeitado más suave.

Entonces les pregunto: «¿Y qué sucede ahora?». Y otro ejecutivo me responde: «Pues ahora Andrew tendrá que añadirle algún elemento innovador a su maquinilla». Otra vez la respuesta correcta. Andrew incorpora a su maquinilla una quinta cuchilla (cinco en total) y una tira de gel, además de un cabezal vibratorio para levantar el vello facial. Te imaginas lo que pasa luego, ¿verdad? Caleb le añade seis hojas a su maquinilla de afeitar con tira de gel, un cabezal vibrador y una bomba que aplica una loción de aloe vera para calmar la irritación provocada por las cuchillas. Al cabo de poco, este tira y afloja entre Caleb y Andrew ha dado lugar a una máquina de afeitar con treinta y cinco cuchillas y una tecnología activada por voz y habilitada por la inteligencia artificial que te habla y te lee las respuestas a tus tuits mientras te afeitas. Es una chifladura. Es justo entonces cuando les pregunto a los ejecutivos: «Y cuando ya no queda nada que añadirle a la máquina de afeitar ni más espacio (físico) para la "innovación", ¿en qué aspectos pueden competir Caleb y Andrew?». Tras unos instantes de silencio y miradas perdidas, alguien levanta la mano y responde: «Supongo que lo único que pueden hacer es bajar el precio», lo cual es correcto (otra vez) y es exactamente como convertimos nuestra oferta de productos en un producto básico.

Esto es lo que ocurre cuando priorizamos las propuestas de valor, con ofertas racionales como una máquina de afeitar que ofrece un afeitado más apurado, o una pila que dura más o un coche más rápido. Desembocamos en relaciones basadas en las transacciones. Desde luego que si tu producto es el más rápido, la gente se verá inclinada a consumirlo. Y si es más barato, seguramente lo escogerá frente al de la competencia. Y si tienes ocho cuchillas cuando los demás tienen solo siete, probablemente escojan tu rasuradora. Pero en cuanto alguien ofrezca un producto más rápido, más barato o con nueve cuchillas, estarás vendido. Bienvenido al mundo de los productos básicos. Aquí cabe toda la categoría de las pizzas. Cuando yo era niño, una pizza grande con un ingrediente costaba unos 17 dólares, una cifra que hoy suena ridícula, después de que Little Caesar's lanzara al mercado sus pizzas «listas para comer» (una pizza grande con un ingrediente lista para comer por 5 dólares). Ahora toda esta categoría depende, sobre todo, de las propuestas de valor.

En cambio, cuando nos centramos en las convicciones de la empresa o la marca, construimos relaciones basadas en la identidad que se fundamentan en cómo nos identificamos a nosotros mismos. La marca no es solo una marca. La camiseta no es solo una camiseta. La escuela no es solo una escuela. La institución no es solo una institución. Es una prolongación de quiénes somos nosotros.

Cuando estalló la pandemia de la COVID-19, el futuro se antojaba incierto y la estabilidad financiera de muchas empresas y empleados también se tambaleó. Este trasfondo inspiró al director ejecutivo de la marca de ropa deportiva Columbia Sportswear, Tim Boyle, a reducirse su salario de 3,3 millones a 10.000 dólares anuales para asegurarse de que otros empleados de la empresa pudieran percibir su sueldo habitual. Incluso los 3.500 dependientes de sus tiendas cobraron su nómina pese al cierre de los comercios impuesto por el confinamiento. Para Boyle era importante que sus empleados tuvieran seguridad y la capacidad de seguir haciendo lo que para ellos era importante. Esto concordaba con la convicción de Columbia Sportswear de conectar con personas activas y sus pasiones. Básicamente, el recorte salarial de Boyle aseguraba que sus empleados pudieran hacer justo eso, incluso frente a la incertidumbre. Como marca cuyos productos, literalmente, ayudan a las personas a capear temporales, la empresa dio ejemplo de sus creencias con su propia conducta. Cuando saltó la noticia, mi amiga Helen publicó el artículo con el comentario: «¡Menudo gesto! ¡Ahora mis chaquetas Columbia me gustan incluso más!». Sus chaquetas de la marca no abrigaban más que antes de que Helen leyera el artículo, ni le sentaban mejor que antes de aquel anuncio, y, no obstante, la marca encajó aún mejor con su identidad porque sus creencias e ideologías —demostradas a través de sus actos— eran coherentes con la concepción del mundo de Helen, y mi amiga sintió una conexión emocional.

Un estudio publicado en *Harvard Business Review* apunta que las conexiones emocionales importan más que las ventajas funcionales. Lo que impulsa a la gente a actuar es la activación del sistema límbico, no las propuestas de valor. Cuando la creencia de una marca se alinea con la nuestra, nos sentimos conectados. A partir de entonces, la marca se convierte en una señal de identidad que nos ayuda a comunicar quiénes somos y cómo queremos que se nos perciba en el entorno social. Nuestra identidad y las características culturales correspondientes que suscribimos son los mayores motivadores de nuestro comportamiento. Nos aseguramos de que nuestras acciones y nuestro sistema de creencias estén en sintonía. De lo contrario, nos encontramos batallando con la molestia de la disonancia cognitiva.

No cabe duda de que la idea de predicar el evangelio a tu congregación choca de frente con las prácticas establecidas de la comunicación de marketing que asesoran a las marcas que comuniquen las funciones de sus productos a un público objetivo concreto, es decir, a un colectivo de personas específico. Nunca me ha entusiasmado el término «público objetivo» porque convierte a ese público en algo pasivo. Lo transforma en grupos de personas a la espera de que les pasen por delante mensajes, un conjunto cautivo que se mantiene a la expectativa de cuál será tu siguiente movimiento. Pero las personas, las personas de verdad, no son en absoluto pasivas. Hacen un millón de cosas cada día y lo último en lo que piensan es en cuánto flúor le ha añadido tu empresa a su nueva línea de dentífricos. En lugar de ello, en lo que piensan es en si encajan, en si están actuando como es debido, en si sus hijos están seguros, en mil y una cosas antes que en ti y en tu causa, a menos, claro está, que, sin que sean conscientes de ello, tu causa y su causa coincidan. Pero para percibir esto tenemos que concebir a las personas como seres humanos, no como máquinas que comen mensajes y defecan efectivo.

Cuando las marcas conectan con personas con creencias afines, la congregación que suscribe esa misma ideología, esas personas no solo compran a la marca, sino que la utilizan para comunicar su identidad y compartirla con otras personas como ellas. Y estas la comparten con otras personas como ellas, y así sucesivamente. La idea de predicar el evangelio no va de transmitir el mensaje a todo aquel que pueda sentirse atraído por tus propuestas de valor, sino de activar efectos en cadena en el seno de la congregación de personas que comparten las mismas creencias, porque serán ellas las que se verán inspiradas a predicar el evangelio a otras personas en tu nombre.

Conversión de los no creyentes

Es bastante probable que lo que te ha movido a ver la última serie nueva que has visto, a visitar el último restaurante nuevo que has visitado o a comprar el último producto nuevo que has comprado no haya sido un anuncio. En algunos casos, es posible que ni siquiera hayas visto anunciada esa serie, sino que hayas oído hablar de ella a algún conocido, a alguien de tu confianza. Te recomiendan una serie acerca de un grupo ecléctico de personas que capturan y cuidan grandes felinos y al cabo de poco te descubres mirando diez episodios de *Tiger King* en Netflix. ¿Por qué? Porque alguien te habló de ella, de la misma manera que otra persona le había hablado de ella a ese alguien, etcétera, etcétera. Estamos ante un ejemplo paradigmático de efecto en red, es decir, de la propagación de creencias y características culturales compartidas para mantener vínculos estrechos en red con nuestra congregación.

Si bien en la superficie *Tiger King* puede no parecer un producto cultural destinado a una congregación concreta, más allá de la interesada en la fauna salvaje, la serie ha servido de vehículo para que gente de distintas comunidades ponga en común sus creencias e ideologías compartidas. Los comentarios y el discurso acerca de la serie que intercambiaron miembros de distintas tribus —y su suma de congregaciones— les ayudaron a negociar y construir lo que el público debía sentir y cómo debía reaccionar. Dichos intercambios están en todo momento mediados por nuestras afinidades culturales y nos impulsan a actuar en consecuencia.

Las elecciones a la presidencia de Estados Unidos de 2008 fueron una batalla muy reñida. Por un lado, había un veterano de guerra, el senador republicano por Nevada John McCain, y, por el otro, un antiguo líder comunitario, el senador demócrata por Illinois Barack Obama. La vieja guardia y savia nueva. La carrera se vio exacerbada por el hecho de que Obama, un afroamericano nacido en Hawái, estaba siendo catalogado como musulmán, cosa que no es, en la época posterior a los atentados del 11-S contra las Torres Gemelas, cuando la islamofobia se propagaba como la pólvora por el país. Sobrepasando el racismo estándar que siempre ha azotado a Estados Unidos, los ataques contra Obama habían adquirido un tono febril, sobre todo en Florida, un estado indeciso clave para los comicios. De punta a punta del estado, partidarios de McCain publicaban anuncios que atribuían un sinfín de etiquetas desagradables a Obama, calificándolo de antiamericano, de postulados pro iraquíes y, quizá lo más alarmante para un estado con una alta población de estadounidenses judíos de la tercera edad, contrario a Israel. Lo que pretendían todos esos anuncios era presentar a Obama como alguien «distinto a mí» o, en este caso, «contrario a mí». Por supuesto, nada de ello era cierto. Para combatir esta propaganda política, el Jewish Center for Education and Research (JCER) se sintió obligado a reaccionar. Consciente de que clamar la verdad más alto que la oposición no produciría los resultados que buscaba, decidió aprovechar la voz más influyente entre esos estadounidenses judíos en la senectud: sus nietos.

El JCER recabó la ayuda de Sarah Silverman, una brillante cómica estadounidense judía, para que filmara un vídeo animando a los jóvenes norteamericanos judíos a viajar a Florida y convencer a sus abuelos de votar a Barack Obama. El vídeo se enmarcaba en una campaña titulada *The Great Schlep* («El gran sacrificio»). Sarah aparece al principio del vídeo formulando una sencilla pregunta: «Si supieras que una visita a tus abuelos podría cambiar el mundo, ¿la harías? ¡Por supuesto! Tendrías que ser un capullo para no hacerlo». Y luego declaraba: «Si Barack Obama no se convierte en el próximo presidente de Estados Unidos, culparé de ello a los judíos». Aunque se sabe que, por tradición, los estadounidenses judíos han sido liberales y progresistas en lo político, hay un segmento entre ellos que, en palabras de Sarah, «no lo son, y se los conoce por distintos sobrenombres: Abu, Aba, Zaide, Bubbe o la forma de siempre, "abuelo" y "abuela"». El vídeo continúa con todos los puntos a tratar para demostrar por qué Obama sería un candidato mejor y por qué sus ideas políticas son, en realidad, más favorables a Israel que las de McCain. Y concluye haciendo un llamamiento a los jóvenes estadounidenses judíos para que pasen a la acción: suscribíos a la página web Great Schlep, embarcaos en un avión rumbo a Florida y convertid a vuestros abuelos.

Sarah predicó el evangelio a la congregación de los voluntariosos —empezando por el alma y acabando por la venta—, lo cual inspiró a más de 24.000 norteamericanos judíos a registrarse en la página web y poner rumbo a Florida. Pese a ir destinada a una red específica de personas, los jóvenes estadounidenses judíos, la campaña apareció prácticamente en todos los grandes medios de comunicación, desde el *New York Times* hasta la BBC. Es más, Obama acabó anotándose el estado de Florida, con un mayor porcentaje de votos de electores judíos en tres de los condados más poblados del estado. Frank Rich escribió en el *New York Times*: «Obama consiguió un mayor porcentaje de votos judíos a escala nacional y —¡*Mazel Tov*, Sarah Silverman!— ganó Florida». Silverman activó la red dentro de su congregación, y sus integrantes convencieron a otras personas de pasar a la acción.

Volvemos a encontrarnos ante una táctica completamente alejada de las estrategias tradicionales de comunicación de marketing. Históricamente, los profesionales del sector han abordado las comunicaciones y las técnicas de persuasión pasándolas por el embudo del marketing, que hace que llegues al máximo de personas posible en la parte superior del embudo (conciencia) y la población vaya reduciéndose a medida que te acercas a la base (conversión). Aplicando esta perspectiva, los profesionales del marketing invierten amplios recursos en que su mensaje llegue al máximo de personas posible en la globalidad del mercado, con la esperanza de atraer a una porción de esta población (lo que denominan «mercado disponible asequible»). Independientemente de las dimensiones totales del mercado, buscan llegar al máximo de los consumidores, y lo hacen desplegando una serie de vehículos mediáticos. Ahora bien, solo se llega realmente a un porcentaje (pongamos por caso, el 70 por ciento) y, de ese porcentaje, quizá un 20 por ciento responda a la llamada (*Haz clic aquí para ampliar la información*, *Más información* o *Suscríbete aquí*), y en última instancia solo un 0,02 por ciento de esa población acaba comprando algo. Es un sistema bastante derrochador, por más que haya sido el establecido en el sector del marketing durante décadas. Quizá haya llegado el momento de que todos «pensemos diferente».

Cuando ponemos la diana en una congregación de tribus conectadas en red sucede algo mágico. Como en el caso de *The Great Schlep*, concentrar nuestros esfuerzos en las personas que son la muestra más representativa de la congregación —las que exhiben más afinidad con las características culturales de su tribu— puede catalizar una cascada expansiva que difunde el producto, la idea, la creencia, el comportamiento, el lenguaje o el artefacto de persona en persona en el seno de la población. El resultado de este fenómeno aumenta el alcance dentro de la congregación, tal como muestra la figura 2. Se trata de una provocación planteada por el genial y desaparecido Griffin Farley, que denominó a esta idea «estrategia de propagación», consistente en planear no las personas a quienes podrías llegar, sino las personas a quien esas personas llegarán a través del boca a oreja social.

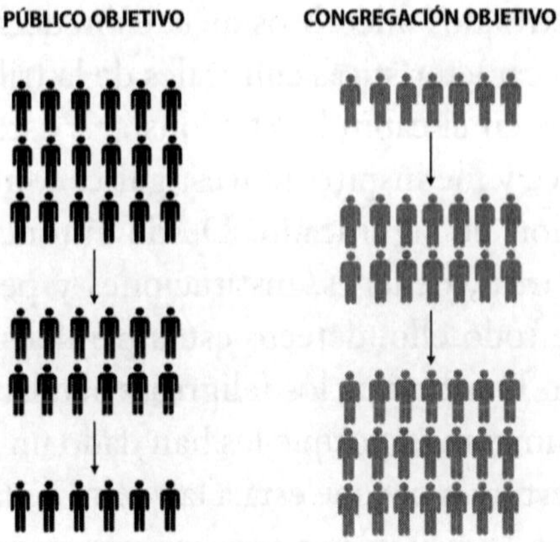

Figura 2

A diferencia de las comunicaciones de marketing tradicionales, el alcance que se consigue de este modo no se limita a las personas a quienes llega el mensaje de una marca o empresa, sino que se amplía a otras que se lo escuchan a alguien de confianza, alguien como ellas, lo cual aumenta su probabilidad de adopción. Tal como han planteado los expertos en redes Nicholas Christakis y James Fowler: «Cuando un colectivo reducido empieza a actuar en consonancia —exhibiendo síntomas visibles similares—, la epidemia puede propagarse por los nodos de la red social mediante el contagio de emociones y grandes grupos pueden sincronizarse emocionalmente de manera rápida». Ese es el efecto de red que se activa cuando predicas el evangelio ante la congregación de personas que ven el mundo como tú.

Es la gente, y no las comunicaciones de marketing, la que convierte a otras personas. Las comunicaciones de marketing tienen un impacto exógeno en el sistema de las tribus conectadas en red —dentro de una congregación— y, de manera colectiva, los miembros de la tribu deciden si este se alinea con las características culturales de la tribu (ampliaremos este tema en el capítulo 5). Constatar este hecho cambió mi práctica y me inspiró a investigar el contagio cultural y la generación de significado. Desde entonces aplico esa filosofía a marcas, oenegés, instituciones y personalidades. Y, además de todo ello, detecto estos paralelismos también en la religión. Es raro que los feligreses acudan a una nueva iglesia por primera vez porque les han dado un folleto anunciando su apertura o porque está a la vuelta de la esquina. Lo normal es que la visiten por vez primera porque les invita alguien que ya forma parte de esa nueva parroquia. La gente habla de cuánto le llena asistir a esa iglesia o templo y, de ese modo, alienta a sus amistades y colegas a comprobarlo por sí mismos.

Tanto los textos religiosos como la jerga del marketing se refieren a esas personas con los nombres de «evangelistas» y «portadores de buenas nuevas». En el sentido religioso, el término «evangelista» se utiliza para describir a alguien que intenta convencer a otras personas de convertirse al cristianismo. Para el marketing, los «evangelistas» son personas que intentan convencer a otras personas de probar un producto que hace sus delicias. También somos evangelistas de nuestras características culturales, cada uno de las suyas, cuando les decimos a los demás que prueben tal o cual cosa, que contemplen una situación a través de un prisma concreto o que se repriman de hacer algo porque no es propio de «gente como nosotros». Cuando predicas el evangelio para tu congregación, capacitas a los evangelistas para convertir a los incrédulos, los apáticos, los escépticos y los detractores. Como proclama el evangelio: «Era ciego, pero ahora veo» y, así, estas nuevas personas videntes se sienten impelidas a transmitir la buena nueva allá donde van. También ellas predican el evangelio en tu nombre, porque ahora creen. Tal es el efecto de red de la evangelización.

Este fenómeno tiene lugar de la misma manera que SoulCycle —a menudo catalogado como secta— recluta a nuevos miembros, a través de referencias. De hecho, antes del confinamiento de la COVID-19, el 80 por ciento de los miembros nuevos de SoulCycle procedía solo de recomendaciones personales. Cuando predicamos el evangelio a la congregación y activamos el efecto de red, esa congregación se segmenta y se lo comunica a personas que consideran posibles conversos porque se parecen mucho a ellas mismas.

Echemos un vistazo a un equipo de baloncesto de la NBA, los Nets. La saga se estableció en 1977 con la fundación de los New Jersey Nets. En sus treinta y cinco años de historia, los Nets solo habían llegado en dos ocasiones a la final de la NBA y solía considerarse un equipo sin posibilidades de ganar la liga. En septiembre de 2009 lo adquirió Mijaíl Prójorov, que se convirtió en el principal propietario. Entre otros accionistas minoritarios se encontraba el magnate del hiphop Jay-Z, poseedor de un 0,67 por ciento del equipo. La apuesta de Prójorov de adquirir los Nets incluía financiación inicial para construir un estadio para el equipo en Brooklyn, Nueva York, que con el tiempo se conocería como el Barclays Center. El estadio se hallaba en el corazón de una zona icónica de Brooklyn, Atlantic Terminal. Lógicamente, ello comportaba que los New Jersey Nets dejaban Nueva Jersey y se trasladaban a Brooklyn para convertirse en los Brooklyn Nets. La primera temporada del equipo en su nuevo estadio de Brooklyn estaba programada para noviembre de 2012. El encargo que el nuevo director ejecutivo de los Nets, Brett Yormark, hizo a la entonces agencia creativa del equipo, Translation (donde yo trabajaba), fue que «los Nets debían ser para Brooklyn lo que los Knicks son para Manhattan». Suena fácil, ¿verdad? ¡Pues nada más lejos de la realidad!

Multitud de polémicas obstaculizaron la construcción del Barclays Center, incluido el potencial impacto ambiental en la zona y la falta de una financiación pública continuada para cubrir las obras. Aun así, el aspecto de mayor calado fue la indignación de los habitantes de Brooklyn. Para esta cohorte, la edificación del Barclays Center en Brooklyn implicaba la expulsión de empresas y propietarios de viviendas afincados en la zona desde hacía tiempo como consecuencia de los trastornos y las repercusiones de la gentrificación. Hubo protestas y manifestaciones de activistas delante de las obras de construcción y se luchó por que funcionarios del vecindario pusieran trabas al levantamiento del estadio. Los argumentos de los activistas hallaron cobertura en los medios de comunicación locales y dieron origen a un documental titulado *The Battle for Brooklyn*, que tuvo muy buena acogida. Tal resistencia conllevaba, obviamente, un gran desinterés por el equipo de baloncesto, que además era un equipo perdedor.

Con la inauguración en noviembre de 2012 en mente, hacer realidad el encargo de Yormark de convertir a los Nets en «el equipo de Brooklyn» se nos antojaba cada vez más difícil, si no ya imposible. Al menos, eso pensaba yo mientras contemplaba la hoja de encargo y me preguntaba cómo abordar el problema. Aunque en el pasado había trabajado con productos que no se tenían en buena consideración y había ayudado a marcas sometidas a escarnio público, nunca había lidiado con un producto cuestionable de una marca que suscitaba el desdén de la población. En lugar de centrarnos en la marca o en el producto, decidimos poner el foco en la gente, por los habitantes de Brooklyn.

Los brooklynitas se sienten muy orgullosos de su barrio. De todos los residentes de los cinco vecindarios de Nueva York, son, de lejos, quienes expresan de manera más clara su devoción por su territorio. De ahí que no sorprenda que los artistas de hiphop pregunten «¡¡¿Cómo está Brooklyn?!!» para animar a la muchedumbre en sus conciertos. El orgullo de barrio que sienten los brooklynitas es formidable, y decidimos aprovecharlo para movilizarlos haciendo nuestro un consejo de la teoría de la propaganda de Edward Bernays: unir a un grupo de personas declarando un enemigo del Estado. Por suerte, era un enemigo natural de Brooklyn: Manhattan.

Creamos toda una campaña apuntalada en la rivalidad inherente entre ambos barrios. Si vives en Brooklyn, sabes bien cuánto cuesta ir y venir, entrar y salir de la ciudad cada día entre semana para ir a trabajar. En muchos aspectos, existe una tensión enconada entre Brooklyn y Manhattan. Como residente de Brooklyn que fui en el pasado, doy fe de que cuando llegas a casa, tras pasar toda la jornada en Manhattan, volver a la ciudad se te hace una montaña; tanto es así que muchos habitantes de Brooklyn se niegan a visitar Manhattan durante el fin de semana y no vuelven a poner el pie allí hasta el lunes por la mañana. ¿No me crees? Intenta quedar con un brooklynita para tomar un *brunch* en la ciudad un domingo por la mañana. Comprobarás que es todo un desafío.

Con esta idea en mente, acometimos el proyecto acariciando el orgullo de barrio de Brooklyn. Tomamos prestado el lenguaje que en su día usó la realeza de Brooklyn, los Beastie Boys, y luego sampleamos a otro hijo del barrio, Jay-Z. La frase de presentación que convinimos en usar fue *«Hello Brooklyn»*. Una vez identificada, pedimos a otros brooklynitas destacados, como la legendaria locutora de radio Angie Martinez y el cantante de los Gym Class Heroes, Travis McCoy, que tuitearan acerca de su amado barrio usando la expresión *«Hello Brooklyn»* sin mencionar al equipo. Lo único que queríamos era sembrar la semilla y recontextualizar esa expresión para lo que vendría después.

Luego invadimos las vallas publicitarias de las zonas con más tráfico de Brooklyn con eslóganes como «Si no estás con nosotros, solo tienes que cruzar el puente. #HelloBrooklyn». Otra decía: «Brooklyn siempre ha tenido pelotas, ahora son oficiales. #HelloBrooklyn». Cada una de aquellas vallas publicitarias pretendía catalizar el orgullo de barrio tan arraigado en los brooklynitas. Junto a esos textos aparecía un escudo vacío en el que posteriormente se mostraría la silueta del nuevo logotipo de los Brooklyn Nets. Rediseñamos el logo de los New Jersey Nets de manera que fuera más afín a la personalidad de Brooklyn, con una nueva tipografía y menos color (en blanco y negro); buscábamos una imagen más tosca que el original, menos colorida y sugerente. En cambio, conservamos el escudo. Ahora bien, como aquel lanzamiento se centraba en la población de Brooklyn y no en el equipo, decidimos eliminarlo todo del logotipo, salvo el escudo, que servía como marca de agua. De ese modo, cuando estuviéramos listos para revelar el logotipo, la gente sabría que éramos nosotros quienes estábamos detrás de aquella publicidad desde el principio.

Tras unas cuantas semanas mostrando furtivamente las vallas publicitarias en Brooklyn, apuntamos la mirilla a nuestros rivales al otro lado del puente. Identificamos las paradas de tren más transitadas entre Brooklyn y Manhattan y colocamos paneles en los que se leía: «Ya cruzaremos ese puente cuando toque. #HelloBrooklyn» o «Por supuesto que es personal. #HelloBrooklyn», para que los brooklynitas llevaran consigo su orgullo de barrio al terreno de sus rivales. Al poco, colgamos nuevas vallas publicitarias con el escudo relleno y un nuevo lema que decía: «Ahora Brooklyn tiene un equipo propio. #Hello Brooklyn» y «El primer partido en casa desde 1957. #HelloBrooklyn», en alusión a la marcha de los Brooklyn Dodgers para convertirse en los LA Dodgers.

Para entonces, los Brooklyn Nets eran tendencia nacional en Twitter pese a la naturaleza hiperlocal de las comunicaciones ejecutadas. Pero lo más importante fue que Brooklyn se percató de ello. Antes incluso de que se anunciara la alineación del equipo, el volumen total de ventas de *merchandising* de los Brooklyn Nets en los dos primeros días tras su salida al mercado multiplicaba por diez las ventas totales de los New Jersey Nets en un año normal. De hecho, los New Jersey Nets habían ocupado la posición número 30 en ventas en *merchandising* la temporada previa al traslado (2011-2012), mientras que, al final de la primera temporada de los Brooklyn Nets (2012-2013), el equipo ocupaba el cuarto puesto en el *ranking*.

¿Qué fue lo que pasó? Que los brooklynitas se hicieron fans de los Brooklyn Nets y compraron el *merchandising* no por el equipo en sí, sino por lo que representaba. El equipo ni siquiera había jugado aún su primer partido y el *merchandising* volaba de las tiendas. ¿Por qué? Porque los Brooklyn

Nets se convirtieron en una seña de identidad de los habitantes de Brooklyn, y estos lucían su uniforme para comunicar esa identidad. Incluso Buzzfeed incluyó en su lista de «19 señales de que eres de Brooklyn»: «Cuando los Nets llegaron a Brooklyn, les demostraste tu amor». Y eso no tenía nada que ver con el equipo, sino con lo que este representaba para los habitantes de Brooklyn. Ese es el poder del evangelio cuando se alinea con las identidades de las personas, con sus creencias e ideología. El producto, la organización, la entidad o el movimiento cobra un nuevo significado para la congregación, y esta lo adopta como un producto cultural y lo usa para mostrar su identidad al mundo.

DE SABER POR QUÉ A SABER CÓMO

No hay nada que influya más en lo que compramos y en todo lo que hacemos que la cultura. Consumimos no tanto por «lo que es» o «lo que hace» algo como por «quiénes somos nosotros» y «cómo vemos el mundo». El impacto de la influencia de la cultura permite a los profesionales del marketing vender productos; a las organizaciones, reclutar a miembros, y a los líderes, motivar a equipos. Esta influencia puede ayudar prácticamente a cualquiera a espolear a un colectivo a adoptar un determinado comportamiento. Sin embargo, para hacerlo, primero tenemos que identificar cómo contemplamos el mundo y luego hallar a las personas que lo ven de manera similar a la nuestra.

Esa es tu congregación, la colección de tribus en red a la cual dirigirás tus comunicaciones. Puedes llamarla tribu, red, comunidad, lo que más te convenga. La nomenclatura no importa demasiado. De hecho, yo suelo utilizar todos esos términos de manera intercambiable porque todos se reducen a lo mismo: esa es nuestra gente. Y cuando te comunicas con tu gente, no te guías por las ventajas y las prestaciones de tu oferta, sino que predicas el evangelio acerca de tus creencias y tu concepción del mundo. Hacerlo te permitirá conectar con la gente activando la parte de su cerebro que gestiona las emociones y, en última instancia, impulsa el comportamiento.

Hemos visto ejemplos de esa prédica del evangelio a lo largo de este capítulo, en casos como «*Just Do It*» y «Piensa diferente». Estas expresiones no deben confundirse con meros lemas. De hecho, son articulaciones de creencias. Son la expresión del modo en que estas marcas ven el mundo, y ejercen una potente atracción gravitacional en las personas que lo conciben de manera similar. Dicha atracción es tan fuerte que no solo inspira a las personas a pasar a la acción, sino que las motiva a alentar a otras personas como ellas a hacerlo.

Mientras lo piensas, pregúntate cómo te gustaría comunicar la visión del mundo que tiene tu empresa u organización. ¿Cómo predicarías el evangelio ante tu congregación? No te obceques demasiado en las palabras que usarías porque entonces podrías pensar que te estoy pidiendo un ejercicio creativo intimidante. Resérvales eso a los publicistas y los redactores de discursos.

Tú empieza por una declaración de principios, como hiciste al final del capítulo anterior: «Creemos en [rellena el espacio]». Esa será tu alma.

Una vez que hayas comunicado el alma, acaba con la venta: «Creemos en [rellena el espacio], de manera que hemos creado [rellena el espacio: producto u organización] para hacer realidad esa creencia». REI cree que una vida al aire libre es una vida bien aprovechada, de manera que cerró sus comercios en el Black Friday para invitar a la población a salir a jugar en lugar de quedarse encerrados comprando. Nike cree que cada ser humano es un deportista y por eso crea productos para ayudar a todo el mundo a convertirse en el mejor atleta que lleva dentro, y lo hace alentándonos con un «*Just Do It*». Apple cree en cuestionar lo establecido y por eso desafió a la gente a pensar diferente e ir contra las convenciones. ¿En qué crees tú? ¿Qué concepción del mundo tiene tu empresa? Ese será el evangelio que predicarás. Esas serán las palabras que comunicarás para movilizar al público. Pero las palabras solas no bastan. Porque lo que decimos no siempre se corresponde con lo que la gente quiere oír. Por eso también debemos tener en cuenta cómo interpretan los demás nuestras palabras y qué significado extraen de ellas, el tema que exploraremos en el capítulo siguiente.

4

Creación de significado

Conocí a mi esposa, Alex, mientras cursaba un máster en la Ross School of Business, en la Universidad de Míchigan. Hay un viejo dicho acerca de los estudiantes de máster: algunos vienen a por el título de licenciados y otros a por el de casados. En efecto, muchas relaciones sentimentales prenden en las escuelas de negocios y acaban en matrimonio. Ni Alex ni yo estábamos interesados en esto último. Ella estaba muy centrada en sus actividades académicas y yo seguía lamentando la ruptura de una relación de cinco años y medio que había acabado como el rosario de la aurora.

Alex era distinta a la mayoría de las personas que uno conoce en una escuela de negocios. Vestía casi siempre de negro, o con algún detalle en azul oscuro (más tarde yo averiguaría que era una peculiaridad de Nueva York). No tengo el recuerdo de haberla visto nunca con la equipación de la facultad y, para tratarse de una universidad como Míchigan, eso era una rareza. Tampoco era especialmente social; de hecho, hacía caso omiso de la obligación implícita de la escuela de negocios de entablar amistad con tus compañeros de clase y «tejerte tu propia red». Era bastante reservada, tenía un grupo reducido de amistades e irradiaba ese aire de «déjame en paz, tengo cosas que hacer». Y, por supuesto, como si me hubieran sacado de un guion de una comedia romántica de los noventa, me sentí atraído por ella. A pesar de su actitud inicial hostil, una vez que tuve ocasión de interactuar con ella me pareció que era muy agradable. En aquel momento hice el esfuerzo consciente de conectar con Alex siempre que podía, y lo que empezó como un flirteo intencionado acabó en una relación plena. Años después decidí que había llegado el momento de dar el siguiente paso y proponerle matrimonio. Enseguida me vinieron a la mente dos preguntas: (1) ¿cómo iba a pedírselo?, y (2) ¿dónde le compraría el anillo?

No tardó en ocurrírseme una idea para la proposición. Para entonces llevaba unos cuantos años trabajando en marketing para redes sociales y usé un viejo truco de la profesión: si dudas, busca colaboración. Partiendo de esa premisa, contacté en secreto con amigos mutuos que siempre habían estado presentes en nuestra relación, desde nuestros inicios en Ann Arbor, pasando por nuestra fase a distancia, cuando ella vivía en Nueva York y yo en el Área de la Bahía de San Francisco, hasta la situación de aquel entonces, afincados en Brooklyn, Nueva York. Les pedí que me enviaran un vídeo rápido, sin que Alex lo supiera, con detalles acerca de sus recomendaciones sobre la mejor manera de proponerle matrimonio. Algunos eran rocambolescos: «Llévala a París y pídele que se case contigo en la Torre Eiffel». Otros, predecibles: «Llévala a cenar y mete el anillo en una copa de champán». Y otros, descabellados: «Llévala hasta el centro del estadio del campo de rugby de Míchigan y pídele que se case contigo con la banda municipal tocando de fondo». Fui componiendo las múltiples propuestas de nuestros amigos como fragmentos de un vídeo que me serviría como aperitivo al plato principal de mi proposición. El plan era que su hermana Dori quedara para comer con ella en el trabajo y le mostrara ese *collage* colectivo de ideas, diciéndole que había un vídeo muy divertido en YouTube que tenía que ver. Yo esperaría tras la puerta de la oficina de Alex y le dejaría caer la pregunta justo en el momento en el que el vídeo concluyera. No está mal, ¿no?

Si bien el plan para la proposición se me ocurrió bastante rápido, el tema del anillo de compromiso requirió algo más de reflexión. A diferencia de la proposición, que era un acto íntimo, el anillo sería mucho más visible. Sería un artefacto que llevaría al menos durante un año antes de la boda y quizá incluso después de casados. Sería un símbolo para decirle al mundo que estaba comprometida con alguien y una medida por la cual me juzgarían a mí cuando les anunciara nuestro compromiso a sus amigos y colegas del trabajo. No podía equivocarme. Por suerte, mi futura suegra aligeró en gran medida mi ansiedad proporcionándome un diamante (en magníficas condiciones, por cierto) que había guardado durante años para Alex. Con ese diamante podía hacerle un nuevo anillo de pedida a mi futura prometida sin tener que gastarme una fortuna en un pedrusco. ¡Aleluya!

Cuando les cuento esta anécdota a mis amigos hombres, suelen replicarme: «¡Tío, menuda suerte tienes!». ¿Por qué? Porque, como a mí, a ellos también les estresó comprar el anillo y todas las consideraciones implícitas. ¿Qué corte? ¿De qué color? ¿De qué tamaño? ¿La claridad está bien? Y, por supuesto, ¿cuánto cuesta? Estas preguntas son una importante causa de estrés cuando uno se dispone a hacer la gran pregunta. Y todos tenemos que agradecérselo a la empresa De Beers.

A finales de la década de 1940, De Beers, una compañía internacional de diamantes, estrenó su campaña «Un diamante es para siempre» en Estados Unidos... y con ello desencadenó un torrente de eventos que, ochenta años después, sigue influyendo en cómo hacemos las proposiciones de matrimonio. Antes de De Beers, la gente no se comprometía con un diamante. No era algo que hubiera que hacer obligatoriamente. De Beers cambió las reglas del juego. En la estela de la Gran Depresión, la campaña decía a los jóvenes: «Si quieres demostrarle que la quieres, díselo con un diamante». Un diamante, esa piedra preciosa y escasa que simboliza el lazo único que os une a ti y a tu amada, dura para siempre, de la misma manera que vuestro amor pervivirá hasta la eternidad. Es un sentimiento muy tierno. Pero hay un problema: los diamantes no escasean.

De Beers prácticamente poseía el monopolio sobre la industria de los diamantes, de manera que suprimió el abastecimiento para que parecieran gemas exclusivas. Ah, ¿y qué hay de eso del «para siempre»? Sí, De Beers quiere que conserves tu diamante para siempre porque el precio de reventa es espantoso. De hecho, se dice que en una ocasión el expresidente de De Beers, Nicky Oppenheimer, comentó: «Intrínsecamente, los diamantes carecen de valor, más allá de la profunda necesidad psicológica que colman». Probablemente esta campaña sea uno de los proyectos publicitarios más exitosos de todos los tiempos. Desde que De Beers la lanzara en 1948, la adopción del ritual de la proposición con un diamante ha aumentado de manera estratosférica. El 50 por ciento de los compromisos nupciales en Estados Unidos en los años sesenta empezaban con una proposición con un anillo de diamantes; dicha cifra se disparó al 80 por ciento en la década de 1990, según un estudio realizado por la consultora Bain & Company. La campaña «Un diamante es para siempre» tuvo una repercusión similar en Japón, donde había alcanzado cerca de una tasa de adopción del 60 por ciento en 1981, partiendo de un 5 por ciento en el momento de su lanzamiento, a finales de la década de 1960.

Pero ¿qué pasa aquí? Si los diamantes son de tan baja calidad y hay provisiones a mansalva, ¿por qué se venden tan caros? ¿Y por qué diablos seguimos proponiendo matrimonio con un anillo con un pedrusco? Te diré por qué. Gracias a la campaña de marketing de De Beers, un anillo de diamantes ya no es solo una gema (tan) poco corriente. Ahora un anillo de diamantes es un símbolo de amor duradero y de estatus social porque, de manera colectiva, reformulamos el significado que se asocia con un anillo de diamantes por acicate de una empresa. Y a resultas de ello, proponemos matrimonio con un anillo de brillantes para cumplir con el ritual cultural en el que hemos decidido participar de manera voluntaria. Tal es el poder del significado, la traducción de la realidad que experimentamos, y estos son los marcos a través de los cuales contemplamos el mundo y lo dotamos de sentido. Y, como ya hemos analizado en capítulos anteriores, nuestra manera de ver el mundo influye en cómo nos comportamos. Ahora bien, el desafío radica en que no todos vemos las cosas del mismo modo, de manera que el significado difiere para distintas personas.

Imagina que quisieras decirle «de acuerdo» a alguien sin expresarlo en voz alta. ¿Cómo lo comunicarías con mímica, con la mano? Es probable que juntaras las puntas de los dedos índice y pulgar para hacer un círculo y mantuvieras los otros tres dedos rectos, en abanico. Es el símbolo habitual para decir «OK». Sin embargo, este gesto con la mano también es el símbolo de la supremacía blanca. En un campus universitario estadounidense, podrías ver a un grupo de muchachos negros utilizar este símbolo para señalar que pertenecen a una fraternidad de alumnos negros llamada Kappa Alpha Psi. Y si estás en el centro sur de Los Ángeles y ves a otra pandilla de muchachos negros hacer este gesto con la mano, podría significar una afiliación a una fraternidad muy distinta, la banda callejera de los Bloods. En cambio, si estás en Brasil, hacer este gesto es equivalente a hacer la peineta. De manera que el significado —es decir, la interpretación de la propia realidad— no es objetivo. Es subjetivo, y esa interpretación está determinada por la visión del mundo asociada con nuestras suscripciones culturales.

En 2011, el banco mundial HSBC lanzó una campaña publicitaria con el fin de recalcar la importancia de entender los matices culturales al hacer negocios en distintos países. La campaña mostraba a diferentes personas en varias regiones del planeta intentando orientarse por un mundo donde los significados difieren. En uno de los *spots* televisivos, un hombre asiático de mediana edad se quedaba dormido en un vagón de metro. Iba vestido humildemente, con ropa de diario, una camisa de cuadros con el cuello abrochado hasta el último botón y una chaqueta donde pone «*Members Only*». Mientras se desliza lentamente hacia el mundo onírico, apoya la cabeza en el hombro del viajero que está sentado a su lado, un fornido norteamericano blanco a quien desconcierta lo que está sucediendo. Queda claro que el asiático no va en un metro en un país asiático. Viaja a bordo de un vagón atestado de la ciudad de Nueva York. Y justo cuando se está quedando dormido, el narrador dice: «En algunas ciudades asiáticas se considera aceptable que un trabajador caiga dormido en el hombro de un extraño al volver del trabajo. En Nueva York, no. Por supuesto, siempre está la opción de adaptarse. Somos el banco mundial que nunca subestima la importancia del conocimiento local».

Como complemento a su campaña, HSBC creó publicidad impresa que mostraba un objeto con tres significados culturales distintos en una serie de viñetas situacionales. Un cartel mostraba a una vaca con la palabra «piel» sobreimpresa. Junto a esta imagen se veía la misma vaca con la palabra «deidad» sobrescrita. Y justo a la derecha de esta segunda imagen se veía a la misma vaca, pero esta vez con la palabra «cena» sobreimpuesta. La misma vaca, significados distintos. Otra valla publicitaria mostraba una alfombra, en una imagen con la palabra «decoración» sobrescrita, en otra con la palabra «recuerdo» y en una tercera con la palabra «lugar de rezo». La misma alfombra, significados distintos. La campaña de HSBC subrayaba exactamente lo que ilustran las diferencias del símbolo de «OK»: que la interpretación del significado no es objetiva. Difiere porque vemos el mundo de manera distinta. El significado no está determinado de manera universal. Es una construcción social mediada por la cultura. Lo que puede ser aceptable para algunos puede percibirse como una ofensa en el caso de otros porque las cosas no son así o asá; somos nosotros quienes somos así o asá. Y para entender cómo somos, debemos entender cómo construimos el significado.

Investigadores de todo un abanico de disciplinas académicas estudian el significado y su importancia para la vida en sociedad. Un campo en concreto, la semiótica, examina los signos y los símbolos y la interpretación de sus significados.

La labor pionera de estudiosos como Ferdinand de Saussure y Charles Pierce ha desvelado gran parte de lo que conocemos acerca de la capacidad de los seres humanos para comunicarse y conseguir resultados colectivos gracias a nuestra capacidad de expresarnos y entender significados compartidos. Y la importancia de este hecho no debe subestimarse. Sin un significado compartido, no podríamos vivir en sociedad. ¿Es un recuerdo o un lugar de rezo? ¿Es la cena o una deidad? ¿Es una manifestación o una insurrección? ¿Es bueno o malo? La vida ordenada —en el seno de nuestras tribus— depende de nuestra capacidad para ver el mundo de manera similar, y para eso es necesario que otorguemos significado a las cosas de manera colectiva. Ello reviste especial relevancia si tenemos en cuenta el hecho de que todo lo que nos rodea, de manera inherente, carece de significado. Mira a tu alrededor. Todo lo que ves en este momento (incluso estas palabras) carece de un significado intrínseco o integrado. Lo que hacemos es negociar y decidir colectivamente ese significado.

Pongamos por ejemplo el color rojo. ¿Qué significa «rojo»? Es una pregunta rara, ya lo sé. El rojo es un color, pero ¿qué significa? No tiene un significado inherente. Sin embargo, si estás conduciendo por la calle y te acercas a un semáforo en rojo en un cruce, el rojo significa «detente». ¿Por qué? Porque colectivamente hemos establecido que ese rojo significa que hay que parar, de la misma manera que el verde significa que podemos seguir circulando y el amarillo que tenemos que aminorar la marcha... a menos que seas como yo y el amarillo te indique «¡aprieta el acelerador!». Ahora bien, el rojo también significa pasión. Y peligro. Y caliente, y enfadado y sexi. «Rojo» tiene múltiples significados, pero ninguno de ellos es inherente a la palabra. Son los significados que, como sociedad, hemos asignado al color rojo, de la misma manera que hemos acordado colectivamente que un anillo con un diamante indica un amor duradero.

En la década de 1980, el estado de Texas afrontaba un problema con las basuras. Gastaba cerca de veinte millones de dólares anuales en limpiar las latas de cerveza vacías y otros desechos que los texanos lanzaban por la ventanilla del coche a la carretera. Los legisladores estatales intentaron atajar este comportamiento con una campaña consistente en colocar carteles que decían: «*Do Not Litter*» («No tirar basura»). Sin embargo, los texanos interpretaban aquellos carteles más como una obligación que como un llamamiento a embellecer su estado. Y, si uno conoce mínimamente a los texanos, sabe que no soportan que les digan lo que tienen que hacer. La semiótica de la campaña desentonaba, y huelga decir que no funcionó y la basura continuó poblando los arcenes. El Departamento de Transporte de Texas decidió entonces contratar a una agencia de publicidad del estado, GSD&M, para diseñar una campaña distinta, cuya semiótica transmitiera un significado congruente con la interpretación que podían darle los texanos.

En lugar de crear una campaña que parecía decir a los texanos qué hacer, decidieron jugar con el orgullo que sienten por su estado creando un lenguaje que pudieran usar para proyectar su identidad. Porque esa identidad vendría acompañada de una serie de conductas que se esperaban de quienes se consideraban texanos. El mensaje de la campaña era simple pero potente: «*Don't Mess with Texas*», un juego de palabras con «No te metas con Texas» y «No ensucies Texas».

La campaña no giraba en torno a una acción obligatoria, sino a la congruencia identitaria. Para los texanos, la nueva campaña significaba «no te metas con nosotros ni con nuestro estado». El símbolo lingüístico comportaba un cambio de significado que condujo a la consecuente modulación de la conducta, con un descenso del 72 por ciento de basura tirada en las carreteras texanas entre 1987 y 1990. En efecto, el significado importa y la lente a través de la cual contemplamos el mundo —y le hallamos un sentido— está definida por nuestras afinidades culturales.

Como el estudio de la semiótica, el «significado» tiene profundas raíces en el campo de la antropología. En un intento por entender qué nos hace humanos, los antropólogos estudian los múltiples aspectos de la experiencia humana, inclusive la creación y transmisión de cómo interpretan, dotan de sentido y se mueven por el mundo las personas en base a sus afiliaciones culturales. Muchos estudiosos han argumentado que precisamente por este motivo la semiótica y la antropología son inseparables. Mientras que la semiótica es el estudio de la interpretación y transmisión de significado, la antropología es la exploración del contexto histórico que afecta a por qué y cómo creamos significado. En concreto, los antropólogos culturales investigan las normas, los valores y los símbolos para desentrañar cómo una especie extrae significado de su existencia presente y pasada.

El trabajo revolucionario del antropólogo cultural Grant McCracken en torno a la transferencia del significado proporciona una ventana que nos permite asomarnos a cómo se genera el significado en el mundo contemporáneo y cómo se traslada de la producción cultural al consumo cultural. El significado, escribió McCracken, se origina en las creencias e ideologías que utilizamos para enmarcar nuestras vivencias cotidianas y dotar de sentido al mundo. A partir de este mundo constituido culturalmente, el significado se incrusta en productos mediante cuatro sistemas de construcción simbólica —la publicidad, los canales de noticias y revistas, las personas a quienes tenemos en una alta estima y las sociedades marginales— y se reelabora en nuestras identidades mediante cuatro prácticas ritualizadas únicas —la posesión, el intercambio, el cuidado y la divergencia—. Este proceso está ampliamente aceptado en el mundo del marketing y otras disciplinas tangenciales, como la descripción de facto de cómo se construye el significado y cómo se transfiere de una entidad a otra.

El primer sistema de construcción simbólica procede de la creatividad y la publicidad, en las que las características culturales se incrustan en productos de consumo mediante mensajes y decoración para otorgarles significado. Podemos verlo en el caso de De Beers, los anillos de diamantes y la campaña de higiene «*Don't Mess with Texas*», que muestran el poder de este sistema fuera del ámbito del comercio tradicional. De manera similar, los diseñadores reflejan las características culturales en sus productos para transferir significado en lo que de otro modo no sería más que una sudadera, por ejemplo. Lo vemos en la ropa de calle, donde usan estampados, logotipos sobredimensionados y eslóganes que comunican ideales culturales. A título de ejemplo, la marca de moda urbana OBEY, fundada por el artista, diseñador y activista Shepard Fairey, suele mostrar la palabra «*obey*» ('obedece') en la pechera de sus prendas como una crítica sarcástica a la propaganda. El pretendido significado de la ropa OBEY entronca con las contraculturas del *punk* y el *skate*. OBEY canaliza la contravención a las convenciones, el marketing comercial y la política popular propios de estos contextos culturales y los dota de un producto con el que suplantar lo que sería una mera camiseta.

El segundo sistema de construcción simbólica implica los canales de noticias y revistas, pues la prensa, las publicaciones, los diarios, los blogs y los pódcast ayudan a enmarcar la imagen que tenemos de las marcas y las organizaciones. Por ejemplo, publicaciones como *Vogue*, *Cosmopolitan* y *Elle* definen la belleza femenina tradicional, mientras que *GQ* y *Esquire* hacen lo propio con la masculinidad tradicional. En noviembre de 2019, el suplemento de *New York Magazine* que ayuda a comprar con inteligencia, *Strategist*, publicó un artículo acerca de un abrigo acolchado de mujer que se vendía exclusivamente en Amazon. Aquella chaqueta de plumón llamada Thickened Down Jacket, de la marca Orolay, era una parka extragrande normal y corriente. Aparte de los dos grandes bolsillos y las borlas en las cremalleras, era un abrigo cualquiera. Sin embargo, el *New York Times* publicó algo después un artículo acerca de madres estilosas de Brooklyn en el que aparecía ese abrigo —ahora conocido popularmente como «el abrigo de Amazon»— y lo contextualizó como algo más que un plumón. Se había convertido en un artefacto que simbolizaba a las madres más modernas de Nueva York.

El tercer sistema de construcción simbólica es el de la alta estima. Este sistema está integrado por líderes de opinión —o los actuales *influencers*— cuyo punto de vista o referencia a un producto concreto otorga a dicho producto un nuevo significado. Volvamos a Beyoncé. Para el lanzamiento en 2016 de su sexto álbum de estudio, *Lemonade*, Beyoncé presentó su *single* «Formation», en el que decía «*When he f**k me good, I take his a** to Red Lobster ('cause I slay)*» («Cuando me lo hace bien, lo llevo a Red Lobster [porque soy una diosa]»). En este caso, lo que hasta entonces no era más que una cadena de marisquerías famosa por sus populares galletas Cheddar Bay se convertía en el lugar donde las parejas iban después de mantener relaciones sexuales. Según CNN Business, tras el lanzamiento de «Formation», Red Lobster registró un aumento del 33 por ciento en sus ventas, un efecto de consumo cultural debido en gran parte a este nuevo significado.

El cuarto y último sistema es el sistema de construcción simbólica de la sociedad marginal, mediante el cual grupos de personas que existen en los márgenes de la sociedad reconstruyen, de manera colectiva, los productos para imprimirles un nuevo significado fundamentado en las características culturales de la comunidad. Pensemos, por ejemplo, en la comunidad LGBTQ+, un colectivo que se consideraba marginal en 1986, cuando McCracken escribió su imprescindible ensayo. La comunidad LGBTQ+, de manera colectiva, reformuló el arcoíris para convertirlo en el símbolo del orgullo *gay*. Por encargo del primer funcionario electo manifiestamente homosexual de Estados Unidos, Harvey Milk, el artista estadounidense y activista de los derechos de los *gays* Gilbert Baker diseñó la bandera del arcoíris en 1978. Por tradición, antes de la creación de Baker la comunidad había utilizado un triángulo rosa como significante representativo. Si bien el arcoíris suele ser un símbolo de esperanza, una promesa bíblica en que Dios no volverá a arrasar la Tierra con un diluvio universal, tal como se dice en el libro del Génesis, en el seno de la comunidad LGBTQ+ se le otorgó un nuevo significado. En palabras de Gilbert: «Nuestra misión como personas homosexuales era salir del armario, hacernos visibles, vivir de verdad, como digo, salir de la mentira. Una bandera encajaba como anillo al dedo con esa misión, porque es una manera de proclamar tu visibilidad o de decir: "¡Este soy yo!"». A través de Baker, y de la comunidad *gay* en general, el arcoíris posee ahora un nuevo significado: orgullo.

Estos son los cuatro sistemas de construcción simbólica que los expertos en marketing utilizan para dotar a sus productos de significado en las comunicaciones con el público. Por la misma regla de tres, estos sistemas son las distintas vías que puedes usar para predicar el evangelio a tu congregación. Por ejemplo, puedes aprovechar el sistema de construcción simbólica de la publicidad para predicar el evangelio a través de una publicación en Instagram. O utilizar el sistema de los canales de noticias y revistas para predicar tu evangelio mediante un artículo que un autor redacta acerca de tu candidato en un blog. O recurrir al sistema de la alta estima para predicar tu evangelio a través de un *gamer* que habla de tu producto en Twitch o intentar llegar a una comunidad predicando tu evangelio a través del sistema de construcción simbólica de las sociedades marginales. Elijas el que elijas, estos sistemas —tanto individual como colectivamente— son las palancas que puedes accionar para comunicar en nombre de tu producto, empresa, organización o causa e imbuirla de significado.

Estos sistemas funcionan como vehículos que transportan significado desde el mundo constituido culturalmente en el que vivimos hasta las marcas que consumimos y acabamos adoptando como parte de nuestras propias prácticas culturales. Cada uno de estos sistemas de construcción simbólica —la publicidad, los canales de noticias y revistas, la alta estima y la sociedad marginal— proporciona una manera de comunicar un mensaje y predicar el evangelio acerca de una organización, empresa o iniciativa. Y cada uno de estos sistemas puede funcionar por sí solo, pero los comunicadores astutos diseñan estrategias que les permiten emplearlos de manera coordinada. Por ejemplo, un político puede colocar vallas publicitarias de su candidatura (sistema de construcción simbólica publicitario) por la ciudad, solicitar que se escriban artículos sobre él en una publicación regional a través de su agencia de relaciones públicas (sistema de construcción simbólica de canales de noticias y revistas), buscar apoyos de miembros de la sociedad reputados (sistema de construcción simbólica de la alta estima). Combinadas, estas iniciativas contribuyen a generar una alquimia de significado intencionado que posiciona el producto o la marca para su consumo y potencial adopción en los hechos culturales de las personas. Ahora bien, para lograr esta codiciada hazaña, debe superarse un último obstáculo: el público debe crear su propio significado.

La creación de significado

Tal como hemos dicho, puedes transferir significado de tu cultura a tu marca mediante los sistemas de construcción simbólica que acabamos de tratar. Una vez que una marca ha transmitido significado a un objetivo concreto, dicho significado debe entretejerse en la identidad de la comunidad para que se asiente de verdad. Esto sucede merced a un conjunto de rituales que efectuamos para incorporar las marcas en nuestra vida. El primero es el ritual de la posesión, consistente en comprar artículos para expresar al mundo quiénes somos; algunos ejemplos serían decorar una nueva oficina o pegar adhesivos en el parachoques del coche. El segundo es el ritual del intercambio, mediante el cual el producto cobra un nuevo significado porque nos lo han regalado. Regalar transforma lo que antes era meramente una camisa en algo imbuido de toda la intención emocional de la persona que nos hace el regalo. Yo sigo teniendo una camiseta que me regaló un buen amigo hace casi veinte años. Ahora está desgastada y desfasada, y rara vez me la pongo, pero nunca me desharé de ella porque fue un regalo de alguien a quien quiero. El tercero es el ritual del cuidado, que nos lleva a invertir tiempo y esfuerzo en la presentación de quiénes somos cultivando las propiedades significativas de un objeto mediante su preparación. Piensa, por ejemplo, en la energía que se invierte en tener el coche lustroso, en lavarlo, pulirlo y encerarlo, para reconvertir algo viejo en algo nuevo. Mediante estos rituales de cuidado, las personas restablecen el significado potencial del coche —por ejemplo, tiene buen aspecto— en propiedades realzadas de sus propios proyectos identitarios en busca de estatus social. El último es el ritual del desposeimiento, que en realidad es un ritual de eliminación mediante el cual vaciamos de significado un producto para exorcizar cualquier relación con su dueño anterior o despojarlo del significado intencionado que le atribuyeran en un origen los publicistas. Por eso cuando uno compra o alquila una casa, normalmente está recién pintada —un lienzo en blanco sobre el que el nuevo propietario puede pintar—, o cuando se comunica un determinado producto para un uso intencionado, la gente lo reconfigura en algo totalmente distinto. A través de estos rituales nos aseguramos de que los productos que compramos, las organizaciones a las que nos afiliamos y las instituciones que frecuentamos estén alineadas con la identidad que nos hemos construido.

El objetivo de los profesionales del marketing y líderes, por ende, es asegurarse de que el significado intencionado señalado a través de estos sistemas de construcción simbólica sea el mismo que el significado que la gente incorpora en sus identidades mediante estos rituales. Cuando esto se consigue —cuando se logra la congruencia—, sucede algo mágico. Una camisa deja de ser solo una camisa. Unas zapatillas deportivas pasan a ser algo más que unas meras zapatillas deportivas. Un coche se convierte en algo más que un vehículo que me lleva de aquí para allá. En lugar de eso, se transforman en un símbolo de algo mucho más grande.

De nuevo, creo que puede ser de ayuda pensar en esto en términos religiosos. En textos religiosos, este proceso se denominaría «consagración», cuando algo que antes era normal se vuelve sagrado o distinto. Puede resultar curioso pensar en un producto producido en serie como algo que la gente puede considerar sagrado. Pero, según los neurocientíficos, no es una idea descabellada. En 2011, un equipo de investigación llevó a cabo un estudio con resonancia magnética (RM) de los cerebros de forofos de Apple después de exponerlos a mensajes de la marca. Y hallaron que experimentaban estimulación en la misma región cerebral que la gente religiosa cuando se la expone a sus respectivos artefactos. Las mismas sensaciones, reacciones y emoción que se activan en el cerebro de los feligreses durante la misa se activan en las mentes de los fanáticos del culto a Apple cuando interactúan con la marca. De hecho, las marcas pueden consagrarse y alcanzar un estatus totémico cuando se logra la congruencia de significado. Muchas de nuestras marcas favoritas y más queridas, como Apple, son tótems.

El acto de consagración ilustra lo potente que puede ser la creación de significado para los humanos y lo importantes que son las marcas significativas para definir quiénes somos, tanto individual como colectivamente. Cuando se hace bien, los significados y las imágenes que asociamos con las marcas se comparten y sobresalen en las mentes de una comunidad, hasta el punto de que el proceso crea una representación que permite a la marca existir más allá de los productos que por tradición fabrica. Prueba, si no, con este viejo truco comparativo: imagina que Nike fuera a abrir una cadena de hoteles. ¿Eres capaz de imaginar qué aspecto tendrían? Probablemente sí. Pero ¿y si te dijera que el Westin Hotel ha decidido fabricar una zapatilla deportiva? Te resultaría mucho más difícil visualizarla porque, en nuestra mente, el Westin es un hotel y nada más. Su significado colectivo concluye ahí. En cambio, Nike significa mucho más. Cuando piensas en Nike, te vienen a la mente imágenes potentes y asociaciones relevantes que se proyectan más allá de sus productos. Estas estructuras nemotécnicas se evocan por la congruencia del significado entre el evangelio que Nike predica y el significado que la gente ha incorporado ritualmente en su propia identidad, lo que permite a la marca aventurarse en la categoría que quiera siempre y cuando esté en sintonía con la percepción que el público tiene de ella. Y eso es superpotente.

Pero hay una trampa, que posiblemente ya hayas detectado. Aunque las marcas y los líderes tengan la capacidad de predicar el evangelio con la esperanza de dotar de significado tu producto, en realidad no son ellos quienes aportan ese significado, sino el público. El marketing señala el significado intencionado a través de los sistemas de construcción simbólica a nuestro alcance, pero es la gente quien construye ese significado. El filósofo Roland Barthes recalcó este aspecto al decir: «El escritor no tiene soberanía sobre sus propias palabras. Pertenecen al lector que las interpreta». Aunque los expertos en marketing poseen la marca, controlan cómo se expresa y deciden qué productos puede ofrecer la empresa, es el público el que decide qué significa la expresión de la marca y si encaja o no con su identidad cultural. La gente es la única que construye significado, y se consigue congruencia cuando el significado intencionado de lo que se señala armoniza con el que la gente le atribuye. De manera que el significado se construye socialmente y, por consiguiente, pertenece a la gente.

Como académico, sentí fascinación por el concepto de la creación de significado y su impacto en el consumo. Durante mis estudios doctorales en la Temple University investigué cómo se propagan las marcas y los productos corporativos dentro de una comunidad mediante el contagio social —las repercusiones de la influencia de nuestros iguales— y la creación colectiva de significado. Cuando se produce contagio social en una comunidad, dicha comunidad no solo adopta las marcas, sino que las normaliza y las eleva de sus funciones utilitarias a marcadores identitarios. Hemos visto ejemplos de esto en capítulos anteriores, como la adopción de PBR, Patagonia y los Brooklyn Nets. Estas marcas, y otras como ellas, trascendieron las características de sus productos para convertirse en importantes componentes de significado cultural. Y tal como las marcas se propagan de persona a persona para alcanzar la trascendencia cultural, el significado se transmite de persona a persona para alcanzar la congruencia colectiva.

Evaluación y legitimación

La difusión de marcas y productos de marca en una comunidad requiere coordinación entre sus miembros. Normalmente, dicha coordinación ocurre sin la batuta de una figura de autoridad o un tamborilero que dirija al grupo. Sucede, más bien, mediante el juicio colectivo (la gente decide si algo es «bueno» o «malo») y la aceptabilidad compartida (la gente decide si algo está «dentro» o «fuera»). En sociología, estos procesos se denominan evaluación y legitimación, respectivamente. La socióloga de Harvard Michèle Lamont se preguntó cómo adquiere un objeto de arte, una obra literaria o una teoría científica un valor tal que se consagra y se integra en el canon. ¿Cómo obtiene valor un producto hasta el punto de quedar integrado en la cultura de su época? Para averiguarlo, debemos analizar la relación entre la evaluación y la legitimación y cómo, en conjunto, nos ayudan a otorgarle significado a algo de manera colectiva.

La evaluación es justamente lo que su nombre indica, un juicio acerca del valor de algo. Y todas las comunidades la practican. Ya se trate de un objeto físico, un comportamiento, una institución o incluso de otras personas, nos pasamos la vida evaluándolo todo para responder a una sencilla pregunta, aunque sea de manera inconsciente: ¿encaja esto en las características culturales de personas como yo? ¿Estas zapatillas deportivas molan? ¿Me queda bien esta chaqueta? ¿Este coche es «de viejo»? ¿Es buena escuela? ¿Queda absurdo bailar así? Las respuestas a estas preguntas, y a muchas más por el estilo, son subjetivas y se fundamentan, casi por entero, en el significado que la comunidad les atribuye. Aunque son individuos quienes efectúan el proceso de evaluación, evaluar un objeto es un esfuerzo colaborativo como parte del cual el conjunto de la comunidad decide si un producto tiene tirada en base a los hechos sociales de la comunidad.

Como la creación de significado, la evaluación se construye socialmente, puesto que mi opinión de una empresa, un producto o un movimiento responden al sesgo de las opiniones de otras personas, sobre todo de personas como yo. Todos queremos encajar y necesitamos sentir que pertenecemos a una comunidad. La coordinación de opiniones nos ayuda a hacer justo eso. Por ende, en mi opinión de una marca influye la suma de las opiniones de mi tribu, aunque alguien exponga un punto de vista distinto para singularizarse, en respuesta a la paradoja humana de querer encajar y, al mismo tiempo, destacar. El juicio de esa persona también está informado e influido por el juicio de otros. La evaluación es un proceso social, como la legitimación.

La legitimación ocurre cuando, como miembros de una comunidad o de la sociedad en general, decidimos lo que está bien. Por ejemplo, hace treinta años, la idea de llevar tatuajes a la vista estaba reservada para los rebeldes, para roqueros, moteros y otros grupos marginales. La sociedad lo consideraba algo inaceptable, tanto que, si tenías tatuajes, casi seguro que te los tapabas para acudir a las entrevistas de trabajo por lo que podían significar en la mente del entrevistador. Hoy, en cambio, la gente luce tatuajes con libertad sin que nadie la mire mal por ello. Con el paso de los años, llevar tatuajes pasó de verse como algo «marginal» a verse como algo «normal», en términos generales. Esto es una derivada de la legitimación.

En su día, la ropa deportiva solo se consideraba adecuada para hacer gimnasia y clases de yoga, no para vestirla en público ni en actos sociales. En cambio, ahora se ha puesto de moda llevar ropa de deporte en el día a día, y ya se acepta aparecer con pantalones de yoga o chándal en muchos contextos. La legitimación de la ropa deportiva comportó que el sector se convirtiera en un mercado de 411.000 millones de dólares en 2021, y se espera que supere los 793.000 millones en 2028. Las empresas que se apresuraron a capitalizar este fenómeno, como el distribuidor de ropa deportiva canadiense Lululemon, experimentaron una gran bonanza económica, mientras que las marcas deportivas que no se movieron tan rápido, como Under Armour, se perdieron esta lluvia de dinero. Por desgracia, estos rezagados hicieron sus apuestas estratégicas en otros aspectos pese a los cambios en el consumo cultural, y siguen pagando por ello.

Las aplicaciones de citas son otro magnífico ejemplo. Hace veinte años, la idea de conocer a una posible pareja a través de internet se consideraba una señal de desesperación. En aquel entonces, el sentir popular dictaba que conocer a alguien a través de internet significaba que eras incapaz de hacerlo en el «mundo real». Pero esa percepción ha cambiado. En 2020, antes de la pandemia, el 30 por ciento de las primeras citas se producían a través de aplicaciones, lo cual representaba un aumento considerable en comparación con el 3 por ciento de 2010. En el transcurso de diez años legitimamos por completo las citas online. Lo que en su día era sinónimo de «perdedor» o «perdedora» ahora significa «normal».

«¿Hace esto la gente como yo?» es la pregunta que nos formulamos mientras transitamos por nuestras vidas cotidianas. El marco teórico para entender cómo se establecen las estructuras sociales —como normas y prácticas— a modo de guías para el comportamiento social recibe el nombre de «teoría institucional». De acuerdo con esta teoría, el proceso de legitimación se da por imitación. Observamos a otras personas a quienes vemos afines para decidir qué se considera un comportamiento aceptable en nuestro caso. El psicólogo social y autoridad de fama mundial Robert Cialdini se refirió a este fenómeno como «prueba social», consistente en copiar las acciones de los demás para encajar. La prueba social proporciona un indicio de lo que entre nuestra gente se considera un comportamiento aceptable y, en consecuencia, lo integramos como tal y actuamos en consonancia para fomentar la solidaridad social.

La legitimación se construye socialmente y desempeña un papel esencial en el proceso de la creación de significado. Cada vez que se introduce algo nuevo en una comunidad (un impacto exógeno para el sistema, como un nuevo producto, música nueva o una noticia que aparece en nuestros canales de información y en nuestras pantallas), de manera colectiva, los miembros de esa comunidad le otorgan un sentido (crean un significado) y deciden si y cómo la integrarán en su cultura. Una vez que la congregación haya legitimado tu marca, irás a tiro hecho.

Existen pruebas irrefutables de que fumar no es bueno para la salud. El tabaco es terriblemente adictivo. Altera nuestra neuroquímica. Y lo peor de todo es que puede matarnos. Sin embargo, durante décadas, fumar se consideró «normal» entre los estadounidenses. Los médicos fumaban en sus consultas. Los músicos fumaban. Las futuras madres fumaban durante el embarazo, y nadie pestañeaba siquiera. En 1965, más del 42 por ciento de los estadounidenses se consideraban «fumadores», según los Centros para el Control y la Prevención de Enfermedades (CDC, por sus siglas en inglés) nacional. Es probable que dicho porcentaje fuera incluso mayor en las décadas anteriores. Pese a los efectos nocivos de los cigarrillos, fumar no se equiparaba con algo negativo en las mentes de los norteamericanos. Tenía un significado distinto. En lugar de significar «posible muerte», el tabaco era un símbolo de masculinidad que indicaba rebeldía. El producto cultural de aquel entonces ayudó a influir en estas asociaciones a través de la transferencia de significado. Por ejemplo, el sistema de construcción simbólica de la alta estima indicaba que fumar era propio de personas rebeldes e interesantes, como el personaje encarnado por James Dean en la cinta de 1955 *Rebelde sin causa* o el de Sharon Stone en el *thriller* de 1992 *Instinto básico*. Estas películas, e incontables otras, señalaban una interpretación que condujo a legitimar el tabaco entre los estadounidenses. No obstante, quizá no haya habido un sistema de construcción simbólica más influyente que el de la publicidad para la transferencia del significado de los cigarrillos. Aunque la imagen de médicos y la etiqueta «20.679 médicos afirman que los "Lucky son menos irritantes"» en el paquete de Lucky Strike sin duda influyó por su capacidad de subvertir cualquier consecuencia mortal del tabaquismo, fue el Hombre Marlboro quien realmente marcó la diferencia.

Presentado en 1954, el Hombre Marlboro personificaba todas las aspiraciones de la masculinidad: aventurero, tosco y un pionero. El Hombre Marlboro era un vaquero que montaba a caballo por una llanura, que vestía ropa directamente sacada de las páginas del Lejano Oeste y que siempre tenía un cigarrillo a punto. En el momento de su lanzamiento, la vida en Estados Unidos era la antítesis del universo del Hombre Marlboro. En lugar de conquistar el Lejano Oeste, los estadounidenses blancos se trasladaban a zonas residenciales en la periferia de las ciudades, espoleados por la bonanza económica posterior a la Segunda Guerra Mundial, para vivir una vida doméstica cercada por verjas blancas. Fumar cigarrillos daba a los hombres una sensación de rebelión en una existencia por lo demás dócil. Marlboro señaló este significado intencionado mediante la mitología del Hombre Marlboro, y los americanos entendieron qué transmitía aquel relato. Conectaron con la historia y, en un abrir y cerrar de ojos, el tabaco se legitimó. La campaña del Hombre Marlboro se prolongó durante cuarenta y cinco años y se considera una de las campañas publicitarias de mayor repercusión de todos los tiempos por su capacidad para influir en la conducta como un símbolo cultural icónico.

Es célebre la cita del filósofo Marshall McLuhan: «Todos los medios nos vapulean minuciosamente. Son tan penetrantes en sus consecuencias personales, políticas, económicas, estéticas, psicológicas, morales, éticas y sociales, que no dejan parte alguna de nuestra persona intacta, inalterada, sin modificar». Tenía razón. Los medios nos vapulean por completo. Es decir, las historias que nos cuentan los productores culturales, y las historias subsiguientes que nos contamos nosotros mismos en muchas formas, en gran medida determinan lo que se legitima y lo que no. Es más, cuando una marca u organización se legitima dentro del marco cultural compartido de una comunidad (su realidad social construida y su significado colectivo), el objeto se integra simbólicamente en las prácticas culturales de dicha comunidad. Y cuando eso ocurre, la gente que compone esa comunidad consume, vota, suscribe, etc., como un acto cultural.

La evaluación y la legitimación se dan de continuo a nuestro alrededor, todo el tiempo, en tiempo real. A través de estos procesos, las personas creamos significado y nos comportamos en consecuencia, de manera consensuada. Por eso, si pretendes movilizar al público aprovechando la influencia sin parangón de la cultura, no basta con predicar el evangelio a la congregación; además tienes que entender cómo esa congregación crea significado. Esta provocación fue la base de mi tesis doctoral. Partiendo del entendimiento del contagio social y de una curiosidad por cómo se crea el significado, decidí estudiar cómo se evalúan las marcas y sus productos y cómo se legitiman dentro de un contexto cultural. De manera más específica, me propuse responder la pregunta siguiente: ¿cuáles son los mecanismos de evaluación y legitimación cuando una marca se populariza en el seno de una comunidad concreta, que, en el caso de mi investigación, era la comunidad del hiphop? Analicé cuarenta meses de datos históricos —más de 12 millones de líneas de texto y 4,8 GB de datos— mientras observaba a miembros de la comunidad del hiphop crear significado a través de sus conversaciones en Reddit.

Reddit es una plataforma en línea que se autodenomina «la portada de internet», con lo cual sugiere que es un portal al contenido más interesante y relevante de la red. Son los usuarios quienes publican contenido en Reddit, y dicho contenido se somete a la votación de la comunidad (votos positivos y negativos) en función de su interés y relevancia. Los votos positivos indican que la comunidad valora el contenido subido por un usuario, que se acredita como aprobado por la comunidad y representativo de su aprobación colectiva, mientras que los votos negativos señalan justo lo contrario. El contenido en Reddit suele ser el catalizador de temas, descubrimientos y memes que posteriormente se intercambian y analizan en otras redes populares como Facebook y Twitter. Reddit cuenta con más de 430 millones de usuarios mensuales activos que se congregan en *subreddits*, una especie de comunidades de personas dedicadas a distintos temas de interés. Estos *subreddits* los gestionan y supervisan moderadores que se aseguran de que las conversaciones giren en torno al tema en cuestión y cumplan las normas de la comunidad. Los moderadores también publican preguntas en las comunidades de *subreddits* para alentar el diálogo entre sus miembros. De manera que podría decirse que Reddit es una «comunidad de comunidades» cuyos miembros construyen y negocian las características culturales de las comunidades.

Durante los dos años que pasé investigando esta red, descubrí que operan cuatro mecanismos de evaluación y legitimación: respuesta, recontextualización, reconciliación y refuerzo.

Mecanismo n.º 1: respuesta

El mecanismo de respuesta es el medio que tienen los miembros de una comunidad de participar en el proceso de evaluación y legitimación. La elección del lenguaje de los miembros de la comunidad —explícita o implícita— conforma cómo se crea el significado y cómo se modulan las actitudes acerca de una marca o entidad. De las conversaciones de Reddit que estudié, el 41,5 por ciento de las menciones eran afirmaciones de juicio implícito; con ello me refiero a que los usuarios daban su opinión acerca de una marca o un producto mencionándolo en el contexto de una letra de canción, persona, evento o, en algunos casos, incluso de otra marca. Estos son algunos ejemplos acerca del videojuego en línea Fortnite:

> Weezy f baby. The f is for fortnite (u/excrowned, 9/30/19, r/Kanye)*

* «Weezy F. Baby. Esa f es por Fortnite (u/excrowned, 30/9/19, r/Kanye).»

En esta publicación, el usuario u/excrowned utilizaba una referencia a la letra de una canción del artista de hiphop Lil Wayne (alias Weezy F. Baby) en relación con Fortnite. En su canción de 2003 «Da Drought», Lil Wayne dice: «*My name happens to be Weezy F. Baby. The "F" is for you to find out, man*» («Me llaman Weezy F. Baby. Ya averiguarás lo que significa esa "F", tío»). En lanzamientos posteriores, Wayne añadió, «*the "F" is for fly*» («esa "F" es por volar»), «*the "F" is for fresh*» («esa "F" es por fresco») y «*the "F" is for fashion*» («esa "F" es por moda»). Sea como fuere, esa «F» es un significante implícito de algo bueno o deseable. De manera que decir «*The f is for fortnite*» («Esa f es por Fortnite») es una manera implícita de decir que Fortnite se considera deseable o bueno.

Por otro lado, averigüé que aproximadamente el 44 por ciento de las menciones de marcas procedentes de la comunidad eran manifestaciones de juicio explícito, mediante las cuales la gente expresaba de manera clara y contundente su opinión acerca de una marca o un producto. He aquí otro ejemplo acerca de Fortnite:

> Fortnite = un-wavey (u/Jacksokool, 02/18/2019, r/Kanye)*

El miembro de la comunidad u/Jacksokool utilizaba un coloquialismo, pero su opinión queda explícita en su significado. El término *wavey* se usa en jerga para algo molón o que está en la onda, por ejemplo, en frases como «cuando salgo, me gusta estar en la onda», de manera que al decir que «Fortnite = fuera de onda», este usuario afirmaba que Fortnite no molaba nada.

* «Fortnite = fuera de onda (u/Jacksokool, 18/02/2019, r/Kanye).»

Así pues, la moraleja es la siguiente: cuando una persona usa una declaración de juicio implícito al hablar acerca de una marca o un producto, se permite criticar la marca al tiempo que mitiga el riesgo potencial. Puede participar en la conversación expresando una opinión acerca de la marca, pero la naturaleza implícita de su afirmación le da flexibilidad para cambiar de postura durante el intercambio social si descubre que no está en sintonía con el resto de la comunidad. De ahí que los publicistas y líderes deban prestar atención al lenguaje codificado que utiliza la gente al hablar acerca de su marca u organización, porque ese lenguaje está plagado de significado, sobre todo cuando los temas de conversación son más personales. Tal como reveló mi investigación, si el tema de debate era aparentemente inocuo, como las proposiciones de valor de un producto, la gente tenía más probabilidades de usar afirmaciones explícitas porque las probabilidades de entrar en conflicto con otros miembros de la comunidad eran escasas. En cambio, con temas más polémicos, como si estaban de acuerdo con el apoyo de Nike a Kaepernick, había un mayor riesgo de incongruencia social, de manera que los usuarios se decantaban por afirmaciones implícitas en sus conversaciones.

Este mecanismo me recuerda a mi infancia en Detroit. Crecí viendo a los niños del barrio jugar a la comba doble, es decir, agitando dos largas combas en direcciones opuestas mientras los niños saltan con habilidad y de manera sincronizada entre ellas sin entorpecer su movimiento. Se requiere una gran destreza, y mucho temple, porque además se está sometido a la presión social de los espectadores. Antes de incorporarte a saltar, estudias meticulosamente la cadencia de las combas giratorias para elegir el momento idóneo para efectuar tu entrada. Los miembros de una comunidad participan de la evaluación y legitimación de manera similar. Son meticulosos en el uso del lenguaje al participar en la conversación. Responden a los diálogos que están en movimiento —como esas combas giratorias— de un modo que mitiga el riesgo de consecuencias sociales si su incorporación es fallida.

Mecanismo n.º 2: recontextualización

El mecanismo de recontextualización hace referencia a la manera como los integrantes de una tribu evalúan y legitiman un producto extrayéndolo de un contexto y emplazándolo en otro que les resulta más relevante. Un magnífico ejemplo de ello es el uso de memes y su réplica cultural mediante la imitación de ideas, modas y creencias. Teniendo en cuenta la frecuencia con la que se ha usado, hay muchas posibilidades de que hayas visto un meme llamado «Novio distraído», que capta a un chico repasando con la vista a una mujer mientras camina por la calle con la que parece ser su novia. La imagen se subió a un sitio de fotografías de archivo con la descripción literal «hombre infiel con su novia mirando a otra mujer», pero los usuarios de internet se apoderaron de la foto y empezaron a recontextualizarla con su propio significado. En una de esas recontextualizaciones aparecía el texto «juventud» impreso sobre el novio, «capitalismo» impreso sobre la novia y «socialismo» impreso sobre la otra mujer con objeto de comunicar la idea de que la juventud actual prefiere el socialismo al capitalismo. En otra se leía «yo» encima del chico, «múltiples asuntos estresantes y responsabilidades» sobre la novia y «una siesta» sobre la otra mujer, para comunicar la propensión a priorizar el echarse una cabezadita por encima de todo lo demás. Los internautas reformulan los memes como un producto cultural que comunica las características matizadas de personas como ellos, y las personas los comparten como una manera de proyectar su identidad. El acto de recontextualizar parece ocurrir de manera reiterada en las comunidades a través de declaraciones de juicio implícito que utilizan un lenguaje codificado referencial para generar significado.

En la comunidad del hiphop, sus miembros a menudo utilizan letras de canciones de rap como referencias para transferir el significado expresado de un producto de un contexto a otro. Pensemos en la letra del tema de Kanye West «No More Parties in LA»: «*Some days I'm in my Yeezys, some days I'm in my Vans. If I knew y'all made plans, I wouldn't have popped the Xans*», es decir, «Algunos días me pongo las Yeezys y otros días las Vans. De haber sabido que habíais hecho planes, no me habría tomado el Xans [Xanax, un ansiolítico]». Kanye declara que en ocasiones prefiere calzarse las zapatillas deportivas de la marca que cofundó con Adidas (Yeezys), mientras que en otras ocasiones opta por unas de otra marca, Vans. La recontextualización se hace en la referencia del segundo verbo, donde admite que, de haber sabido que tenían planes para esa noche, no se habría tomado el sedante conocido con el nombre comercial de Xanax, un ansiolítico que solo se consigue con receta. En una conversación entre los miembros de la comunidad hiphopera en Reddit, alguien preguntaba: «¿Alguien ha visto esta peli colocado?», a lo que otro miembro de la comunidad respondía: «*If I knew y'all had watch plans I wouldn't have popped xans*», o: «De haber sabido que había planes de verla, no me habría tomado el Xans». En este caso, la referencia a la letra se recontextualizó en respuesta a una situación que, a simple vista, no tenía nada que ver con la canción ni con el producto de marca. Además, el uso reiterado de la marca Xanax de manera tan caballerosa implica una evaluación positiva —o, por lo menos, neutra— que tiene el potencial de erosionar el tabú contra lo que solo puede interpretarse como un uso recreativo de un medicamento con prescripción médica. El uso de referencias como mecanismo de recontextualización permite a los miembros de la comunidad emitir sus votos cuando la comunidad, de manera colectiva, se sume en el proceso de evaluación y legitimación. De la misma manera, el uso de códigos referenciales, como memes y letras de canciones, permite a los miembros de una comunidad hallar un significado al mundo y expresar su opinión acerca de este a través de sus marcos culturales compartidos.

Mecanismo n.º 3: reconciliación

El mecanismo de reconciliación es la forma en que los miembros de una comunidad participan en el proceso de evaluación y legitimación buscando la consonancia cognitiva cuando su comportamiento no está en sintonía con las normas culturales de su comunidad. El acto de la reconciliación ayuda a limar las discrepancias entre las creencias y el comportamiento tanto personal como de la comunidad en la mente del individuo. En algunos casos, cuando ocurre un evento cultural que provoca conflicto entre las acciones o creencias de los miembros de una comunidad y los de su tribu, los miembros de la comunidad pueden desviar el foco de la evaluación para reconciliar la disonancia y recobrar el equilibrio. Esto es similar al frecuente uso de la estrategia del «y tú más» en la política contemporánea, por la cual las personas desacreditan las críticas que se les hacen desviando el foco del debate, en lugar de refutar las críticas o resolverlas. En estos casos, la reconciliación a menudo permite a los miembros de la comunidad desviar el foco de la evaluación para preservar la consonancia cognitiva a la par que mantienen su comportamiento de consumo actual.

Por otro lado, algunos miembros de la comunidad bregan con la incongruencia de sus acciones y el marco del significado cultural preestablecido de estas y prefieren alterar sus creencias o comportamientos para reconciliar tal disonancia. Esto influye en su participación en el proceso de evaluación y legitimación de una marca o un producto dentro de la tribu en red. Las siguientes publicaciones extraídas de conversaciones en Reddit ilustran esta forma de reconciliación:

> El hecho de que Kanye valide al presidente Trump es inquietante, no puedo llevar mis Yeezy con la conciencia tranquila. No puedo apoyar a alguien que está defendiendo en público el movimiento de intolerancia y racismo de Trump (u/blowinmoneyfast, 30/0918, Yeezy, r/Hiphopheads)

> Para mí, este tipo está muerto. Yo también voy a vender mis yeezys (u/Confucius_said, 01/10/18, Yeezy, r/Hiphopheads)

> Me largo. Adiós, Yeezy (u/ProstheticPoetics, 01/05/18, Yeezy, r/Hiphopheads)

En estos ejemplos, los miembros de la comunidad utilizan el mecanismo de reconciliación para modificar sus conductas y creencias. El miembro de la comunidad u/blowinmoneyfast comunica explícitamente el conflicto entre apoyar a Kanye West y las características culturales de la comunidad aludiendo al comportamiento de Kanye. La afirmación «No puedo llevar mis Yeezy con la conciencia tranquila» expresa la incongruencia entre las características culturales de la comunidad y el comportamiento de Kanye y, por extensión, la marca Yeezy. Y las dos respuestas de los miembros de la comunidad u/Confucius_said y u/ProstheticPoetics comunican un abandono explícito del consumo —incluso la intención de vender productos adquiridos previamente— como medio para resolver cualquier conflicto cognitivo, lo cual emite un voto para la evaluación y legitimación del producto.

Mecanismo n.º 4: refuerzo

El mecanismo de refuerzo permite a los miembros de la comunidad participar en el proceso de evaluación y legitimación al señalar la apreciación de un objeto mediante la repetición. Los miembros de la comunidad manifiestan su postura con respecto a un objeto ya sea con declaraciones implícitas o explícitas. A medida que más y más miembros se les suman, al unísono, esto se traduce en una especie de voto colectivo consensuado. Las personas que lo observan tienen inclinación a aceptar dicho voto y a sumarse al consenso como un acto de solidaridad social. Veamos un ejemplo:

No recuerdo la última vez que no vi a alguien llevar unas yeezys —auténticas o falsas—, al menos una vez (u/Nicefroyo, 08/09/18, Yeezy, r/Hiphopheads)

Sí, pero la cantidad de adidas que veo en el campus en comparación a cuando Kanye llevaba Nike es una locura. De hecho, creo que tengo la sensación de ver muchas más adidas que Nike ahora, y antes era justo al contrario (u/XXX_is_my_granddaddy, 03/05/18, Adidas, r/Hiphopheads)

Estoy convencido de que el 95 % de la población tiene unos airpods (no juzgo, yo también los tengo, pero, joder, se están pasando) (u/Bobokins12, 13/01/19, AirPods, Kanye)

En estos ejemplos, los miembros de la comunidad observan el uso frecuente de una marca en el mundo, lo que señala una evaluación y legitimación positivas implícitas. Incluso detectar el uso de estos productos por parte de personas que no son miembros de la comunidad del hiphop proporciona una prueba de consenso cuando los miembros de la comunidad entablan conversación con otros miembros acerca de la popularidad de la marca. Cuantos más miembros de la comunidad llevan o usan una marca, más crédito recibe dicha marca o uno de sus productos, ya que quiere decir que la comunidad la ha evaluado y la ha considerado «buena» o «a la moda».

El cuarto mecanismo, el refuerzo, ilustra que cuando la gente luce visiblemente una marca concreta habla en términos positivos de ella y, en esencia, está emitiendo su voto acerca de la evaluación y legitimación de dicha marca. Cuantos más miembros de la comunidad lleven o alaben una marca, más la perciben sus correligionarios como una marca «aceptable» o «guay» de manera más general. Como dice el refrán: «¿Dónde va Vicente? Donde va la gente».

El mecanismo de refuerzo facilita lo que el individuo interpreta y lo que los otros miembros de la comunidad observan, y el resultado propicia la coordinación social necesaria para que se dé el contagio social en el seno de una comunidad. La prevalencia de las redes sociales, como Facebook, Instagram y TikTok realza el mecanismo de refuerzo, ya que multiplica la visibilidad de las validaciones culturales que presentan los miembros de una comunidad cuando exhiben sus proyectos identitarios a través del contenido que publican en internet. Lo analizaremos con más detalle en el capítulo siguiente.

El sistema de construcción simbólica entre iguales

Si bien los cuatro sistemas de construcción simbólica que McCracken introdujo como vehículos para la transferencia de significado son en apariencia exhaustivos, el sistema de creación de significado en el seno de la comunidad hiphopera (y de otras parecidas) no encaja bien en ninguno de ellos. La comunidad del hiphop está formada por personas, no por una entidad de terceros. Aunque sus integrantes obviamente ingieren los mensajes de los medios de comunicación que producen entidades terceras (publicidad, noticias o alta estima), estos sistemas no captan el aspecto comunitario de creación de significado que tiene lugar entre los miembros de la tribu.

Para describir cómo crean significado los miembros de la comunidad del hiphop debemos incorporar a la decisiva aportación de McCracken un sistema de construcción simbólica más matizado. Este sistema de construcción simbólica modificado debería condensar la naturaleza comunitaria del grupo y su atractivo más allá de las sombras de la sociedad marginal. Mi investigación me aporta argumentos para añadir un sistema adicional que he denominado «sistema de construcción simbólica entre iguales». En su marco, el significado se crea cuando los miembros de la comunidad participan en la negociación y la construcción de la evaluación y legitimación cuando se produce el contagio social.

Creada en 1986, la obra de McCracken no contemplaba los avances tecnológicos contemporáneos, como las redes sociales y otros sistemas de comunicación digitales, por la sencilla razón de que no existían. Sin embargo, estas tecnologías aceleran e influyen en el proceso de generación de significado mediante el cual la gente evalúa y legitima de manera colectiva las marcas, los productos de marca y prácticamente todos los aspectos de la vida cotidiana. Por ejemplo, pensemos en los Óscar de 2021 y la escena que probablemente pasará a los anales de la infamia: el «bofetón» de Will Smith.

Lo que normalmente se consideraría el contenido habitual de una transmisión de una entrega de premios se volvió rápidamente polémico cuando la superestrella Will Smith subió al escenario y abofeteó al cómico Chris Rock. El altercado tuvo lugar después de que Rock hiciera una broma a expensas de la mujer de Will, Jada Pinkett-Smith, relativa a su pelo corto. Este comportamiento era tan poco propio de Will

Smith y tan anormal durante lo que cualquiera esperaría de esta gala de premios que pensé que el incidente estaba planeado. Al verlo en televisión, estaba convencido de que se trataba de un número cómico, hasta que el audio de la retransmisión en directo enmudeció. Como es bien sabido, después descubriríamos que fue una reacción real. Sin embargo, lo que me pareció más interesante fue la multitud de comentarios que suscitó aquel episodio.

Desde cobertura en prensa hasta artículos de opinión, declaraciones de famosos y opiniones en Twitter, observamos a todo el país generar significado de manera colectiva. ¿Era real o falso? ¿Es la violencia una respuesta adecuada para defender a un ser querido? ¿El prestigio de un evento como los Óscar impone una serie de normas que prohíben ese tipo de conducta? ¿Se trató de una demostración de defensa de las mujeres negras o de un acto de la masculinidad tóxica perpetuada por el patriarcado? ¿Nos hemos vuelto demasiado «blandos» como país o demasiado políticamente correctos como para encajar una broma? Daba la sensación de que aquella bofetada se analizaba desde todos los ángulos posibles y se debatía en todos los flancos. Todas estas aportaciones al discurso público nos ayudan a decidir si un comportamiento es correcto (evaluación) y, en última instancia, aceptable (legitimación) para determinar si las personas «como nosotros» se comportan «así». Esto es un microcosmos de cómo analizamos y creamos significado para prácticamente todo y decidimos lo que se adoptará en nuestra práctica cultural y lo que se prohibirá.

Imagina lo que esto significa en el caso de nuevos productos, nuevos candidatos, nueva música o nuevas ideas. Las conversaciones que tenemos y los medios de comunicación que consumimos nos ayudan a hallar significado y decidir qué comprar, cómo votar, a qué afiliarnos y qué probar. Teniendo en cuenta la transparencia y la prueba social innatas a la observación del comportamiento de nuestros iguales en la práctica de la generación de significado, las acciones de las personas a quienes se observa influyen y moldean el mundo culturalmente constituido al que los espectadores atribuyen significado. Esto resulta en una relación cíclica en la que el acto de mostrar el marco de significado personal actúa como legitimación cultural o barra de progreso pública mediante la cual el afecto, las conductas, los conocimientos y los deseos de los miembros de una comunidad influyen en otros miembros de la comunidad. Dicho de otra manera, el mecanismo de refuerzo es el puente que conecta el proceso de generación de significado (inherente a la evaluación y la legitimación) con el contagio social.

Aprovechar la generación de significado

Cabe señalar que los sistemas de construcción simbólica introducidos por McCracken en su obra (publicidad, canales de noticias y revistas, alta estima y sociedad marginal), así como el sistema de construcción simbólica entre iguales añadido en mi investigación, se combinan cuando la gente genera significado relativo a las marcas. A la par que los miembros de una tribu extrapolan el significado del mundo cultural a las marcas, el significado asociado con esas marcas se modula mediante anuncios, blogs y el respaldo de los *influencers*. En ocasiones, estos distintos vehículos de comunicación pueden señalar diferentes significados; por ejemplo, un anuncio puede afirmar algo acerca de una marca mientras que un artículo explica algo diferente y un *influencer* hace una aportación totalmente distinta. Esta confusión con respecto al significado puede suponer un desafío para los miembros de la comunidad a la hora de incorporar la marca a su identidad debido al significado ambiguo de esta y a la consideración que otros miembros de la comunidad pueden tener de ella.

También es importante destacar que el proceso de generación de significado no es lineal. No vemos un anuncio o leemos un artículo y, «como por arte de magia», atribuimos un significado y lo reelaboramos para integrarlo en nuestra identidad, como si lanzáramos la bola por la pista de una bolera y derribáramos los bolos. El proceso es mucho más parecido a una máquina del millón en la que la identidad rebota en múltiples significados, en ocasiones contrapuestos, que han impregnado una marca o un producto mediante distintos sistemas de construcción simbólica. Puede ocurrir que un anuncio venda un producto como una maravilla, pero que un artículo diga que no es para tirar cohetes y que, aunque un Shaquille O'Neal lo respalde, el producto haya sido vapuleado en Reddit pero en cambio cuente con reseñas moderadamente positivas en Amazon. ¿Qué significa? En este caso, la figura 3 ilustra la relación entre los distintos sistemas de construcción simbólica, los significados subsiguientes asociados con un objeto y la identidad de la persona, en lo que denominamos el modelo de congruencia entre significado e identidad. El público afronta el desafío de hallar la compatibilidad entre estos distintos significados y su congruencia con la identidad en el marco cultural de la comunidad.

Figura 3. Congruencia entre significado e identidad

Por más que este escenario pueda antojarse desalentador e incontrolable al publicista o a cualquiera que aspire a inducir un comportamiento, en realidad esta situación es la que más nos capacita a hacerlo. Los múltiples sistemas de construcción simbólica que influyen en la atribución de significado proporcionan a los profesionales del marketing la oportunidad de fomentar una uniformidad mediante la cual se señala el significado potencial. Los distintos sistemas de construcción simbólica pueden coordinarse de tal manera que uno se haga eco del otro, creando un mensaje corporativo redundante, singular y llamativo que recalque de manera coherente el significado que pretende transmitirse. A medida que los miembros de la comunidad se ven expuestos a dichos mensajes, ya se trate de anuncios o del respaldo de *influencers*, el proceso mediante el cual estas personas atribuyen significado se facilita porque no tienen que procesar información contradictoria. De ahí que tanto a los expertos en marketing como a los directivos les convenga contemplar los sistemas de construcción simbólica como palancas que pueden accionar y controlar para facilitar el proceso de atribución de significado en las personas y la negociación social de la evaluación y la legitimación en sus comunidades.

El mecanismo de refuerzo brinda a los expertos en marketing la oportunidad de invertir en la creación de artefactos públicos que presenten consolidaciones de conductas visibles. Pensemos por ejemplo en StockX, la web de mercado secundario en línea en la que los usuarios pujan por productos muy codiciados vendidos por otros usuarios. Como marca, StockX cree en la transparencia, y demuestra dicha convicción eliminando la opacidad de la compra de zapatillas deportivas y ropa urbana en el mercado secundario después de haberla adquirido en comercios al por menor. A diferencia de eBay y otras webs de subastas, StockX ofrece un proceso de autenticación del propietario manual que emplea veintisiete indicadores distintos para evaluar si un producto es «auténtico» o una falsificación. Esa es la principal propuesta de valor que singulariza a la empresa entre los consumidores. Teniendo en cuenta la abrumadora cantidad de productos falsos que circulan por el mercado de la reventa, esta función de la oferta de StockX resulta atractiva.

Cuando un producto supera el proceso de autenticación de StockX, se valida con una etiqueta que sirve como «sello de aprobación» que indica que «son auténticas». Esto mitiga el nerviosismo que el comprador corriente suele tener cuando adquiere a través de internet productos a desconocidos. Un producto comprado en StockX ofrece la garantía de ser auténtico. Y gracias a esta transparencia, los usuarios pueden hacer compras de manera más informada. Esta característica comulga con la convicción nuclear de la empresa: en un mundo elitista de trucos de ilusionismo, StockX desmonta la cortina de humo y capacita a los consumidores para hacer compras sin trampas. De manera que la semiótica del símbolo de StockX en un par de zapatillas Nike o en cualquier otro producto de marca indica que es auténtico, no porque las zapatillas lo sean en sí, sino porque la gente ha convenido que este artefacto indica que lo son. Por no mencionar que hace visible al público algo que normalmente los demás no sabrían —dónde compraste tus zapatos—, creando así un proyecto identitario a través del minorista al hacer público lo privado.

Son los miembros de la comunidad quienes negocian y construyen este significado al decidir qué se considera *cool* y aceptable. El uso de productos y la opinión expresada sobre una marca, por ejemplo, funcionan como una barra de progreso pública que señala lo que la comunidad en general probablemente considere *cool* y aceptable. La observación repetida de esta barra de progreso transmite una sensación de ubicuidad percibida en el seno de la comunidad e influye en los efectos, comportamientos, conocimientos y deseos de otros miembros de esta. Y eso impulsa a la gente a actuar. Mientras el mecanismo de refuerzo opera, da forma al mundo constituido culturalmente desde el cual anunciantes, revistas, *influencers* e iguales transfieren significado a los productos. Entender esta atribución de significado brinda a los expertos en marketing la posibilidad de proyectar barras de progreso público, como la adquisición de «vistos por» en Instagram o convertirse en *trending topic* en Twitter, que señalan a la tribu: «Todo el mundo lo hace». El resultado de esta actividad contribuirá a hacer avanzar los procesos de evaluación y legitimación, esenciales para el contagio social.

Más aún, estas implicaciones trascienden un contexto de consumo general. Hay multitud de sectores en los que los expertos de marketing invierten grandes cantidades de recursos en intentar que la gente recicle, vote, lleve mascarilla y adopte otros comportamientos que no implican transacciones económicas. Nuestra propensión a adoptar dichos comportamientos depende del significado que le atribuyamos, y el significado está mediado culturalmente.

DE SABER POR QUÉ A SABER CÓMO

La cultura tiene un poder inmenso. Determina cómo vemos el mundo y cómo nos comportamos. Si consigues que fragüe un significado congruente en la congregación de personas que suscriben tus mismas creencias e ideologías, aumentas de manera exponencial las posibilidades de que esas personas actúen cuando prediques el evangelio. Cuando se consigue ese tipo de acuerdo colectivo, la gente no consume o se suma a tu causa por quién eres (la marca), sino por quiénes son ellos (la comunidad). La marca u organización se convierte así en un modo a través del cual expresan su identidad. En estos casos, la marca u organización puede elevarse de su función pragmática (y ser más que un par de zapatillas deportivas, como en el caso de Nike) y convertirse en algo consagrado entre la comunidad.

Es más, las cosas que normalmente asumimos como innatas «de» una cultura particular en muchos casos se originaron fuera de esa cultura. Pensemos en la cultura escandinava. Gran parte de lo que consideramos «escandinavo» en realidad se ha tomado prestado o se ha recontextualizado. Las albóndigas suecas no son suecas, son turcas. Los célebres pastelitos daneses no son daneses, sino austríacos. Nuestras culturas se construyen y reconstruyen cada día a medida que interactuamos y tropezamos con nuevas ideas, nuevos productos o nuevas personas. Este ejercicio de negociación y construcción que efectúan los miembros de la comunidad les ayuda a atribuir un significado al mundo y dicta cómo se muestran en él. La evaluación y la legitimación son procesos esenciales para la atribución de significado a productos, publicidad, asociaciones y prácticamente todo lo que nos rodea. Entenderlo es clave si aspiramos a aprovechar el poder de la cultura para suscitar la adopción colectiva de un comportamiento. En el capítulo siguiente exploraremos qué sucede cuando nuestra comprensión del significado es anémica y malinterpretamos los códigos culturales.

5

Malinterpretación de los códigos

Stanley Vinton nació el 16 de abril de 1935 a las afueras de Pittsburgh, Pensilvania. Sus padres, Stan y Dorothy, espolearon su interés en la música desde una edad temprana, lo cual le dio réditos a lo largo de toda su vida. Tras tocar en bandas durante su adolescencia, con los ahorros de los conciertos en salas locales Stanley logró pagarse la universidad, donde estudió Composición Musical. Una vez concluidos sus estudios, empezó a forjarse una carrera en el mundo de la música, adoptando el nombre artístico de «Bobby Vinton», a partir de su segundo nombre, Robert, para evitar confusiones con su padre, también músico en activo. Bobby Vinton hizo varias incursiones en el mundo musical antes de pasar una breve temporada en el Ejército de Estados Unidos. Saltó a la fama con una balada pop que su sello discográfico había descartado previamente, titulada «Roses Are Red (My Love)», con la cual llegó al número uno de las listas de éxitos en 1962, la primera vez que su sello discográfico alcanzaba tal posición. Sin embargo, Bobby se guardaba muchos más ases en la manga. En agosto del año siguiente se anotó otro éxito en los gráficos, con «Blue Velvet», y había un tercero en camino.

En enero de 1964, la versión de Bobby Vinton de «There! I've Said It Again» llegó al número uno de la lista Billboard Hot 100, la más importante de Estados Unidos, puesto donde permaneció durante cuatro semanas. La aterciopelada voz de tenor de Vinton condensaba el paisaje sonoro de la cultura estadounidense de su tiempo. No obstante, el panorama cambiaría drásticamente en el espacio de unas semanas, cuando cuatro muchachos de Liverpool —John, Paul, George y Ringo— irrumpieron en escena con su magnética energía, su inteligente descaro y sus peculiares peinados. Juntos, los Beatles hicieron su debut en las ondas radiofónicas norteamericanas y desencadenaron un fenómeno cultural que posteriormente se conocería como la Invasión Británica, durante la cual la música y la moda exportadas desde el Reino Unido predominarían en el espíritu popular de Estados Unidos. El tema de los Beatles «I Want to Hold Your Hand» se disparó al número uno en febrero de 1964, usurpándole el puesto a Vinton, y cambió para siempre el panorama musical.

Tal vez nadie se sorprenda al leer lo anterior. Al fin y al cabo, estamos hablando de los Beatles, probablemente la mejor banda de rock de la historia. Sin embargo, esa distaba mucho de ser la cantinela en 1964. El impacto que los Beatles tuvieron en el sistema fue, para muchos, cómo decirlo... desconcertante. El *Chicago Tribune* ironizaba: «Los Beatles tienen que ser una broma de mal gusto, una excentricidad, una tomadura de pelo estratosférica». El *Boston Globe* reiteraba: «Los Beatles no solo son un espanto; es un sacrilegio decir que son algo más que una abominación del cielo». Y el *Washington Post* remachaba: «Solo pensar en los Beatles parece inducir perturbaciones mentales. Su puesta en escena es tan mediocre e insulsa que prácticamente no merece la pena ni mencionarla». Y en *Newsweek* escribían: «Estéticamente, son una pesadilla. Trajes ceñidos a medio camino entre dandis eduardianos y la moda *beatnik* y un peinado que parece cortado a la taza». Incluso Elvis aportó su granito de arena: «Los Beatles allanaron el camino para muchos de los problemas que ahora tenemos con la juventud, con su aspecto andrajoso y desarreglado y su música sugerente», se lamentaba. Sí, el mismo Elvis que contoneaba las caderas. Qué ironía, ¿no?

¿Cómo se les pudo pasar por alto algo que causaría tanto revuelo en la sociedad y que ganaría cada vez más peso en las décadas venideras? La respuesta es muy sencilla: lo obvio normalmente no resulta obvio hasta que alguien lo señala, en particular cuando se trata de entender la cultura. La cultura está llena de matices, y el conocimiento es inestable. Para entenderlo se requiere mucha intimidad. Lo que a algunos puede antojárseles una locura a otros puede parecerles normal. La gente que no «entendía» a los Beatles no solo no tenía relación con la legión de sus primeros acólitos que captaron la onda, sino que tampoco sentían la curiosidad necesaria para contemplar el mundo desde su perspectiva y entender la atracción gravitatoria que la banda tenía en el público. Y se les pasó por alto, de la misma manera que mucha gente malinterpretó el hiphop como una moda pasajera o las redes sociales como un mero escaparate para narcisistas. Estos y muchos otros fenómenos culturales parecen una extravagancia a quienes no poseen el marco cultural de las tribus que los construyen. Y el resultado es una incongruencia de significado.

Incongruencia de significado

Tal como hemos visto en el capítulo anterior, el significado es la interpretación o traducción de la propia realidad. Como es natural, esta traducción es subjetiva, ya que se basa en las lentes culturales a través de las cuales vemos el mundo, de manera que lo que a una persona le parece raro a otra le puede parecer normal en función de sus creencias, ideología o de las normas que enmarcan su visión del mundo. Así pues, la incongruencia de significado se da cuando la realidad de una persona no se alinea o no concuerda con la de otra. En tales situaciones, dos personas pueden contemplar una misma cosa pero percibir dos significados completamente distintos. Por ejemplo, algunas personas consideraron el asalto al Capitolio el 6 de enero de 2021, en Washington D. C., una insurrección cometida por terroristas nacionales e instigada por un presidente traidor que pretendía impugnar unas elecciones libres y justas. En cambio, otras personas vieron en aquel incidente a patriotas estadounidenses recuperando su libertad tras el robo de su victoria electoral en unos comicios corrompidos. Si bien los datos empíricos de aquel episodio son claros —los asaltantes tomaron el Capitolio por la fuerza bruta con la intención de derramar sangre y erosionar la democracia—, la interpretación que las personas hacen de él no es objetiva. De la misma manera que la belleza está en los ojos de quien mira, el significado está en la mente de quien interpreta. Esas distintas interpretaciones ayudan a demarcar quiénes somos y a qué tribu pertenecemos. Los canales de noticias MSNBC y Fox News son claras demostraciones de ello. Las dos cadenas informan de los mismos hechos políticos y sociales y, sin embargo, lo hacen planteando dos interpretaciones distintas. Algunos lo denominan «ángulo», otros «giro», «sesgo» o «línea editorial», pero, en esencia, lo que aplican es el equivalente a los marcos de significado que utilizamos para traducir el mundo.

En 1951, el equipo de fútbol americano Dartmouth se enfrentó a Princeton en su partido anual. Estos enfrentamientos de la liga universitaria Ivy League antedatan al espectáculo actual de los Big Ten y a los duelos contemporáneos de la Southeastern Conference, pero, para los jóvenes intelectuales que poblaban estos campus (y, por supuesto, para los antiguos alumnos), estos juegos eran una importante causa de orgullo. Ahora bien, aquel partido en concreto fue especialmente polémico, y los psicólogos Albert Hastorf y Hadley Cantril decidieron llegar al fondo de la cuestión de por qué. Hastorf y Cantril concibieron un proyecto de investigación como parte del cual se pedía a alumnos tanto de Dartmouth como de Princeton que visionaran metraje del partido e informaran de lo que observaban. Y aunque vieron el mismo partido, cada grupo de estudiantes lo percibió de una manera distinta. Los estudiantes de Princeton consideraban que el Dartmouth había cometido el doble de infracciones que su equipo, mientras que los de Dartmouth creían que la demostración de músculo en el campo había sido equiparable. Evidentemente, estas interpretaciones de la realidad discrepaban, pero cada grupo sentía que su versión del partido era la real. Ambos consideraban que estaban contemplando los hechos con objetividad, pese a su dispar relato de lo ocurrido. Esto sucede porque las cosas no son como son, sino como somos nosotros, y el significado se amolda de acuerdo con esto.

A este fenómeno los sociólogos lo denominan «realismo ingenuo», consistente en que la gente cree que su idea del mundo es objetiva y que quienes no la comparten están mal informados o son irracionales. El mundo es tal como nosotros lo vemos y lo interpretamos, y todo lo que vaya en sentido contrario es erróneo. Como es natural, esto convierte la comunicación en un desafío para quienes intentan predicar el evangelio, porque lo que pretendes transmitir en tus comunicaciones puede no corresponderse con lo que el público recibe. El encuestador político Frank Luntz afirmó: «No es lo que dices, sino lo que la gente oye». Por eso es fundamental para los publicistas, activistas, políticos, líderes, etcétera no solo entender lo que quieren transmitir, sino lo que sus comunicaciones pueden significar para las personas. Cuando estas dos cosas están desalineadas, nos hallamos en un estado de incongruencia de significado.

En 2017, todo en la esfera de las Kardashian estaba de moda. *Las Kardashian*, un *reality* televisivo que documentaba la vida de la familia, era uno de los programas más vistos de la televisión. Kim Kardashian, sin duda la estrella más fulgurante de aquel universo, tenía un mundo propio que orbitaba a su alrededor, compuesto por las masas de admiradores y seguidores en Instagram que plasmaban en sus historias la vida romántica de la estrella. Sin embargo, toda la familia Kardashian, incluida la familia postiza del segundo matrimonio de la madre de Kim con el entonces Bruce Jenner (hoy Caitlyn Jenner), aparecía en portadas de revistas, dominaba los titulares de los medios de comunicación y poblaba las publicaciones de los usuarios de todas las redes sociales. Los Kardashian-Jenner eran, fácilmente, una de las producciones de mayor éxito de la cultura popular. Para aprovechar la fama de los Kardashian-Jenner, Pepsi eligió a Kendall Jenner para que fuera el rostro de alto voltaje de su nuevo anuncio publicitario. Kendall, una estrella por propio derecho, era una supermodelo muy solicitada que acostumbraba a ser más discreta que sus hermanas.

El anuncio de Pepsi presentaba a Kendall como la cabecilla de un enfrentamiento entre una muchedumbre de manifestantes y la policía. En él, Kendall se aproxima a la policía con un mar de manifestantes a su espalda y, muy segura de sí misma, le entrega al que parece ser el agente al mando una lata de Pepsi. La intensidad aumenta mientras el espectador espera ver cuál será la reacción del policía blanco. El agente abre la lata y le da un sorbo, y su hasta entonces postura intimidante se relaja y su rostro resplandece con el brillo del sabor refrescante de Pepsi. La multitud estalla en vítores y el anuncio concluye con un ambiente eufórico.

La escena se hacía eco del creciente malestar social que en aquel momento existía entre la comunidad negra y la policía, una institución autoritaria con un largo historial de racismo sistemático y brutalidad contra los negros. Sin embargo, a diferencia del anuncio de Pepsi, la comunidad negra no contaba con Kendall Jenner para interceder en su nombre y ofrecerle al agente una lata de Pepsi para enfriar la situación. El rechazo fue inmediato. Lógicamente, la intención de los ejecutivos de Pepsi que aprobaron el anuncio no era ofender a nadie, o eso quiero creer. Concibieron un anuncio que era un reflejo optimista del tiempo presente protagonizado por una de las chicas más de moda del momento. ¿Qué podía salir mal?

Los marcos de significado a través de los cuales el público interpretó el anuncio de Pepsi reflejaban una realidad completamente distinta. A través de este prisma, Pepsi había contratado a una famosa —a cuya familia se había acusado tradicionalmente de apropiarse de la cultura negra (ampliaremos este aspecto en el capítulo 7)— y la había presentado como el arquetipo de la «salvadora blanca» que rescataba a la comunidad negra, un lugar común en las comunicaciones de masas en Estados Unidos desde el cine hasta la literatura, la mitología y la publicidad. Fue un claro caso de incongruencia del significado, y causó muchos quebraderos de cabeza a Pepsi.

Quienes estudian y practican el arte de la comunicación lo saben bien. Lo que pretendemos transmitir en nuestras comunicaciones y lo que acaban significando para el público a veces no concuerda. Una comunicación eficaz requiere que la intención del mensajero esté en sintonía con la interpretación del receptor. Esta dinámica nos retrotrae a uno de los modelos fundacionales de la literatura de las comunicaciones, el llamado modelo de Shannon y Weaver, ilustrado a continuación. Dicho modelo ofrece una instantánea de la relación entre los emisores y los receptores de mensajes que propicia una comunicación eficaz.

El emisor o la fuente de la información es la persona (empresa, organización o entidad) que tiene un mensaje que quiere comunicar. Puede tratarse de un político que desee expresar su opinión sobre un tema concreto o de una marca que quiera comunicar su convicción a la congregación de personas que comparten una ideología similar. El remitente codifica la idea a través de un transmisor o un codificador, como un anuncio.

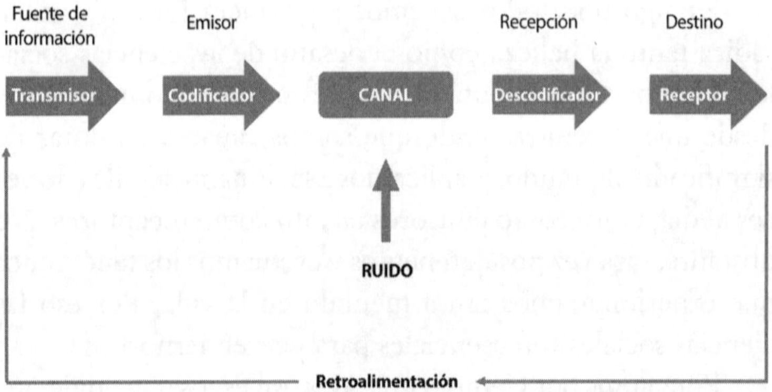

Figura 4
Fuente: Claude E. Shannon y Warren Weaver, *Teoría matemática de la comunicación* (1949).

A continuación, el mensaje se transmite a través de un canal (o medio) para llegar al público deseado. Dicho medio sirve como vehículo para transportar y entregar el mensaje en nombre del emisor. Puede tratarse de la televisión, texto impreso, vallas publicitarias, pódcast, redes sociales o cualquier otra tecnología de las comunicaciones. Incluso cuenta la comunicación cara a cara. En el canal puede entrar ruido, ya sea literal, mediante interrupciones en una retransmisión o una conexión fallida a internet, o figurado, en forma de voces de detractores que enfangan el mensaje.

Una vez que el mensaje codificado del emisor se entrega a través del canal, se descodifica para dotar de sentido a lo recibido. Cuando las personas reciben un mensaje a través de este canal, traducen el significado de lo que acaban de oír, ver o experimentar en algo inteligible basado en su visión del mundo. Naturalmente, aquí también se producen incongruencias de significado.

Es algo que todos sabemos de manera intuitiva, y ahí radica tanto la belleza como el desafío de las ciencias sociales. Hemos experimentado este proceso de comunicación desde que nacemos, desde que somos capaces de dotar de significado al mundo, y aplicamos esta dinámica miles de veces al día, tanto como emisores cuanto como receptores. No obstante, rara vez nos detenemos y evaluamos los fenómenos que experimentamos tan a menudo en la vida. Por eso las ciencias sociales son esenciales para «entendernos».

Pongamos por ejemplo que Alex, mi esposa, me pide que saque los platos limpios del lavavajillas y meta los platos sucios que hay en el fregadero. Yo (el emisor) puedo responder: «Ahora voy, cariño» verbalmente (codificador) con la intención de comunicarle que pretendo cambiar los platos del lavavajillas. Aunque el tono de mi voz (el canal) pueda sonar dulce y cariñoso, mi expresión facial (el ruido) podría delatarme y reflejar que no me apetece hacerlo. Y aunque Alex (la receptora) pueda haber oído mis palabras, seguro que también ha captado mi expresión facial, y su traducción de mi comunicación general podría ser que me molesta que me lo haya pedido, aunque no era eso lo que yo pretendía transmitirle. Estamos ante una incongruencia de significado cuyo resultado podría derivar fácilmente en una discusión en la mayoría de los hogares, inclusive el mío.

Si bien este tipo de malentendidos puede solucionarse con unos cuantos toma y daca entre marido y mujer, o en cualquier otra relación social entre amigos o familiares, el mercado no suele ser tan comprensivo o tolerante con la incongruencia de significado. En general, el público no está lo bastante comprometido como para dar a la mayoría de las marcas, con las que solo tienen una relación basada en las transacciones, una «segunda oportunidad» para explicarse cuando lo que ha traducido el receptor está desacompasado con su forma de contemplar el mundo. La consecuencia puede ser una reacción negativa de los consumidores, el escarnio público y, en algunos casos, una degradación de la marca, de la figura pública o de la institución de su estado consagrado a la excomunión. Pensemos, por ejemplo, en el exgobernador de Vermont Howard Dean.

Dean fue en su día el favorito en las primarias de los demócratas para las elecciones presidenciales de 2004. Había conseguido apoyos de peso del exvicepresidente Al Gore, destacados senadores, embajadores y organizaciones con una gran influencia política. El viento parecía soplar a su favor, de manera que su nominación como candidato del partido parecía asegurada. Entonces dos de sus rivales recibieron un fuerte impulso y Dean cayó al tercer puesto en los caucus de Iowa, un evento electoral local que suele considerarse un indicador del desempeño futurible de un candidato en las elecciones nacionales. Los candidatos que no salen bien parados en los caucus acostumbran a abandonar la carrera, de modo que ese tercer puesto era poco halagüeño para Dean.

Para movilizar a sus partidarios en el siguiente acto de las primarias, Dean dio un discurso apasionado en el que, a pesar del varapalo, alentaba a sus seguidores asegurando que había mucho margen para recuperar el terreno perdido. Dean aseguró a su público: «Hace un año no habríais apostado ni un centavo a que podíamos quedar terceros en Iowa. Y, ¿queréis saber algo? No solo vamos a ir a Nuevo Hampshire, ¡sino también a Carolina del Sur! ¡Y a Oklahoma! ¡Y a Arizona! ¡Y a Dakota del Norte! ¡Y a Nuevo México! ¡E iremos a California! ¡Y a Texas! ¡Y a Nueva York! ¡Y a Dakota del Sur! ¡Y a Oregón! ¡Y a Washington y Míchigan!».

Parecía la típica arenga política, pero fue al final cuando las cosas se torcieron. A un volumen de micrófono que distorsionaba sus palabras, Dean remató con un: «E iremos a Washington, D. C., para recuperar la Casa Blanca. ¡Yeahhh!». Ese momento acabaría conociéndose como «el grito de Dean», porque lo que se emitió con la intención de ser una expresión de entusiasmo —en sintonía con la energía de la multitud, según han informado reporteros sobre el terreno— fue interpretado por la audiencia televisiva y por los espectadores en línea como un momento de enajenación del candidato. Siendo benévolos, la interpretación de sus acciones fue que no estaba capacitado para ser presidente. Dean se convirtió en un meme viral (incluso antes de que existieran Facebook o YouTube) y en el blanco de las bromas de los presentadores de programas de entrevistas, comentaristas políticos y cómicos monologuistas. El resultado de aquella incongruencia de significado descendió a Dean al puesto undécimo en las primarias demócratas, lo cual puso fin a su carrera presidencial y supuso su excomunión política.

Al igual que «consagración», el término «excomunión» también procede del mundo religioso, y hace alusión a una práctica de exclusión mediante la cual una institución expulsa a una persona o un grupo de personas de la comunidad. En esencia, es un acto de rechazo a alguien cuando vulnera las normas sociales del grupo. Si bien esta práctica se originó en la Iglesia cristiana, se ha vuelto habitual en los grupos de la sociedad contemporánea. Basta con echar un vistazo a la película de culto *Chicas malas* para encontrar un ejemplo ilustrativo.

Basada en el libro de autoayuda de 2002 de Rosalind Wiseman, *Queen Bees and Wannabes*, y en las experiencias de la propia guionista de la película y estrella de *Saturday Night Live* y *30 Rock* Tina Fey, *Chicas malas* narra hasta dónde está dispuesta a llegar una pandilla de chicas para que las acepten y evitar la alienación social, o lo que es lo mismo, la excomunión. Las chicas malas están lideradas por Regina George, que es la envidia de la escuela y despiadada en su habilidad de hundir a cualquiera que considere que no merece «encajar». Las chicas malas se guían por una serie de reglas no escritas y otros hechos sociales que indican a la gente como «ellas» (las «Plásticas», como las apodan en la película) cómo debe vestirse, comportarse, hablar, flirtear y prácticamente cualquier otro aspecto de la dinámica de la vida social. En esencia, *Chicas malas* es una historia acerca de la dinámica de los grupos sociales en los institutos y el deseo inherente de encajar con la «gente adecuada». Si bien puede parecer algo ajeno a la vida adulta, en realidad es muy parecido a las asociaciones tribales que tenemos en la actualidad. Podemos llamarlo «cancelación» o, como dirían afectuosamente en el Twitter «negro», decir que «ya no están invitados a la barbacoa». Lo mismo ocurre con las marcas, los líderes, las instituciones y similares. Si el significado que se interpreta de tus acciones y palabras no concuerda con lo que la mayoría de la congregación considera aceptable, corres el riesgo de no poderte volver a sentar en la mesa de los tipos molones.

Matices desapercibidos

¿Cómo evitamos entonces esta incongruencia? Pues es peliagudo, porque es muy difícil asegurarse de que el mensaje conecta con el público objetivo. Para ello hay que entender cómo ven esas personas el mundo y qué significado le atribuyen, lo cual está plagado de matices. ¿Te acuerdas del signo de «OK»? ¿O de la expresión «Todo controlado»? Las tonalidades del significado que diferencian el signo de «OK» del de «supremacía blanca» son muy sutiles. La diferencia entre un «Todo controlado» que quiere decir «De nada» y un «¿Todo controlado?» que pregunta «¿Necesitas algo?» depende completamente del contexto y la precisión. Es como las múltiples tonalidades de la pintura blanca: son muy sutiles y pueden confundirse fácilmente entre sí.

La capacidad del emisor de incrustar significado a un mensaje para que el receptor lo interprete como él pretende al descodificarlo requiere una habilidad asombrosa para entender la mente del destinatario. Esto no solo significa que el emisor tiene que saber la interpretación del mensaje que el receptor probablemente elegirá, sino también las distintas permutaciones entre las que el receptor podría escoger para evitarlas a la hora de transmitir la señal. La revisión de la obra de cualquier dramaturgo o guionista permite ver claramente las complejidades de este ejercicio.

Los guionistas escriben historias acerca de personajes que el público interpreta a través de su lente de atribución de significado. Para lograr su objetivo, los guionistas toman decisiones precisas acerca del entorno (contexto), el diálogo (lenguaje) y una serie de pistas semióticas adicionales que el espectador utiliza para descodificar el significado de lo que ve en la película. El defecto más nimio podría significar la diferencia entre que alguien capte o no entienda el supuesto significado de una escena o película. Naturalmente, entender cómo interpretará el público lo que vea o escuche es fundamental para predicar el evangelio si se quiere movilizar a la gente.

No obstante, por desgracia, y con excesiva frecuencia, las empresas y los líderes pasan por alto los matices sutiles que modulan el significado para las personas y acaban averiguando que sus intenciones no están sincronizadas con la interpretación del público. Y ello puede originar resultados desfavorables. ¿Cuántas veces hemos visto a políticos emitir una disculpa porque sus «palabras no reflejaban su intención»? Estos pasos en falso reflejan una incongruencia debida, en gran medida, a los matices del significado que se han pasado por alto. Estas omisiones pueden evitarse, pero para ello hay que entender el proceso de generación de significado de las personas.

Durante las vacaciones de 2019, la empresa de medios de comunicación y *fitness* Peloton lanzó un anuncio de su bicicleta estática de gama alta. El *spot* de treinta segundos titulado «The Gift That Gives Back» («El regalo que regala») muestra a una mujer a quien un hombre, aparentemente su marido, le regala una bicicleta Peloton. La mujer parece gratamente sorprendida por el regalo, cosa comprensible, si tenemos en cuenta que la bicicleta vale 2.000 dólares. A medida que avanza el metraje, la mujer documenta sus sesiones en la Peloton con vídeos que filma con su teléfono móvil. Narra el primero sentada en el sillín, mirando directamente a la cámara mientras dice: «Bueno, pues es la primera vez que monto. Estoy un poco nerviosa, pero emocionada. Vamos allá». En otro vídeo entra corriendo por la puerta de casa, vestida con su ropa de ejecutiva como si acabara de llegar del trabajo y le dice a la cámara: «Cinco días seguidos. ¿Sorprendido? Yo sí». No queda claro a quién se dirige en sus vídeos, pero tampoco cabe duda de que lo que pretenden es recalcar su progreso. En un vídeo la vemos despertándose a las seis de la madrugada y subirse a la bici desganada. En otro aparece triunfante diciendo: «Ha merecido la pena». Transcurrido un cierto tiempo —suponemos—, uno de sus instructores le grita algo y averiguamos que se llama Grace y que es de Boston. A continuación, el anuncio revela que sus vídeos eran, de hecho, pequeños clips de un vídeo más largo de agradecimiento que Grace había creado. Lo sabemos cuando vemos a Grace y a su pareja, juntos, viendo el vídeo tras un año de registrar su experiencia subida a la bicicleta Peloton. Grace le dice entonces a la cámara: «No sabía cuánto me cambiaría esto. Gracias». En ese momento nos damos cuenta de que el público al que iban dirigidos los vídeos era su marido. Una voz en *off* concluye la película diciendo: «Estas vacaciones, regala Peloton».

A simple vista, parecía un anuncio inofensivo. Sin embargo, no fue así como mucha gente interpretó su significado... y el resultado fue una colosal reacción negativa del público general en internet y los telediarios, así como críticas de otros productores culturales. El público infirió de aquel *spot* que un hombre le decía a su esposa, que ya estaba en forma, que necesitaba hacer ejercicio. Un usuario de Twitter escribió: «Nada dice "creo que deberías perder unos kilos" como regalarle a tu esposa seca como un palo de escoba una Peloton». Estamos ante un claro caso de incongruencia de significado. He colaborado con Peloton en varios proyectos y puedo decir, sin temor a equivocarme, que todos aquellos con quienes yo he tenido el privilegio de trabajar eran gente buena y bienintencionada. Por desgracia para Peloton, la incongruencia del significado no tiene nada que ver con la intención, sino con los matices del significado. Y en las mentes de muchas personas, aquel anuncio se percibió como sexista y una estigmatización del cuerpo de la mujer.

El anuncio de Peloton se emitió en una época en la que la tendencia cultural dictaba desafiar las convenciones en torno al patriarcado, la cosificación de las mujeres, la brecha salarial y una serie de sistemas sociales adicionales que han marginado a las mujeres durante décadas (o siglos). La fiscalización de estos sistemas se daba tanto en los telediarios nocturnos como en prácticamente todos los rincones de internet, y con motivo. Hacía tiempo que convenía hacer una revisión de las normas culturales en Estados Unidos. El movimiento «Me Too», que combatía el acoso y las agresiones sexuales que las mujeres experimentan en sus lugares de trabajo, había dado el pistoletazo de salida apenas un año antes. Y fue este trasfondo cultural el que moduló los marcos a través de los cuales se vio el anuncio de Peloton y, por ende, a través de los cuales también se interpretó (para disgusto de Peloton, por supuesto).

Según las agencias de comunicación, las acciones de la empresa cayeron en un 9 por ciento a resultas de las críticas al anuncio. La empresa emitió una declaración en este sentido: «Creamos nuestro anuncio para celebrar el viaje hacia el *fitness* y el bienestar. [...] Nos decepciona que se haya malinterpretado». Y seguro que era así, pero no se trataba de un tema de «malinterpretación» por parte del público, que no había sabido captar el significado del anuncio, sino que fue la empresa quien no entendió cómo se traduciría aquel *spot* y qué significado se le atribuiría. Es responsabilidad del comunicador «captar el ambiente» y señalar el significado de tal manera que se alinee con cómo este se atribuye, por más matices que pueda haber.

Un rápido apunte para mis amigos del mundo del marketing que probablemente estén leyendo esta anécdota y diciéndose: «Sí, pero quizá la gente que interpretó el anuncio de manera distinta a como Peloton pretendía no era el público objetivo». Sería un argumento válido, en respuesta al cual citaré a otra usuaria de Twitter que escribió: «Soy una de esas tías raras a las que su marido les regaló una Peloton por Navidades (es una larga historia) y me encanta. Y odio este anuncio con todas mis fuerzas. Solo quería dejarlo claro. Soy exactamente el público objetivo y estoy de acuerdo con vosotros en que esto parece el principio de un episodio de *Black Mirror*», en referencia a la serie de ciencia ficción al estilo de *La dimensión desconocida*. Lamento decir que este comentario y otros en la misma línea en la red refutan de manera clara el argumento del «público objetivo».

Cabe destacar también que la indignación pública atrajo la atención de otro experto en marketing que, sin que nadie lo supiera, aprovechó la calamidad de Peloton como una oportunidad para publicitar sus propios productos. Ese experto en marketing fue, por supuesto, el actor de renombre internacional y empresario Ryan Reynolds. Reynolds se había forjado una reputación por las tácticas de marketing disruptivas con las que explotaba el dinamismo de las redes sociales y las cuales condujeron al éxito de la franquicia cinematográfica de Marvel *Deadpool*, de la que era protagonista. Entre los muchos memes que la gente utilizó para extraer significado de lo que veían en el anuncio (mediante la recontextualización, tal como hemos analizado en el último capítulo), el meme de *Déjame salir*, extraído de la película de terror de Jordan Peele acerca de encontrarse atrapado sin capacidad de dominar el propio cuerpo, fue uno de los más populares. La gente comparaba la imagen de desesperación de «Grace de Boston» montada en aquella bicicleta con la de uno de los personajes de la película de Peele cuyo cuerpo había sido «secuestrado». Y eso bastó a Reynolds para sacar partido a aquel momento.

Reynolds contrató a la actriz del anuncio original de Peloton (sí, a Grace de Boston) y la situó entre dos «amigas» en un bar, cada una con una bebida delante. La cámara permanece inmóvil en Grace mientras sus amigas intentan hallar palabras de consuelo. Es Grace quien rompe el silencio y afirma: «Esta ginebra entra muy bien». Sus amigas le dan la razón y le aseguran que «allí está segura». A continuación, las tres mujeres levantan la copa y brindan por «un nuevo principio». Mientras sus dos amigas le dan un sorbo a su copa, Grace se pimpla toda la bebida de un trago. Sus amigas la miran preocupadas. Acto seguido se produce un corte en el metraje y se muestra un plano de producto de la Aviation Gin de Reynolds, el producto corporativo que saca partido a este momento. Y justo antes del último fotograma, una de sus amigas le dice a Grace: «Por cierto, estás estupenda», frase con la que señala que Reynolds también se suma a la broma. Reynolds entendió el significado asociado con el *spot* original y su «anuncio» no es solo publicidad, sino una aportación al debate cultural. Profundizaremos en ello y en cómo se hace con mayor detalle en el próximo capítulo.

Lo más desafortunado de toda esta historia de Peloton es que era perfectamente evitable. Un ligero giro de guion habría supuesto una enorme diferencia. Solo con que el marido de Grace le hubiera dicho «Cariño, te he comprado la Peloton que querías» o «Ten, el regalo que tanto querías», la interpretación habría sido completamente distinta, por el mero hecho de que esos ajustes habrían empoderado a Grace y es esa falta de empoderamiento lo que refuerza el sistema social que margina a las mujeres en términos generales. Aunque se trata de un levísimo cambio, el impacto en el significado habría sido sustancial, y para quienes pretenden movilizar al público, ser conscientes de estas sutiles diferencias de tono comporta toda la diferencia del mundo.

Dicho todo esto, es indudable que entender los matices del significado es difícil. Es mucho más fácil jugar a hacer críticas «a toro pasado», cuando se da la incongruencia de significado, que a la hora de crear un mensaje (es decir, de predicar el evangelio) con el que se logre congruencia. Se requiere mucho valor para salir al estrado y compartir ideas o para crear música para el mundo, para estrenar una película e incluso para enviar un tuit sabiendo que su significado intencionado podría no ser lo que interpreten los demás. Más aún, hacerlo sabiendo que el significado interpretado podría comportar la excomunión, cosa que todos, por el hecho de ser animales sociales, tememos, por no mentar ya las posibles consecuencias económicas y de relaciones públicas para tu marca u organización.

Cuando pienso en algunas de las mejores campañas publicitarias que he visto en el mundo, la de Sprite «Obedece a tu sed» es una de las que ocupa los primeros puestos en mi lista de favoritas. Si no la conoces, déjame que te lleve a los años noventa del siglo xx, mucho antes de que el hiphop hubiera sido aceptado por la masa como una forma de arte legítima, y mucho menos el género más consumido de música en Estados Unidos. A la sazón, el producto cultural omnipresente en la televisión general que atraía a los jóvenes estadounidenses eran arquetipos prototípicos que representaban a adolescentes. Estaban el «deportista», el «rompecorazones», el «bicho raro», la «guapa», su mejor amiga y, por supuesto, el comodín de la persona negra, si es que había alguna en el casting. Básicamente, a los jóvenes se los retrataba como una instantánea de *Salvados por la campana*. En cambio, Sprite, la marca de refrescos con sabor a lima limón del catálogo de Coca-Cola, había elegido internarse por otra ruta para congraciarse con los adolescentes estadounidenses que no se sentían representados o a quien, básicamente, se había ignorado.

Como marca nicho, Sprite halló un público probable en el mundo del hiphop. A pesar de que Sprite había contado con destacados raperos en campañas previas, como Kurtis Blow, Heavy D y Kid 'n Play, la marca no representaba esta cultura. Usaba colores estridentes, una música que sonaba a sintonía y todo el mundo parecía demasiado feliz. No reflejaba el modo de vestir, hablar o comportarse de la tribu de los raperos. Todo eso cambió cuando el director corporativo de Sprite, Darryl Cobbin, decidió centrarse en los matices de la cultura. Según él mismo expresó: «Quería explorar de verdad el hiphop auténtico en publicidad. Nos propusimos rendir tributo a la música y a la cultura. Lo importante es el valor de la cultura del hiphop, no solo como imagen, sino como método de comunicación». Con Cobbin a las riendas, Sprite contrató a raperos que quizá no fueran muy famosos, pero que poseían la suerte de capital cultural que acreditaba a la marca entre la tribu del hiphop de modos que otras marcas no hacían.

Entre los artistas que colaboraron con Sprite se contaban Pete Rock, CL Smooth, Grand Puba y Large Professor, nombres cuyo significado solo entendería la gente muy inmersa en esta cultura. El anuncio se filmó en blanco y negro para dotarlo de una calidad granulosa y tosca ausente en los anuncios previos de Sprite, y lo primero que se ve son las palabras «Tras otra sesión en el estudio...», que proporcionan contexto acerca de lo que el espectador está a punto de experimentar. Justo entonces empieza a sonar un bucle de percusión reminiscente de los *samplers* de soul que se usan en la música hiphop. A medida que la cámara hace una panorámica de la sala, vemos a Pete Rock y CL Smooth sentados ante una mesa de mezclas y rapeando por encima de la música, con una lata de Sprite sobre la consola, como si fuera su lugar más natural. Abigail Weintraub, con quien trabajé en el pasado, me comentó en una ocasión: «Aquella lata de Sprite bien podía haber sido un porro; parecía lo más normal del mundo que estuviera allí». En otro clip, vemos a Large Professor y Grand Puba rapeando sobre la música en una batalla de *freestyle*, una sesión de improvisación en la que los raperos exhiben sus habilidades como letristas ante sus colegas y espectadores que los aplauden. Cuando el anuncio se aproxima a su fin, Puba dice: «Lo primero es lo primero, obedece a tu sed. Sprite». Y así, como quien no quiere la cosa, «Obedece a tu sed» había nacido.

Me acuerdo perfectamente de aquella campaña porque, cuando la emitieron, fue la primera vez en que recuerdo pensar que un anuncio me hablaba directamente a mí. Sprite entendió el encargo a la perfección. Desde el *casting* de los artistas hasta la música, el contexto, el lenguaje y los artefactos, todo estaba justo donde debía estar. «Obedece a tu sed» no era solo un eslogan, era un lenguaje cultural que representaba el espíritu de la comunidad del hiphop. Obedecer a tu sed significaba apostar por aquello en lo que verdaderamente creías, aunque fuera frente a la adversidad. Sea lo que sea que deseas, ve a por ello, sacia tu sed.

Este evangelio estaba directamente alineado con la ideología de la cultura del hiphop, y catapultó la marca Sprite a nuevas cotas. Cuando «Obedece a tu sed» empezó a circular de verdad, Sprite se había impuesto al refresco líder con sabor a lima-limón, 7UP, y había saltado de ese nicho de mercado para convertirse en una marca de refrescos popular con más de mil millones de dólares en ventas en 1996. La campaña continuaría con otros artistas (Nas, KRS-One, A Tribe Called Quest, Common) y deportistas (Kobe Bryant, Grant Hill, Anfernee Hardaway). Y más adelante incluiría casetes mezclados, patrocinios de concursos de mates de la NBA y parodias de anuncios tradicionales que dejaban claro que a los adolescentes no les gustaba la publicidad dirigida. Se emitieron varias versiones de «Obedece a tu sed» a lo largo de la década, pero en algún momento Sprite perdió el rumbo. Ello llevó a la marca a contactar, en 2013, con la agencia de publicidad en la que yo trabajaba entonces para reencauzarse.

El encargo era bastante claro: ayudar a Sprite a recuperar su posición como icono cultural entre la juventud contemporánea reintroduciendo el espíritu de la campaña «Obedece a tu sed». Para mí era un sueño hecho realidad. De chaval me encantaba aquel anuncio y ahora se me presentaba la oportunidad de ayudar a recuperarla. Nuestros equipos trabajaron con los directivos de la marca en Sprite y acabaron creando la campaña «Only for the Thirsty» («Solo para los que tienen sed»). La idea era hacer evolucionar el eslogan «Obedece a tu sed» de una mera declaración mediante la cual le decíamos a la gente que siguiera sus aspiraciones a una invitación que decía: «Si persigues tus sueños, eres de los nuestros». Tenía todo el sentido del mundo. La única pega era que el panorama cultural había cambiado desde la campaña original y la palabra «sed» tenía un significado y una connotación completamente distintos. Tal vez «sed» evocara el deseo o los sueños en la década de 1990 y principios de la de 2000 en el seno de la cultura del hiphop, pero en 2013 significaba anhelar desesperadamente a alguien por quien uno se siente atraído. Se usaba, por ejemplo, en frases como «¿A qué viene tanta sed? Vete a buscar a otro/a». La sed ya no significaba ambición; indicaba que eras patético.

Lo más triste es que todos (en la agencia) lo sabíamos, pero no contemplamos ese factor en la ecuación a la hora de crear la nueva campaña. Justo el verano anterior, 2012, la canción que más sonaba en la radio (y en la cultura popular) había sido «Mercy», de Kanye West, que subrayaba ese cambio de léxico con el coro: «*Lamborghini Mercy, your chick, she so thirsty, I'm in the two-seat Lambo with your girl, she tryna jerk me*» («Lamborghini Mercy, tu chica está desesperada, estoy en el Lambo biplaza con tu chica, y me está haciendo una paja»). El cambio de significado de la palabra *thirsty* (de 'sediento/a' a 'desesperado/a') era clamoroso. No había excusa. No prestamos la atención debida.

Aun así, lanzamos el nuevo *spot* de la campaña, protagonizado por la superestrella del baloncesto LeBron James y muchos extras que se expresaban sin miedo, «obedeciendo a su sed», por decirlo de alguna manera. Al final del anuncio, la voz en *off* y el texto sobreimpreso decían: «Sprite. Solo para los que tienen sed», e internet se dio un festín. Un tuit decía: «Jajaja, ¿lo habéis oído, guarras? Si tenéis sed, chupaos un Sprite. Me parto» y otro tuitero escribía: «Sprite, para los que tienen sed. Lluvia ácida para todas». Y esos eran los comentarios más comedidos, por cierto.

Fue bochornoso. El cliente retiró el anuncio de circulación a las veinticuatro horas de su estreno. No estuvimos a la altura ni de refilón, no porque el anuncio fuera malo (en sí), sino porque el significado intencionado no era congruente con la interpretación que se le dio. Y como la gente no quería que la identificaran como «sedienta», es decir, como una persona patética y desesperada, beber un Sprite (al menos, en público) pasó a ser un «vade retro».

Es lo mismo

Hasta el momento hemos examinado por qué la cultura ejerce una atracción gravitacional que impulsa a las personas a actuar de manera colectiva y cómo, con tu nuevo entendimiento de la cultura, puedes aprovechar su influencia para conseguir que la gente compre, vote, recicle los desechos orgánicos, haga donaciones y prácticamente cualquier cosa. No obstante, por ahora solo hemos analizado la influencia de la cultura como un asunto práctico, como algo opuesto a asignar valor a la capacidad de utilizarla. Todavía no hemos abordado lo «bueno» y lo «malo» con respecto a blandir el poder de la cultura. Obviarlo sería irresponsable y el equivalente a darle a alguien un arma pero no indicarle las precauciones de seguridad que debe tomar para usarla. El mismo uso de la cultura que puede influir a las personas para que apoyen los derechos de las mujeres puede espolearlas a defender la prohibición del aborto. «Es lo mismo.»

Cuando mi hija Georgia iba a la guardería, aprendió una expresión que siempre me hacía reír cuando se la oía: «Es lo mismo». Sus maestras se la enseñaron para identificar cuando las cosas eran muy similares. Por ejemplo, si mi esposa llevaba una camisa azul y yo llevaba una camisa azul, Georgia nos señalaba y decía: «Es lo mismo». Por supuesto, nuestras camisas no eran idénticas, pero sí tenían relación. O, para ser más precisos, eran iguales pero diferentes. La expresión «Es lo mismo, pero distinto» es tan popular que incluso se estampa en camisetas, se usa en eslóganes publicitarios y cosas por el estilo. Es un ejemplo supremo de producción cultural.

Cuando pensamos en el poder de la cultura y en su capacidad para inducir a las personas a hacer algo «bueno», como ahorrar para la jubilación o hacer una donación a una organización benéfica, debemos tener en cuenta que estas mismas estrategias y tácticas pueden emplearse para espolear a las personas a hacer algo «malo», como despilfarrar o cometer un delito. Al margen del contexto, entra en funcionamiento la misma física subyacente de la cultura que insta a las personas a moverse. De ahí que tácticas y estrategias similares puedan dar lugar a resultados evaluativos dispares. «Es lo mismo.» Pongamos por ejemplo la narración de historias. Publicistas, líderes, el clero y los políticos suelen aprovechar el poder del relato para predicar su evangelio y conectar con sus objetivos. Sin embargo, contar historias, como estrategia, no es ni buena ni mala en sí misma. Lo que sucede es que puede usarse en contextos diferentes.

Cuando estaba en el instituto, mi profesora de Estudios Sociales de undécimo grado, la señorita Allen-Shelton, utilizaba la fuerza narrativa para ilustrar los desafíos que los estadounidenses judíos afrontaron cuando el antisemitismo reverberó por todo el país tras la Segunda Guerra Mundial. Como la mayoría de mis compañeros de clase en aquel entonces, yo había oído hablar de las atrocidades del Holocausto, pero no tenía conciencia de la persistencia de sus efectos. Entonces la señorita Allen-Shelton nos hizo ver la película *Código de honor*, una historia acerca de un alumno de una escuela secundaria privada que ocultaba el hecho de que era judío para evitar el escarnio de sus profesores y compañeros, y no solo lo hizo para que fuéramos conscientes de esa realidad, sino también para ayudarnos a dotarla de significado a través de nuestros marcos culturales.

Aquella película me abrió los ojos. Mientras la veía, comparaba la lucha del protagonista con la de los afroamericanos y conecté con ella en varios aspectos. Me vi reflejado en la historia. Fue para mí una vivencia muy potente que ha tenido efectos perdurables. A menudo suelo conceder el crédito a esa película, y a otras parecidas, de ayudarme a entender las vivencias de personas que no tienen mi mismo aspecto ni proceden de sitios similares. Por otro lado, las historias también pueden usarse para proyectar a la gente bajo una luz mucho más condenatoria. Basta con mirar al grupo supremacista blanco del Ku Klux Klan para ver un ejemplo.

El KKK, como es bien sabido, ha aterrorizado y asesinado a gente de color —en especial a personas negras— en Estados Unidos desde sus albores en la década de 1860. La organización cree que la raza blanca es divina y que la sociedad estadounidense debe purificarse de todo y de cualquiera que no encaje en la identidad nacional protestante blanca. El KKK tuvo algunos vaivenes antes de afianzarse de verdad en la década de 1950. Su primera versión estuvo fragmentada, con distintas divisiones en los estados sureños, cada una de las cuales contaba con su propio conjunto de artefactos (como túnicas de distintos colores) y conductas (diferentes formas de violencia dirigida contra los negros) pese a compartir la misma ideología. Ahora bien, en 1915, el KKK se dotó de una historia que ayudó a mitificar su existencia gracias al largometraje de D. W. Griffith *El nacimiento de una nación*, una película muda que describía de manera atroz a los negros como animales salvajes a quienes había que controlar. La cinta de Griffith fue el vehículo perfecto para ayudar a predicar el evangelio del KKK y, aunque su fundamento era erróneo, engrosó las filas de este grupo terrorista, con la incorporación de numerosos reclutas nuevos. Es lo que tiene predicar el evangelio: puede resonar en el sistema límbico (la región del cerebro que palpita en nuestro pecho) y evocar emociones en las personas (en este caso, miedo y orgullo), lo cual induce a otras personas que ven el mundo de manera similar a pasar a la acción.

Ver una película como la de Griffith, o la que sea, no es un acto pasivo. Como afirmó la crítica cultural estadounidense Vivian Sobchack, los seres humanos que ven una película y se meten en ella siempre la viven y la incorporan. El visionado de una película se hace en el marco de una estructura de significados y metáforas en el que las relaciones entre sujeto y objeto son colaborativas, coconstitutivas y dinámicas. Lamentablemente, para beneficio del KKK (y para desgracia de la gente negra que ha experimentado este horror durante siglos en este país), muchos norteamericanos blancos compartían una creencia similar en que la raza blanca era una superior, y *El nacimiento de una nación* les proporcionó el relato ideológico idóneo para apuntalar esa visión del mundo.

Armado con el relato perfecto, el KKK concibió rituales como quemas en la cruz y un nuevo lenguaje que introdujo palabras que empezaban con «k» en su jerga. Como probablemente ya habrás deducido, empezó a actuar como una congregación con hechos sociales que regían lo que significaba ser parte de la tribu. En la década de 1920, el KKK contaba ya con más de cuatro millones de miembros activos en todo el país y desde entonces hasta finales de la década de 1960 convirtió la vida de los negros, judíos y otros colectivos estadounidenses en un infierno.

Las historias que contamos para predicar nuestro evangelio son las que nos contamos a nosotros mismos y entre nosotros, y definen los marcos de significado a través de los cuales traducimos e interpretamos el mundo, para bien y para mal. Los relatos son importantes para la cultura. Los usamos para comunicar, propagar y socializar lo que se supone que hacen las personas como nosotros. Y funcionamos en base a relatos que nos han contado o en contraposición a ellos.

Aprendemos cosas acerca del mundo (creencias), de quiénes somos (identidad) y de cómo encajamos en el mundo (ideología) a través de la narración de historias. Los relatos nos permiten enseñar moralidad (folclor) e interpelar a los niños para que se conviertan en ciudadanos bien integrados en la sociedad. De niño, aprendí sobre mi religión a través de fábulas como la de Daniel en el foso de los leones y el Éxodo de Egipto. Eran fáciles de digerir y recordar, porque eran muy conocidas, y, en consecuencia, se contaban a menudo. No me sorprende que Jesús se expresara mediante parábolas, porque los relatos son un vehículo impresionante que ayuda a socializar los valores culturales y fomenta la cohesión de la comunidad.

La narración de historias es una práctica establecida entre la humanidad desde tiempos inmemoriales. Es algo que los humanos hacemos. Mucho antes de que existiera la ciencia ya había historias, y esas historias nos servían para reflejar y socializar pruebas. Todavía hoy, el testimonio bajo juramento de testigos o víctimas se utiliza como «prueba» en los juicios para componer y extraer significado de lo que pudo ocurrir en una situación determinada. De manera similar, las comunidades utilizan las historias para entender el mundo que las rodea y convivir en él. La literatura de las comunicaciones lo denomina «pedagogía pública», y es la manera que tenemos de aprender acerca de personas distintas a nosotros mediante historias que consumimos a través de los medios de comunicación. Aunque nunca hayas estado en Arabia Saudí, probablemente tendrás algunos marcos de significado que te permitan imaginar cómo sería vivir allí. Y aunque nunca hayas estado en Brasil, es probable que te hagas una imagen mental de cómo debe de ser vivir allí. ¿De dónde proceden esos marcos de significado? ¿Cómo te has generado esa imagen mental? A través de las películas que has visto, de los programas de televisión que has consumido, de las novelas que has leído y de las noticias que has oído. Los medios de comunicación —y sus historias— nos moldean por completo.

Aquí es donde el asunto se pone interesante. Cuanto más oímos las historias, más nos convencemos de que son verdad. Es decir, que la repetición de las historias nos genera sensación de realidad. Por eso las *fake news*, las noticias falsas, tienen tanta atracción gravitacional en la conciencia social: la gente las oye repetidamente y cree que tienen que ser ciertas porque mucha gente las cuenta. En palabras de

Daniel Kahneman: «Una manera factible de hacer que la gente crea en una falsedad es repetirla muchas veces, porque la familiaridad no se distingue fácilmente de la verdad. Las instituciones autoritarias y las marcas lo saben bien».

Esta repetición de historias no solo establece lo que consideramos verdad, sino que también influye en nuestras preferencias. Cuanto más oímos una historia, más nos gusta, porque la familiaridad nos reconforta. Es fácil, y reafirma lo que ya sabemos. Existe un fenómeno en psicología que explica este proceso denominado el «efecto de la mera exposición», el cual alude a la tendencia de las personas a inclinarse por las cosas a las que se ven expuestas de manera reiterada, no por su valor intrínseco, sino por el simple hecho de que están familiarizadas con ellas. Siempre les hablo de este efecto a mis alumnos cuando se incorporan al programa de máster. La primera vez que los estudiantes llegan al campus, algunas mujeres, decepcionadas, lamentan la falta de hombres guapos y disponibles en el programa. Sin embargo, una vez que arranca el semestre y se ven expuestas repetidamente a sus compañeros de clase, su cantinela cambia un poco y empiezan a pensar: «Bueno, supongo que es mono». Al cabo de poco, ese sentimiento da un paso a un «es muy mono» y, en un abrir y cerrar de ojos, salen juntos.

Ahora bien, cuando la mujer lo invita a su casa para presentarle a sus amigos, estos no ven lo mismo que ella y no entienden dónde le ve el atractivo, porque ellos no han estado expuestos a él tan a menudo y, por consiguiente, no han experimentado el efecto de la mera exposición. Es el mismo motivo por el que te acaba gustando una canción que suena por la radio y que la primera vez que la oíste te pareció horrible. La emisora de radio la reproduce tropecientas mil veces al día y, al cabo de poco, te sorprendes canturreándola, convertida en tu canción. Esto no sucede porque la canción sea buena, sino porque la has oído mil veces. Así funcionan también los medios de comunicación; se nos ganan por completo. Tendemos a creernos las noticias que nos cuentan repetidamente. Cuanto más las oímos, más las preferimos, y así es como acaban legitimándose.

Yasmin Green es la CEO de Jigsaw, una unidad dentro de la empresa matriz de Google, Alphabet Inc., que se centra en resolver problemas de seguridad mediante la tecnología. En 2018, Yasmin impartió una TED Talk en la que relataba cómo había sido su infancia en Irán y la investigación que había realizado de grupos extremistas violentos como el ISIS (el Estado Islámico de Irak y Siria), conocido por cometer actos terroristas y asesinatos masivos atroces.

El ISIS es una organización islamista ultraconservadora que defiende una ideología violenta contra Occidente y entrena en el manejo de armas a milicianos para defender su causa. Por radical que pueda antojarse, sobre todo para quienes vivimos en la parte occidental del mundo, la organización ha logrado reclutar y convertir a occidentales para engrosar sus filas y librar una guerra contra otros occidentales. Cada vez más titulares hablaban de personas que el ISIS «radicalizaba» online y abandonaban sus hogares para unirse a una nueva tribu en Siria. El tema se volvió tan frecuente que en Estados Unidos y la Europa Occidental acabó por convertirse en un problema de seguridad nacional.

La investigación de Yasmin y su posterior charla permiten observar más de cerca cómo puede suceder algo así, y sucederle a tanta gente. A través de múltiples conversaciones con estos ciudadanos occidentales radicalizados, Yasmin descubrió que lo que había contribuido a mitificar la ideología del ISIS y convertir a tanta gente era el relato de la organización. Según explicó Yasmin, no es su conocimiento experto de las tecnologías lo que permite al ISIS ganarse los corazones y mentes de las personas. «Es su conocimiento de los prejuicios, las vulnerabilidades y los deseos de las personas a quienes intenta llegar lo que lo consigue.» Los integrantes del Estado Islámico tienen una ideología clara sobre la justicia y el heroísmo, y es la historia que cuentan... en inglés, árabe, alemán, ruso, francés, turco, kurdo, hebreo y chino mandarín. Incluso crean material publicitario en lenguaje de signos para sordos y personas con problemas de audición. La radicalización no es una elección maniquea, de sí o no. Es un proceso cognitivo que empieza por la implicación ideológica. Es ese sentimiento que experimentamos cuando, al oír algo, pensamos: «Vaya, pues tiene razón». O cuando leemos algo y nos decimos: «Caray, cuánta razón». Te sosiega porque establece una comunicación con quién eres y con cómo ves el mundo, no por lo que es ni por lo que hace.

Lo que ISIS capta de las personas es justamente lo que hemos tratado en estas páginas. Movilizar a las personas no es una cuestión de demografía ni de propuestas comerciales clave, sino de creencias e ideologías que anclan nuestras afinidades culturales. De manera que si quieres hacer que alguien se mueva, primero debes dar con las personas que comparten tu concepción del mundo —aunque sea solo un poco— y predicarles el evangelio. ISIS ha hecho lo mismo que hacen las marcas, los ejércitos y los partidos políticos. Como señaló en su día el filósofo estadounidense Charles Sanders Peirce: «La función de la creencia es comprometernos a actuar». Es lo mismo.

La hiperconectividad de las redes sociales ha capacitado a un mayor número de productores audiovisuales, desde aficionados hasta profesionales incipientes, a contar noticias, al tiempo que ha permitido que dichas noticias proliferen por internet a una velocidad y con una frecuencia increíbles. El resultado ha acelerado el ritmo de los cambios culturales y ha dificultado la generación de significado a publicistas, creadores de contenido y, en suma, cualquiera que aspire a comunicar algo. Kevin Roose, que escribe columnas sobre tecnologías en el *New York Times* y estudia las culturas marginales en internet asegura haber constatado que «lo que une a estos grupos es su manera de hallar y procesar información». El acto de encontrar información en sí se ha convertido en un acto cultural dentro de estos grupos. Tienes que «hacer los deberes», como suele decirse, lo cual suele significar hacer una búsqueda en Google o adentrarte en la madriguera de YouTube siguiendo un hilo conspirativo. En efecto, esta práctica se fundamenta en la creencia de que, según Roose, «para conocer la verdad no hay que escuchar a los expertos ni a los medios de comunicación generalistas, sino averiguarlo por ti mismo en internet».

Esta premisa ha insuflado oxígeno a todo tipo de grupos, desde los antivacunas hasta la cohorte de personas que creyeron que los atentados del 11-S contra las Torres Gemelas eran de falsa bandera y, en realidad, estaban orquestados por los propios Estados Unidos, como ilustra la película disponible en internet *Loose Change*. Incluso hay tribus de personas que se han unido bajo el movimiento satírico Birds Aren't Real, que se mofa de los movimientos conspiranoicos. De la misma manera que hay *subreddits* para casi cualquier cosa, hay una tribu para todos los gustos. Esta concepción del mundo y la proliferación de información han posibilitado que más relatos —y más evangelios— alimenten el ritmo del cambio cultural y fragmenten aún más las afiliaciones tribales. El capítulo siguiente explora más en detalle este aspecto y ofrece recomendaciones para gestionar estos cambios mientras procuras dominar el poder de la cultura para instigar un comportamiento colectivo.

DE SABER POR QUÉ A SABER CÓMO

Como hemos visto, la cultura es un sistema realizado de creación de significado que influye prácticamente en todos los aspectos de nuestra vida, y podemos aprovechar su influencia para predicar el evangelio a la congregación de personas que comparten nuestra visión del mundo. Sin embargo, para ello debemos entender cómo esa congregación atribuye significado a las cosas y asegurarnos de que lo que decimos y hacemos se interpreta como pretendemos. No se trata tanto de lo que decimos, sino de lo que los demás escuchan. Puede parecer sencillo a simple vista, pero requiere un entendimiento muy matizado de los hechos sociales que median en cómo una congregación interpreta el mundo, y eso es más difícil de lo que parece.

Al plantearte cómo predicarle el evangelio a la o las tribus que tengas por objetivo debes prestar mucha atención al lenguaje y a los artefactos que usa la comunidad. Estas dos características culturales, en concreto, son más susceptibles de cambiar que las creencias y los comportamientos debido al dinamismo asociado con las palabras y los símbolos y sus significados correspondientes. Una expresión puede significar una cosa hoy y otra muy distinta mañana. Una prenda de vestir puede estar de moda este mes y desfasada el mes que viene, de manera que has de estar atento para asegurarte de que el significado sea congruente cuando predicas el evangelio y te muestras al mundo.

6

La velocidad de la cultura

Corre la década de 1980 y yo soy un crío. Michael Jackson, *Superdetective en Hollywood*, Atari, Bart Simpson, los dibujos animados de los sábados por la mañana y casi cualquier otro artefacto ochentero que se te ocurra me evoca recuerdos entrañables de mis años de formación. Recuerdo con claridad las noches de los sábados, cuando mi hermano, Eugene, y yo nos quedábamos despiertos hasta altas horas para ver Kung Fu Theater, los debates que teníamos sobre si Ric Flair sería capaz de vencer a Hulk Hogan (porque en aquel entonces los dos creíamos que la lucha libre profesional era real) y las ganas que teníamos de ver los vídeos musicales de nuestros artistas preferidos en *Yo MTV Raps!* Parecíamos vivir en un bucle infinito de asombro. Nuestra dieta de medios de comunicación incluía una dosis no demasiado saludable de monologuistas, que eran la sensación en la década de 1980.

No sé cómo, sin que nuestros padres lo supieran, Eugene se hizo con una cinta VHS del especial de monólogos de Eddie Murphy para la HBO, *Delirious*, y de su posterior película en la que interpretaba a un cómico monologuista, *Raw*. Éramos demasiado pequeños para entender la mayoría de las referencias de los chistes, pero las partes que sí entendíamos nos parecían lo más divertido que habíamos oído nunca. Estábamos hipnotizados. Solo por las blasfemias habría bastado para que la película se considerara tabú y, por consiguiente, para que despertara el interés de dos niños de iglesia como Eugene y yo. Huelga decir que las imitaciones que Eddie Murphy hacía de M. A., Stevie Wonder, Elvis, Michael Jackson, James Brown y Jackie Gleason eran tan buenas —y precisas— que incluso aunque les hubieran quitado todo lo inapropiado, sus actuaciones eran hilarantes. Las vimos muchas veces, tantas que las memoricé y era capaz de interpretarlas si me lo pedían, aunque mis imitaciones no fueran tan convincentes.

Salto adelante a 2017. Me invade la nostalgia al ver que tanto *Delirious* como *Raw* están disponibles en Netflix. Me transporto de inmediato a mi infancia y recuerdo mis fragmentos favoritos de ambas cintas, consignados en mi mente como el culmen de la genialidad cómica. Sonrío anticipadamente mientras preparo la tele para empezar mi maratón. Sin embargo, sucede que, al cabo de unos minutos, mi sonrisa empieza a desvanecerse. De hecho, prácticamente me llevo las manos a la cabeza durante todo el visionado, escandalizado. Las bromas son las mismas, pero yo no. O, para ser más exactos, las bromas son las mismas, pero los marcos culturales a través de los cuales yo las experimento son muy distintos y, por consiguiente, el significado ha cambiado. Lo que en su día se me antojaba divertido ahora me parece ofensivo, y no por ningún mandato de la corrección política, sino por las creencias e ideologías que tengo treinta años más tarde. Aunque sigo guardando buenos recuerdos de los clásicos de Eddie Murphy como monologuista, aquella experiencia me dejó claro que la cultura, como todo en la vida, cambia.

La única constante en la vida es el cambio, como señaló tan acertadamente el filósofo griego Heráclito hace siglos, y lo mismo ocurre con la cultura. La cultura fluye sin cesar. Creencias, artefactos, comportamientos y lenguaje se reconfiguran de continuo, a medida que ideas nuevas fuerzan a los miembros de la comunidad a negociar y atribuir significado de manera colectiva. A medida que una idea emergente se introduce en la comunidad, pongamos, por ejemplo, los vaqueros ajustados para hombre o la legalización de la marihuana, suscita conversaciones y debates acerca de si encaja o no en los hechos sociales de dicha comunidad. ¿Concuerdan los tejanos ajustados con el concepto de masculinidad que tiene la comunidad? ¿Es aceptable entre personas «como nosotros» fumar marihuana? En el caso de Will Smith y Chris Rock, ¿es correcto abofetear a alguien en la televisión nacional porque ha ofendido a tu mujer en una gala? ¿Es bueno o malo (evaluación)? ¿La gente «como nosotros» hace esas cosas (legitimación)? Como hemos visto en el capítulo 5, estos son los mecanismos mediante los cuales las personas atribuyen significado y adoptan comportamientos de un modo contagioso. Esas conversaciones y esos debates son las fuerzas que impulsan el cambio cultural. Nos desafían a replantearnos nuestras creencias y las historias que nos han contado, lo cual, a su vez, altera nuestras conductas, nuestro lenguaje y el uso que hacemos de determinados artefactos.

Asimismo, estos cambios en la ideología y la práctica culturales dan lugar a un cambio similar en la producción cultural, es decir, en la música, el cine, la literatura, la danza, la moda y las marcas comerciales. De ahí mi reacción al volver a ver las películas de Eddie Murphy décadas después de verlas por primera vez. Las creencias sociales y las ideologías con respecto a la orientación sexual, la misoginia y el género habían cambiado de tal manera que una palabra que en su día se consideraba normal, como «negrata», ahora resulta igual de grave que insultar diciendo «marica».

Por descontado, esto se refleja en la creación de nuevos productos culturales, así como en la reevaluación de obras culturales creadas previamente. Por extraño que suene, el uso de la blasfemia ha cambiado en la dirección opuesta. Da la sensación de que Estados Unidos era mucho más conservador en aquel entonces con respecto a lo que la gente podía decir o la ropa con la que podía vestirse en televisión, pero le preocupaba mucho menos la nomenclatura que se usara para describir a determinados colectivos de personas. La Comisión Federal de Comunicaciones (FCC, por sus siglas en inglés), que se encarga de regular las retransmisiones televisivas, no permitía decir palabrotas en televisión porque podían ofender a la audiencia del país. En cambio, hoy incluso el presidente de Estados Unidos, Donald Trump, blasfema en las ondas, entre otras vulgaridades. Se diría que, en cierto sentido, los estadounidenses hemos aflojado la cuerda en lo relativo al lenguaje y, en cambio, la hemos apretado en otros aspectos, todo lo cual se refleja en nuestra producción cultural.

Un producto cultural, como hemos visto en el capítulo 2, es un producto creativo de la comunidad que expresa su perspectiva compartida. A menudo esto produce una conmoción inicial en el sistema —la reacción a algo que ocurre fuera del grupo, como el lanzamiento de un nuevo producto, una música nueva, una nueva campaña o una noticia de última hora en los medios de comunicación que la comunidad aún no ha legitimado—. Ante este impacto, la tribu se interna en un proceso colectivo de negociación y construcción para atribuirle un significado. Por supuesto, dicho significado no es estático, de manera que lo que el productor cultural pretende (es decir, lo que se ha codificado en los medios) no siempre es lo que los miembros de la tribu interpretan (o descodifican).

Por ejemplo, en abril de 2020, el rapero Travis Scott dio un concierto inesperado —y sin precedentes— en el mundo virtual de Fortnite. La noticia acerca del concierto generó un impacto exógeno al sistema tanto entre la comunidad del hiphop como entre la de los videojuegos que suscitó conversaciones entre sus miembros y, a título posterior, ayudó a construir significado en el seno de sus respectivas culturas. Cuando yo era niño, soplaba azúcar en polvo que imitaba el humo mientras comía cigarrillos de caramelo y me llenaba la boca de chicles para simular que mascaba tabaco. Eran cosas habituales en aquel entonces. En cambio, gracias al proceso de debate y reevaluación que se ha producido a lo largo del tiempo, a estos productos se les atribuyó un significado distinto y ahora han quedado deslegitimados, un tema que abordaremos más adelante en este mismo capítulo.

Estos impactos en el sistema van más allá de la moral social y el consumo de productos, e incluso abarcan la propia moneda, como el billete de un dólar. El dólar tiene un valor determinado solo porque, de manera colectiva, como sociedad global, hemos «acordado» que así sea. El dólar no es más que un papel que intercambiamos como representación de otra cosa. Es un significante que representa el valor monetario que se negocia y construye veinticuatro horas al día a través del comercio. Como la propia cultura, las divisas se hallan en fluctuación permanente, con personas e instituciones de todo el mundo decidiendo qué significado tienen.

Ahora bien, monedas nuevas como el bitcoin han generado un impacto exógeno en el sistema y ahora, mediante el discurso, el intercambio y la observación, la sociedad está decidiendo qué significan y si tienen «valor». Jack Dorsey, cofundador de Twitter y fundador de Square, ha predicho que el bitcoin reemplazará al dólar estadounidense en el futuro, lo cual seguramente señalaría un cambio cultural colosal, de mucho mayor calado que los coloquialismos y las modas pasajeras. Estos cambios suelen ocurrir por debajo de la superficie, fraguan lentamente, en silencio, a la par que nuestras creencias y nuestros valores dotan de un nuevo significado al objeto. Esto recibe el nombre de *slow culture* o «cultura lenta».

Rápido y lento

La cultura lenta es lo que nos hace comportarnos como lo hacemos —nuestras creencias y valores compartidos— y la cultura rápida es un reflejo de las creencias de una comunidad plasmadas en el funcionamiento de una sociedad (con frecuencia en rituales, el lenguaje, el arte, la música y el cine). La cultura rápida suele ser efímera (una nueva dieta de moda o una palabra del argot), mientras que la cultura lenta se desarrolla a lo largo de franjas de tiempo dilatadas. Por eso, en este caso, observar las tendencias es un error. Piensa en tu publicación de marketing o en tu periódico de cultura pop favoritos y seguramente verás lo que está de moda ahora mismo: el peinado más popular, el artefacto que todo el mundo quiere o el último [rellena el espacio] imprescindible al que todo el mundo se apunta. Si bien tiene mucho valor entender las expresiones culturales observables que se diseminan por una población, estas tendencias solo nos dicen lo que hace la gente, mientras que la cultura lenta nos dice «por qué» lo hace. Dicho esto, comprender las características de la cultura rápida puede ayudarnos a entender mejor las funciones de la cultura lenta.

También conviene señalar que estos cambios en la cultura, sean rápidos o lentos, son productos de conversaciones y del diálogo cultural que tiene lugar entre los miembros de la comunidad, en concreto en respuesta a un impacto exógeno en el sistema. En la vida tropezamos con cosas que nos hacen cuestionarnos a nosotros mismos, a nuestra gente y a las instituciones que delimitan lo que la gente «como nosotros» debe o no debe hacer. Estas provocaciones desencadenan conversaciones entre nuestra comunidad —tanto implícitas como explícitas—, lo cual posteriormente activa el proceso mediante el cual decidimos de manera colectiva el significado, si es o no legítimo y, en última instancia, cómo comportarnos.

Imagina que corre el verano de 2003 y que estás en una barbacoa, una discoteca, una boda o una reunión familiar y la canción de R. Kelly «Ignition (Remix)» atruena en los altavoces. ¿Qué sucede a continuación? Pues, si tú fueras yo en aquel entonces, probablemente verías a un puñado de tipos saltar como locos a la pista de baile. Y seguramente eso no sorprendería a nadie, porque «Ignition (Remix)» fue un exitazo ese año, uno entre la retahíla de discos de Kelly que prolongaron su exitosa carrera desde su debut en 1992 hasta bien entrada la década de los 2000. En cambio, si reprodujeras «Ignition (Remix)» después de enero de 2019, la respuesta sería muy distinta, y no porque la canción haya envejecido mal o haya caído en desgracia, sino porque R. Kelly ha sido cancelado. Ya no se lo considera alguien aceptable debido a una serie de denuncias por abusos sexuales a chicas menores de edad de las cuales se lo ha declarado culpable. Las emisoras de radio han dejado de reproducir su música. Los promotores de conciertos cancelaron las fechas de su gira en respuesta a la presión de las manifestaciones para silenciarlo, agrupadas bajo el movimiento «Mute R. Kelly», que se congregaban en las salas donde actuaba. ¿Cuál fue el catalizador? Un documental en varios episodios emitido por la cadena por cable Lifetime en enero de 2019 que enfrentó cara a cara a los estadounidenses con los supuestos delitos y víctimas de R. Kelly.

Pero hay un dato llamativo: aquel documental no recogía nada nuevo que el público no supiera ya. Gracias al periodismo explosivo de la revista *Vibe* en 1995, sabíamos que R. Kelly se había casado con la cantante de R&B Aaliyah cuando ella tenía quince años y él veintisiete. Por supuesto, el matrimonio se anuló debido a que ella no tenía la edad legal de consentimiento. También conocíamos las cintas filtradas de R. Kelly en las que se lo veía manteniendo relaciones sexuales con una menor gracias a un reportaje publicado por el *Chicago Sun-Times* en 2002. A Kelly lo acusaron de veintiún delitos de pornografía infantil a resultas de aquel hecho, si bien los cargos se desestimaron un año después. Dave Chappelle nos recordó aquella «cinta» poco después en su programa de números cómicos de la cadena Comedy Central *Chappelle's Show*, cuando editó el vídeo musical de la canción de Kelly «Ignition (Remix)» con exageraciones tan escandalosas como los actos obscenos del vídeo filtrado. Y más tarde aún, en 2005, la rompedora serie de dibujos animados de Cartoon Network *The Boondocks* volvió a recordarnos la cinta y los supuestos delitos de los cuales se acusaba a R. Kelly. Sin embargo, fue en enero de 2019 cuando se canceló oficialmente al cantante. La diferencia principal entre 1995 y 2019 es que vimos el documental juntos —codo con codo, por así decirlo— y mantuvimos un diálogo colectivo acerca de él gracias a la plataforma que nos ofrecían redes sociales como Twitter, Facebook y Reddit.

Estas tecnologías nos permitieron participar en el debate que estaba teniendo lugar entre los miembros de las tribus y congregaciones afines a nuestra identidad. Vimos a nuestros amigos tuitear: «Hummm, creo que para mí este tipo [R. Kelly] está muerto y enterrado». Uno tras otro, vimos a los nuestros emitir su voto, afirmando que no volverían a escuchar su música ni a consumir nada asociado con él. Mientras observábamos estas manifestaciones de evaluación en nuestros muros digitales y secciones de noticias de las redes sociales, de manera colectiva conferimos un significado a lo ocurrido y reforzamos lo que considerábamos «normal», lo que hace la gente «como nosotros». Y, así, R. Kelly fue condenado al ostracismo. Estamos ante el proceso de legitimación en plena acción. Si para Jane es agua pasada, para John es agua pasada, para Sally es agua pasada y para Henry es agua pasada, entonces supongo que para mí también lo es. Este es el proceso social que nos ayuda a dotar de sentido al mundo. ¿Por qué? Porque los miembros que suscriben una cultura particular actúan de manera concertada para fomentar la solidaridad social entre ellos.

Puede parecer que el acto de cancelación de R. Kelly sucedió «de repente» (cultura rápida), pero el motivo por el que se lo canceló fue el reflejo de unas creencias e ideologías asentadas con el paso del tiempo (cultura lenta). Simplemente no disponíamos del foro para debatir este tema de manera tan franca y simultánea como lo hacemos ahora. Las nuevas tecnologías aceleran la velocidad a la que avanza la cultura (tanto rápida como lenta) porque proporcionan transparencia y permiten llevar un registro, de manera que el proceso de negociación entre miembros de la tribu se hace a la vista de todos los integrantes de esta y, en este sentido, se democratiza para que todos ellos puedan participar en el debate. La Biblioteca del Congreso de Estados Unidos ha llegado incluso a afirmar: «El Archivo de Twitter podría convertirse en uno de los legados más importantes de esta generación para las generaciones futuras. Las generaciones futuras podrán aprender mucho sobre este fecundo periodo de nuestra historia, y sobre los flujos de información y las fuerzas sociales y políticas que están contribuyendo a definir a la generación actual».

Observar el debate que tiene lugar en el seno de la congregación ayuda a iluminar los hechos sociales sobre la comunidad, lo cual permite a las marcas y los líderes entender mejor los códigos culturales que influyen en el comportamiento de esta. Una vez que entiendes los códigos culturales, estás equipado para implicar a la congregación de un modo que active el sistema límbico y para movilizarla. Si nuestro objetivo es aprovechar la influencia de la cultura para catalizar la adopción colectiva de una conducta, precisaremos una comprensión íntima de los hechos sociales que gobiernan a la comunidad.

Para entender los fenómenos culturales, necesitas sumergirte en la comunidad concreta de tu interés. Pongamos que quieres averiguar cuáles son las características culturales de los *cosplayers* (la gente que se disfraza de personajes de obras de ficción, como cómics, videojuegos o series de televisión); podrías plantearte asistir a la Comic-Con, la convención internacional del cómic, para empaparte de sus prácticas culturales y observar sus comportamientos con tus propios ojos. Para conocer las características culturales del Grupo de Propietarios de Harley-Davidson (H.O.G., por sus siglas en inglés), te convendría hacer salidas con ellos y asistir a encuentros de motoristas, suscribirte a su revista y sus boletines, y comprar en los numerosos concesionarios de Harley-Davidson, que no solo venden motos, sino también *merchandising* muy diverso. De hecho, dos investigadores acaban de hacer todo eso, y mucho más.

John Schouten y James McAlexander sentían curiosidad por los hábitos de consumo de los H.O.G. y se pasaron tres años estudiando a los miembros de su comunidad «formando parte» de ella. Hablaron con motoristas, salieron de fiesta con motoristas, fueron de excursión con motoristas y, en muchos sentidos, ellos mismos se convirtieron en parte de estos H.O.G. Observar las prácticas culturales de la comunidad de primera mano permitió a Schouten y McAlexander entender las creencias e ideologías subyacentes (cultura lenta) que apuntalan su dinámica social y su comportamiento de consumo (cultura rápida).

De la misma manera que los periodistas de investigación se infiltran para conseguir una noticia, tú también debes adentrarte en la comunidad para conocer el relato de quiénes son verdaderamente estas personas y cómo atribuyen significado a las cosas. Esto obliga a dejar de ser un «espectador externo» y convertirte en uno de ellos. El estudio de la cultura es una ciencia interpretativa que depende de la investigación cualitativa para explorar el mundo a través del punto de vista de una comunidad, no del propio. Este tipo de investigación recibe el nombre de etnografía. James Spradley, etnógrafo y profesor de antropología en el Macalester College, describe las etnografías como «una posibilidad de salir de nuestros limitados trasfondos culturales, de aparcar a un lado el etnocentrismo que hemos heredado socialmente, aunque solo sea durante un breve periodo, y aprehender el mundo desde el punto de vista de otros seres humanos que se guían por distintos sistemas de significado en la vida». De hecho, nosotros mismos deberíamos contemplarnos de este modo si queremos entender de verdad la cultura de una comunidad particular.

La creciente omnipresencia de las tecnologías de comunicación digitales, como los foros y las redes sociales, ha originado nuevos campos de investigación, con sus correspondientes métodos. Estas innovaciones en la investigación han facilitado a los aficionados adentrarse en «el campo» y realizar estudios etnográficos. En 1995, Rob Kozinets, profesor de Marketing en la Marshall School of Business de la University of Southern California, puso sobre la mesa una innovación que bautizó con el nombre de «netnografía» (en alusión a la red, *net* en inglés), cuyo impacto cambió las reglas del juego.

Netnografías

Los estudios netnográficos utilizan la información pública que se intercambia en internet —a través de texto, memes, vídeos y otras formas multimedia— para observar cómo «se comporta de manera natural» la gente en su entorno social. Por lo general, las netnografías observan de manera discreta a las comunidades online y sus intercambios subsiguientes con el fin de entender la sociedad. Permiten a los investigadores observar las interacciones entre los consumidores «en la naturaleza» (es decir, sus interacciones voluntarias, no fabricadas ni estimuladas) y extraer una comprensión «sólida» y sin sesgos de los afectos, comportamientos, conocimientos y deseos de los consumidores. Si la cultura es un asunto público, entonces las netnografías ofrecen una visión realista de la dinámica de una comunidad permitiendo a los investigadores actuar como una «mosca en la pared» y observar a las personas comportándose como lo harían normalmente.

Algunos profesionales del marketing se refieren a esta forma de investigación como «escucha social», en el sentido de que observan o «escuchan» los intercambios sociales entre personas en las distintas redes sociales. No obstante, las netnografías son una labor mucho más rigurosa e iluminadora porque no solo ponen el foco en observar comportamientos, sino que también se ocupan de entender la generación de significado cultural. Observar a los demás «en persona» no es lo mismo que entender cómo dotan de sentido el mundo, y eso tampoco se logra observando a la gente online. La investigación netnográfica trasciende la «escucha social» para participar en el proceso de la comprensión sociocultural.

En la actualidad, la gente compra, flirtea, intercambia ideas, colabora en proyectos y, en gran medida, vive su vida en internet. Ya no existe una diferencia entre el «mundo en línea» y el «mundo fuera de línea» o el digital y el analógico. En una cena, la gente habla acerca de lo que ha visto en TikTok y publica una foto de lo que está comiendo en Instagram. Kozinets amplía estos argumentos diciendo:

> Las comunidades online no son virtuales. La gente a quien conocemos online no es virtual. Son comunidades reales pobladas por personas reales, motivo por el cual muchas personas acaban conociéndose en carne y hueso. Los temas de los que hablamos en las comunidades online son temas importantes, cosa que hace que, a menudo, cuando oímos hablar de una causa social o política a través de nuestras comunidades online, investigamos y nos implicamos en ella. Las comunidades online son comunidades; ya no hay margen para el debate sobre este tema. Estos grupos sociales tienen una existencia «real» para sus participantes y, por ende, tienen consecuencias en muchos aspectos conductuales.

La investigación netnográfica posibilita el enfoque más eficaz para observar el comportamiento social online y entender los gustos y deseos de las personas, así como los factores que influyen en su toma de decisiones. Permite a los investigadores estudiar las prácticas culturales complejas de grupos sociales en acción, atrayendo la atención sobre una multitud de ideas arraigadas a tierra y abstractas, significados, prácticas sociales, relaciones, lenguajes y sistemas simbólicos. Por ejemplo, Kozinets llevó a cabo una netnografía para entender las características culturales de los Burners, los miembros de la comunidad del festival de música Burning Man que tiene lugar en el desierto de Black Rock de Nevada. Como parte de su estudio, Kozinets descargó y analizó fotografías, artículos, documentos y otros datos culturales relacionados con el Burning Man disponibles a través de canales de medios de comunicación y en internet. Se adentró en foros de comunicación y plataformas en línea para observar las conversaciones entre los miembros de esta comunidad. Tras tres años archivando datos y analizándolos, Kozinets incluso asistió a un evento del Burning Man para presenciar las prácticas culturales de la comunidad de cerca. Al internarse en las vidas de los Burners y en sus prácticas culturales subsiguientes, Kozinets pudo hacerse una idea más clara de los marcos de significado que esta tribu utiliza para traducir el mundo y comportarse. Este tipo de información sería especialmente valiosa para una organización que quisiera reclutar a esta comunidad para que se sumara a su causa o a un político que quisiera alentar a este segmento de la población a votar. La intimidad de este tipo de estudio permite a los investigadores detectar con precisión lo que es importante para la comunidad y qué desafíos afronta. Los resultados no solo ayudarían a la organización o al político a predicar su evangelio, sino que les servirían para afinar su oferta y sus políticas para amoldarse mejor a la población.

Aunque los datos de una netnografía pueden estar bastante desestructurados, se pueden organizar de un modo sistemático. Kozinets articuló este proceso en cuatro pasos: (1) *recuperación de datos*: inmersión en la comunidad online y el contexto cultural recabando datos de declaraciones de los usuarios y contenido publicado por ellos, así como de las observaciones personales del propio investigador; (2) *análisis de datos*: evaluación de los datos mediante software automatizado y métodos de codificación manuales; (3) *privacidad del usuario*: adherencia a las directrices éticas de la investigación social con respecto a la privacidad del usuario, y (4) *agregación*: combinación de los hallazgos y los conocimientos derivados correspondientes. Yo he realizado netnografías de gran y pequeño alcance, rudimentarias y robustas en cuanto a disponibilidad de recursos, y breves y dilatadas en términos de calendario y horizontes temporales. Sea cual fuere la situación, las netnografías pueden ser increíblemente útiles para entender los hechos sociales por los cuales se gobierna un grupo de personas.

A la hora de estudiar los hechos sociales de una comunidad, conviene aparcar los enfoques más tradicionales de la investigación de mercados —averiguar los intereses y las afinidades del público— porque se quedan cortos para detectar los signos codificados, las pistas sutiles y los destellos en la sombra que revelan el significado cultural compartido entre los miembros de la comunidad. En una netnografía hay que peinar los datos, porque revisar conversaciones previas como si fueran nuevas puede arrojar nueva luz sobre las primeras. Es el equivalente a volver a ver una película para entender mejor lo que ha sucedido al principio tras hallar nueva información a medida que se desvela la trama. Este acto continuado de «revisitar» ayuda al espectador a entender mejor la totalidad del significado intencionado de la película. De manera similar, este tipo de investigación nos ayuda a comprender las creencias y la ideología más amplias por las que se rigen las personas y el porqué de su comportamiento. Por agotador que suene, es imposible alcanzar el nivel de intimidad necesario para entender la cultura a través de encuestas, datos masivos y la inteligencia artificial, por más que esta información esté fácilmente al alcance.

Vivimos en un mundo hiperconectado en el que se recopilan más datos que nunca. Cada búsqueda en Google, cada vez que se pasa una tarjeta de crédito y cada tuit firmado por alguien con nombre y apellidos deja tras de sí una miga de información que se recopila en montones y montones de datos agregados. Incluso algo tan pasivo como leer un artículo online aporta datos acerca de tu dispositivo, localización geográfica, el tiempo invertido y otros muchos aspectos. La disponibilidad de este enorme corpus de datos ha aumentado de manera exponencial con el paso del tiempo y, en teoría, ha permitido a los profesionales del marketing entender mejor a las personas. Ahora bien, aunque suene irónico, nuestra capacidad de inferir conocimientos de estos datos apenas ha aumentado marginalmente. Esta paradoja se debe a algo muy sencillo pero muy significativo que la mayoría de la gente suele pasar por alto: confundimos la información con la intimidad.

La información se compone de las representaciones fácticas de los eventos. El tráfico por un sitio web, la participación en las distintas redes sociales, las compras y las búsquedas en un motor pueden revelar bastantes datos acerca de los intereses, las preferencias y los deseos de un consumidor. De ahí que no sorprenda que este tipo de información sea muy codiciada entre las grandes y pequeñas empresas. Sin embargo, pese a disponer de toda esta información, seguiremos bregando por entender a nuestros consumidores. ¿Cómo es posible? Pues porque el comportamiento de búsqueda, el historial de compras y el tráfico por sitios web no revelan quiénes son las personas. Solo son datos de lo que hacen debido a quienes son. Para entender quiénes son esas personas tienes que aproximarte mucho más a ellas. Has de conocerlas íntimamente.

Antes de una reunión importante, puedes consultar LinkedIn para (cotillear) averiguar cosas acerca de la o las personas con quienes hablarás, datos como la empresa para la cual trabaja en la actualidad y qué cargo ocupa, su experiencia laboral previa, a qué escuela fue y, quizá, si tenéis contactos en común. A pesar de disponer de todos estos datos, en realidad no conocerás a la persona hasta que hayas interactuado con ella, intercambiado ideas u observado su gestualidad. Estos detalles solo se revelan al traspasar los datos estadísticos. De manera similar, una persona puede parecer la pareja perfecta en el perfil que tiene creado en una aplicación de citas, pero hasta que no la conozcas no podrás hacerte una idea mejor de cómo es. Para conocer a las personas se requiere intimidad, una cercanía que la métrica de datos tradicional nunca proporcionará. Es algo que sabemos de manera intuitiva; sin embargo, cuando entramos en la sala de juntas, nos quitamos la «chaqueta de humanos», nos ponemos la de «profesionales del marketing» y nos dejamos la humanidad en la puerta. Tenemos que ser más humanos si aspiramos a entender los hechos sociales que gobiernan a una tribu de personas. Las netnografías, sean de gran o de pequeña envergadura, pueden ayudar prácticamente a cualquiera a entender a las personas y cómo extraen significado. Ahora bien, son solo una herramienta del arsenal que tenemos a nuestro alcance. Para entender verdaderamente bien a las personas, tienes que acercarte a ellas.

Aproximación

Sin ningún género de duda, los mejores investigadores de mercados del planeta son los cómicos. Demetri Martin, Sarah Silverman, Hasan Minhaj, Jerrod Carmichael y otros como ellos son, básicamente, observadores expertos de la condición humana. A diferencia de la mayoría de las personas, observan con intención, movidos por una curiosidad insaciable. Observan el comportamiento de los agentes sociales en sus vidas cotidianas —pasando desapercibidos— hasta que ven a alguien hacer algo inesperado. Esto llama la atención del cómico, que se inclina un poco más hacia delante para investigar el fenómeno antes de apreciar que más gente actúa igual. En ese momento, el cómico activa el modo sociólogo para entender qué está sucediendo y por qué. Y luego sale al escenario y dice: «¿Se han dado cuenta de que cuando van al supermercado hacen x, y y z?». Y nos partimos de la risa y, casi sin poder respirar, respondemos: «¡Soy yo! Yo hago eso». Por supuesto. La verdad se revela mediante la proximidad cultural.

Como en el caso del cómico, la curiosidad nos impele a observar más de cerca, pero la teoría nos ayuda a entender lo que hemos observado. Probablemente esa sea la parte más dura para los expertos, sobre todo para los de marketing, porque estamos condicionados a restar importancia a la teoría. Estamos acostumbrados a usar la expresión «en teoría, sí», como queriendo decir que la realidad y la teoría no concuerdan. Y eso no hace sino reforzar nuestro malentendido sobre qué es en realidad la teoría. La teoría es el sistema de ideas y principios que explica qué son las cosas y por qué existen. Cuando la realidad y la teoría no coinciden, a menudo lo que sucede es que hemos aplicado la teoría equivocada. El problema no es la teoría, es nuestra falta de una buena teoría. La clase de teoría que explica de manera más precisa el extraordinario mundo que nos rodea. Es uno de los motivos principales por los que me pareció esencial cursar un doctorado. Quería ampliar mi repertorio de teorías para entender mejor a las personas y cómo extraen significado de sus vivencias. Y he descubierto que, cuanto más extenso se vuelve mi repertorio teórico, más nítido veo el mundo y mejor equipado me siento para poner en circulación en él cosas que movilicen a la gente.

Ahora bien, no hay curiosidad ni repertorio de teorías que pueda imponerse a nuestra falta de empatía general. Como la cultura, la empatía es una de esas palabras que utilizamos a menudo pero que no acabamos de entender bien. Mi amigo, el empresario Michael Venture, se pasó años estudiando la empatía y la aplicó con éxito a su trabajo en la agencia que fundó, Sub Rosa. Allí, Michael ayudó a marcas como General Electric y Johnson & Johnson a usar la empatía como un motor para solucionar problemas y propiciar la conceptualización. Michael define la empatía como una toma de perspectiva consciente para entender mejor a las personas, los lugares y las cosas. Me encanta esta definición porque es a un tiempo concreta y fácil de llevar a la acción. La toma de perspectiva es el acto de quitarse la lente a través de la cual contemplamos la realidad y mirarla a través del prisma de otras personas para entender cómo construyen significado en base a los marcos que definen su visión del mundo.

Hay tres formas de empatía. La primera se describe como empatía somática. Es involuntaria, como una respuesta motriz física que reacciona cuando la provocan, gracias a una parte del cerebro conocida como el sistema de neuronas espejo, un grupo de neuronas especializadas que imitan las acciones y los comportamientos de los demás. Es la razón por la que el bostezo se contagia. Cuando vemos a alguien bostezar, nuestro cerebro se dice: «Parece interesante» y, al cabo de poco, nosotros también bostezamos. Es el sistema de neuronas espejo el que actúa. Sigmund Freud sostenía que nuestros pensamientos son ensayos de acciones que nos impulsan a simular lo que vemos. Es el sistema de neuronas espejo el que hace que se nos acelere el corazón cuando vemos películas de terror o que hace llorar a mi esposa cuando ve la película *El diario de Noa*, aunque sea la vez tropecientas que la mira. A través de este reflejo, compartimos las experiencias de los demás, lo cual nos permite contemplar el mundo desde su perspectiva. La empatía somática es la respuesta del cuerpo a la observación de las personas.

La segunda forma de empatía, conocida como empatía afectiva, implica entender los sentimientos del prójimo. La empatía afectiva (que algunos denominan empatía emocional) nos permite sentir lo que sienten los demás. Es lo que nos hace llorar en una boda o viendo una película. El sistema de neuronas espejo nos permite compartir los sentimientos de otras personas. Esta forma de empatía también nos permite ponernos en la piel de otras personas. El célebre psicólogo y experto en inteligencia emocional Daniel Goleman describió la empatía afectiva como un contagio emocional que se transfiere de persona a persona y fomenta conexiones entre los seres humanos que pueden formar fuertes vínculos covalentes entre ellos.

La tercera forma de empatía es la empatía cognitiva, que nos permite entender los sentimientos de otra persona, no solo a través de los sentidos, sino también del intelecto. Goleman se refería a esta empatía como «toma de perspectiva», porque nos permite entender los diversos puntos de vista de los demás. Con la empatía cognitiva, no «nos metemos en la piel del otro», sino que contemplamos el mundo a través de sus ojos para comprender mejor su experiencia. La combinación de la empatía afectiva y la cognitiva dota de mucho poder al investigador a la hora de estudiar la cultura y a las tribus que practican un conjunto particular de características culturales. Meternos en la piel de alguien nos permite sentir su dolor. Pero eso no basta. También tenemos que entender cómo dota de significado su experiencia, en base a cómo ve el mundo, porque será esto lo que acabará influyendo en cómo se conduce en ese mundo.

Así es justamente como debemos examinar a los consumidores, a los votantes y a cualquier otra comunidad de interés durante una netnografía para entender el significado impregnado en los textos culturales que intercambian los miembros de la tribu. A fin de cuentas, estamos analizando la cultura rápida para entender mejor la cultura lenta. Para hacerlo, debemos considerarnos a nosotros mismos —los investigadores— como el instrumento de investigación real para interpretar el significado cultural. John Sherry, antropólogo y profesor de marketing en la Universidad de Notre Dame, se refirió al investigador como «el instrumento olvidado», subrayando con ello la necesidad de que el propio investigador estuviera versado en los matices culturales de los temas que investiga. Por supuesto, para ello se requiere un nivel tremendo de intimidad cultural y de empatía. Gillian Tett, antropóloga y periodista del *Financial Times*, subrayó esta idea instando a los investigadores a hallar lo familiar en lo extraño y lo extraño en lo familiar en aras de dejar a un lado sus sesgos y contemplar el mundo a través de los ojos de otros.

Si recordamos la descripción del capítulo 2, la cultura es el sistema realizado de creación de significado: vemos y traducimos el mundo a través de la lente de la cultura. La cultura y la generación de significado están intrínsecamente conectadas, como los hilos entretejidos de un jersey. Damos por ciertas algunas verdades sobre el mundo, y las ideologías que construimos son las historias que nos contamos acerca de cómo funciona y qué significan las cosas. El filósofo alemán Martin Heidegger habla de una humanidad «arrojada» a un mundo que no se explica a sí mismo. De ahí que nosotros (la humanidad) nos contemos y les contemos a los demás historias para dotar de sentido el mundo que nos rodea. Cuando la historia que cuenta una marca (su mensaje o evangelio) no coincide con la nuestra, solemos rechazarlas ambas, marca e historia. De ahí que para lograr la congruencia de significado y movilizar a las personas debamos entender las lentes culturales a través de las cuales el colectivo crea significado. Este nivel de comprensión solo es posible cuando se mira el mundo desde la perspectiva de los demás.

Cuando observo a las personas participar en sus prácticas culturales, me formulo tres preguntas antes de inferir una conclusión acerca de lo que está ocurriendo. La primera es: «¿Por qué?». ¿Por qué se comportan así o por qué ven las cosas de una manera concreta? Cuando te preguntas por qué, la respuesta suele hacer aflorar tus sesgos relativos a lo que piensas de los demás. Es importante que salgan a la superficie para poder superarlos. Para dejar atrás tus sesgos, piensa en formularte la segunda pregunta: «¿Qué?». ¿Qué sienten estas personas que las incita a actuar así o a interpretar las cosas de un determinado modo? Esto te ayudará a alejarte de ti y meterte en su piel. Y, por último, pregúntate: «¿Cómo?». ¿Cómo se ven en la historia de la vida? ¿Cómo ven el mundo que las rodea? No se trata de hechos, sino de percepciones. Esto te ayudará a contemplar el mundo a través de sus ojos. No tienes por qué estar de acuerdo con su interpretación. La empatía no va de eso. El objetivo es entenderlo, porque, cuanto mejor lo entiendas, mejor equipado estarás para aprovecharlo.

En julio de 2016, Netflix estrenó su serie de terror de ciencia ficción *Stranger Things*, acerca de un grupo de chavales que se disponen a desvelar diversos misterios relacionados con una serie de hechos sobrenaturales que acontecen cuando una de sus amigas desaparece. La serie está ambientada en la población ficticia de Hawkins, Indiana, en la década de 1980, y los directores creativos, Matt y Russ Duffer, prestaron suma atención a los detalles para asegurarse de que esta serie inspirada en los años ochenta evocara toda la nostalgia de aquella época. Desde *Los Goonies* hasta *Cuenta conmigo*, *Dragones y mazmorras* y *Cazafantasmas*, los años ochenta eran prácticamente otro miembro del elenco de *Stranger Things*. Entre los artefactos culturales de los ochenta figuraban marcas como las chaquetas Members Only, las bicicletas Schwinn y los gofres Eggo. De hecho, los gofres Eggo no eran una mera colocación publicitaria de producto, sino los dulces preferidos de uno de los personajes protagonistas más queridos de la serie, Eleven. Eleven adoraba tanto aquella marca que otro de los protagonistas, Mike, solía regalarle paquetes de aquellos gofres, dejándolos ante su puerta en señal de afecto... y resulta que la gente de Eggo no tenía ni idea de todo ello hasta que se emitió la primera temporada.

Para sorpresa de los directores de marketing de Eggo, la popularidad de la serie comportó un aumento de las ventas de gofres, lo cual alentó a la marca a patrocinar el anuncio de la segunda temporada de *Stranger Things*, que se estrenó durante la Super Bowl de 2017. Como ocurrió tras el lanzamiento de la primera temporada, Eggo registró un incremento de las ventas con el estreno de la segunda, pero no en el grado esperado. *Stranger Things* se había convertido en un fenómeno mundial, motivo por el cual la marca había previsto tener un mayor impacto con el patrocinio oficial, y no fue eso lo que ocurrió. Eggo tenía que hacer algo más que «publicidad» para beneficiarse de la ola cultural creada por *Stranger Things*. No le bastaba con crear un anuncio, tendría que crear una producción cultural.

Teniendo esto en mente, Eggo se propuso concebir una experiencia que emocionara a los fans de *Stranger Things* ante el estreno de la tercera temporada y también con respecto a su propia marca. Sin embargo, en esta ocasión, Eggo no tenía una relación oficial con Netflix y, en consecuencia, no tenía autorización para usar la propiedad intelectual de *Stranger Things*, a diferencia de otras marcas, como Burger King, Baskin-Robbins y Coca-Cola, que pagaron una pequeña fortuna por formar parte de la serie y hacer caja con su éxito. Amani Brown, a la sazón gerente de marca de Eggo (y un viejo amigo mío) conocía mi trabajo y contactó conmigo para que ayudara a la empresa a conectar con los fans de la serie y la cultura asociada con ella.

Yo había visto las dos temporadas de *Stranger Things* y la había recomendado muchas veces. Pero no me consideraba un forofo. Para los fans, el centro de su devoción es sagrado y suelen engendrar una comunidad subcultural con otras personas que comparten su entusiasmo. Aunque a mi equipo y a mí nos encantaba la serie, no reuníamos los criterios de los verdaderos fans, lo cual implicaba que teníamos que aproximarnos mucho más a estos para entender quiénes eran y qué enganchaba a la comunidad. De los muchos lugares donde esta comunidad se reunía y conversaba, Reddit parecía el más adecuado para observarlos. Con esta idea en mente, identificamos todos los *subreddits* relacionados con *Stranger Things* en la plataforma Reddit y consignamos los otros *subreddits* que los miembros de esta comunidad compartían para desvelar los entresijos de la tribu. No nos sorprendió averiguar que los fans más incondicionales de *Stranger Things* también eran seguidores acérrimos de series de HBO como el drama de ciencia ficción *Juego de tronos* o la siniestra serie de Netflix *Black Mirror*. En cambio, lo que no sabíamos era que estas personas no solo devoraban la serie, sino que, además, se comportaban como sabuesos, como pequeños detectives que analizaban los capítulos, fotograma a fotograma, para encontrar todos los huevos de Pascua y significados ocultos. Eran capaces de hacer referencia a una escena de la segunda temporada, del episodio nueve —minuto 26, segundo 13— y conectarla con la temporada uno, episodio siete, para predecir lo que podía ocurrir en la tercera temporada. Esta capacidad demuestra la implicación de un miembro de la comunidad como fan, proporcionándole lo que el sociólogo Pierre Bourdieu denominó «capital cultural personificado», es decir, los activos que ayudan a promocionar la movilidad en el seno de una sociedad. Cuanto mejor se te dé unir las piezas más clarividente pareces y más capital cultural adquieres. Esta constatación acerca de la tribu desbloqueó una oportunidad interesante que Eggo podía aprovechar para activar a la comunidad haciendo una aportación.

Decidimos empezar en Hawkins. No el Hawkins ficticio de la serie, sino en los once Hawkins reales que existen en Norteamérica, como las poblaciones de Georgia y Wisconsin. Extrajimos imágenes de Google Earth de esas localizaciones y las filtramos por Photoshop para convertirlas en paisajes donde había instaladas vallas publicitarias retro de Eggo de los años ochenta, con la característica gota de sangre que le mana de la nariz al personaje de Eleven chorreando de la «E» del logotipo de Eggo. Luego distribuimos las imágenes en Facebook, Twitter e Instagram. Junto con aquellas falsas vallas publicitarias, incluimos un mensaje críptico: «*Strange things are coming*» («Se acercan cosas extrañas»), conscientes de que los seguidores acérrimos de *Stranger Things* lo captarían y atarían cabos como buenos sabuesos que son.

Y eso hicieron, lo cual suscitó un debate entre la comunidad en el que sus integrantes, de manera colectiva, empezaron a dotar de significado a aquellas imágenes publicadas orgánicamente. Las imágenes de las vallas publicitarias se abrieron camino en Reddit, donde los seguidores de *Stranger Things* son más fanáticos y perspicaces. Aquellos anuncios crípticos fueron bien recibidos entre la comunidad de fans de Reddit, donde obtuvieron treinta y cinco veces más votos positivos que cualquier contenido de las campañas patrocinadoras de *Stranger Things* de Coca-Cola, Nike, Baskin-Robbins o Burger King. Con un público cautivo entre la tribu, a continuación colocamos «Easter Eggos»* en lo que parecían ser anuncios ochenteros de la marca caídos en el olvido que invitaban a los fans de *Stranger Things* a adentrarse en el Eggoverso en Instagram para saciar su sed de sabuesos. Una vez que un fan encontró un Easter Eggo, ese llevó a otro, que llevó a otro, y otro más, hasta que los fans consiguieron sus insignias de honor por llegar al final.

En total, la campaña generó un aumento de seguidores en Instagram del 6.000 por ciento, una tasa de interacción del 11 por ciento y más de 500.000 interacciones de fans. Pero lo más importante es que ayudó a consolidar el lugar

* Juego de palabras intraducible con *Easter Eggs*, huevos de Pascua. Serían «gofres de Pascua». *(N. de la t.)*

que Eggo merecía por derecho propio entre los seguidores de la serie y comportó un incremento de un 30 por ciento en las ventas de Eggo en Kroger y Walmart, cifra muy superior a los aumentos de las temporadas previas. Esto no habría sido posible de no habernos zambullido en el universo de los fanáticos de *Stranger Things* para ver el mundo como ellos lo veían. Para ellos, el mundo está lleno de misterios, y valoran mucho la capacidad de resolverlos. Entender este aspecto acerca de quiénes son brindó a la marca la oportunidad de conectar con la comunidad de un modo significativo.

Ese es el poder de la perspectiva y la creación de significado colectivas. La gente con una identidad afín a una comunidad actúa en sintonía con las características culturales de esta porque ven el mundo de manera similar. Cuando un director o un líder tienen un hondo conocimiento de la visión del mundo de la comunidad y de sus características culturales, tiene muchas posibilidades de conseguir que esas personas se movilicen. Este tipo de comunidades existen para series televisivas, músicos, productos corporativos, equipos de deporte y prácticamente todo lo que se te ocurra. Esta asociación no es solo una lealtad a un equipo; es una afiliación tribal a la que atribuimos nuestra identidad y, en consecuencia, suscribimos las creencias, ideologías, artefactos, comportamientos y el lenguaje de la comunidad. Estas tribus nos ayudan a proyectar quiénes somos y a encontrar a personas que son «como nosotros» mediante el intercambio de un producto cultural.

Muy arraigada en la cultura de los patinadores o *skaters*, la marca de ropa neoyorquina Supreme se ha convertido en una potente marca a escala mundial con una identidad fundamentada en el estilo, la rebelión y la autenticidad. Supreme es la marca preferida de los entusiastas del *streetwear*, la gente que sigue con avidez las tendencias y colecciona ropa, zapatos y zapatillas deportivas y accesorios supuestamente en la vanguardia de lo que se considera o considerará guay. Estas personas están dispuestas a pagar una prima significativa por lucir el logo de Supreme en una prenda de ropa o un artefacto visible. Consciente de ello, Supreme se inspira en el mundo del arte y crea ediciones limitadas de sus productos, que pone a la venta en línea hasta agotar existencias por orden de llegada.

En el mundo de los entusiastas del *streetwear*, esto se conoce con el término inglés de *drop*, 'goteo'. De acuerdo con un portavoz de la marca, el tráfico en su sitio web puede aumentar hasta un 16.800 por ciento el día en que lanzan un producto. Según la plataforma de análisis de tendencias LSN, «marcas como Supreme dominan la técnica de lanzar productos por goteo, mediante la cual provocan a los consumidores a hacer compras impulsivas que no harían si no tuvieran presente que es "ahora o nunca"». Estos lanzamientos por goteo son el mecanismo que propicia el escenario FOMO (siglas en inglés de «miedo a quedar excluido») en las mentes de los seguidores de la moda y, aunque yo no me considero uno de ellos, uno de esos *drops* sí captó mi atención y creó un torbellino para mi cliente, Farmland.

En agosto de 2018, Supreme preparaba su último lanzamiento de productos nuevos mientras los fanáticos de la moda callejera esperaban conteniendo el aliento. Entre este colectivo de consumidores ansiosos se encontraba Nick Navetta, un joven de veintitantos que sentía pasión por las zapatillas modernas *cool* y la moda callejera y que había frecuentado los lanzamientos por goteo de Supreme en el pasado. Nada indicaba que aquel *drop* en concreto fuera a ser diferente para Nick. Quizá fuera uno de los pocos afortunados en comprar una camiseta antes de que se agotaran las existencias, cosa que acostumbraba a pasar a los pocos minutos de lanzar los productos. Pero, por lo demás, aquel día no se preveía ninguna novedad. Nick estaba sentado en su cubículo en Doner, una agencia de publicidad de Detroit que ofrece servicios integrales donde trabajaba como estratega de medios sociales, esperando al lanzamiento. Poco podía imaginarse que su caro hábito de comprar *drops* iba a tener recompensas en su trabajo cotidiano.

Una vez que los productos se hicieron públicos, Nick notó algo extrañamente familiar en un artículo en concreto, una gorra de béisbol. La gorra con visera de cinco paneles mostraba el logo de nuestro cliente, Farmland (un fabricante de productos de cerdo), en el panel central. Sin embargo, en lugar de la palabra «Farmland» sobre el fondo del horizonte del logotipo, el nombre de la marca se había sustituido por «Supreme». Nick se quedó atónito y fue corriendo a ver a la directora creativa de la cuenta para hacérselo saber. Ajena al peso gravitacional cultural de Supreme, la directora creativa se lo quitó de encima y le sugirió que pusiera en conocimiento del cliente que alguien estaba infringiendo el uso de su propiedad intelectual. Ni siquiera vio el potencial de la oportunidad cultural que tenía delante de ella, de manera que Nick vino a verme.

Como director de relaciones con el consumidor en Doner, yo dirigía un departamento de expertos en marketing interdisciplinares que, de manera colectiva, aprovechaban datos, una honda comprensión de las ciencias conductuales y una proximidad íntima con la cultura para ayudar a las marcas a crear campañas publicitarias que motivaran al público a consumir. Aquella situación con Supreme era justo el tipo de cosas que mi departamento debía abordar, y Nick sabía que yo era el indicado para echar la bola a rodar. Cuando me puso al corriente de la situación, con apenas unas pinceladas, mis primeras palabras fueron «esto es lo mejor que le ha pasado nunca a Farmland. ¡Tenemos que sacarle partido!». Hice sonar la alarma para convocar al resto de los directivos de la agencia, les transmití lo importante que era aquel momento para nuestros clientes y para la agencia, y el equipo se puso manos a la obra.

Aunque se trataba de un territorio nuevo para Farmland, no era el primer delito que cometía Supreme. La marca tenía un largo historial de utilizar ilegalmente propiedad intelectual de terceros. De hecho, el propio logotipo de Supreme es un robo de la obra de la artista Barbara Kruger. Kruger trabajaba como diseñadora gráfica en los años setenta cuando usó por primera vez la tipografía Futura y la juntó con fotografías instantáneas de la vida de los consumidores que traslucían cuáles eran las motivaciones de la gente e inspiraron su célebre obra: «I Shop Therefore I Am», «Compro, luego existo». Supreme se apropió de toda su estética de diseño y la hizo suya. En estos casos, la víctima de las libertades que Supreme se tomaba con la propiedad intelectual tenía esencialmente tres opciones: (1) tomar medidas por vía de cese y desistimiento; (2) no hacer nada y seguir adelante, o (3) suscitar un debate cultural, que es justamente lo que hicimos nosotros.

Primero respondimos con un tuit momentos después de detectar el delito, diciendo: «Eh, @Supreme, ese logo nos resulta superfamiliar. Hemos llegado tarde a la venta, ¿creéis que nos podríais enviar unas cuantas? #FARMLANDxSUPREME». Menos de veinticuatro horas después de publicarlo, el tuit acumulaba más de 13.000 me gusta, más de 200 respuestas y 4.000 retuits, un repunte notable para una marca que rara vez tiene más de diez interacciones por publicación. Los *influencers* de la comunidad de la moda urbana se sumaron a la conversación: «Un movimiento con clase, Farmland». Farmland obtuvo más de diez millones de impresiones en sus distintas cuentas, con participaciones incluso del actor Seth Rogen y el *influencer* de YouTube Casey Neistat. El impacto se percibió incluso en el «mercado de stocks» StockX, con un notable aumento en las ventas de segunda mano... a 44 dólares por gorra, la demanda de este artículo hizo ascender los precios de partida a 149 dólares, según los datos de ventas indicados por el sitio web.

A continuación, dimos un paso más y creamos un catálogo distinto de todo, cronometrado con el siguiente lanzamiento *drop* de Supreme y con los modelos perfectos: nuestros granjeros. El catálogo contenía fotografías brillantes de alta calidad de viejos granjeros con la piel castigada por el sol perfectamente engalanados en la nueva ropa Supreme con el logotipo de Farmland, con un estilo coordinado de manera impecable con artículos de temporadas previas. Imagina a tu abuelo de pie en un granero con una sudadera con el logotipo de Supreme en un recuadro fluorescente, con una gorra de béisbol de denim y visera plana y con vaqueros, y te harás una idea del tema del catálogo. La yuxtaposición de granjeros viejos y moda urbana contemporánea hizo que internet estallara, sobre todo entre los fanáticos de la moda. Nuestra respuesta obtuvo 1,4 millones de retuits, un aumento del 20 por ciento del tráfico de búsqueda y del 736 por ciento en conversaciones en línea. La prensa lo devoró. Nuestro catálogo apareció en la portada de todas las principales publicaciones publicitarias y tuvo cobertura en sitios web culturales como *Complex*, *Fader* y *Esquire*.

Lo que más me gustó de aquella campaña fue que era muy auténtica, honesta. Supreme hizo lo que suele hacer, adueñarse de propiedad intelectual para crear productos codiciados. Farmland hizo lo que suele hacer, trabajar con granjeros. Y nosotros, como agencia, hicimos lo que hacen los buenos publicistas: imaginar una manera de crear catalizadores culturales que suscitaran conversaciones y, en última instancia, conseguir que la gente reaccionara.

¿Cómo es posible que algo tan «poco sexi» como un productor de carne de cerdo causara tanta sensación en la cultura de esta congregación? La respuesta es muy sencilla: para impactar en la cultura, hay que operar a la velocidad cambiante de la cultura, entendiendo bien los hechos sociales que gobiernan a una comunidad. Nuestra intención no era que Farmland pareciera una empresa moderna, porque con eso solo habríamos logrado un rechazo frontal de los fanáticos de la moda, que acostumbran a ser muy selectivos acerca de las marcas que aspiran a hacerse un hueco en ese mundo. De hecho, hicimos justo lo contrario. Invocamos el espíritu del «no te metas con nosotros» de la cultura de los *skaters* que había dado origen a Supreme y demostramos un profundo entendimiento de la cultura de los fans de la moda con el estilismo de nuestros granjeros. Esto nos dio licencia para participar en su cultura contribuyendo a ella con un catalizador que los unió a través del discurso. No creamos un anuncio; creamos un producto cultural, un medio para que los miembros de la comunidad expresen sus afinidades culturales. Intervenir en nuestra respuesta a Supreme permitió a los miembros de la comunidad proyectar su identidad y demostrar «lo supermodernos» que eran, incrementando los intercambios de ida y vuelta que ayudan a generar comunidad.

Tuvimos suerte con la campaña de Farmland x Supreme gracias a la proximidad de Nick con esta cultura. Su entendimiento íntimo de sus características matizadas y su participación en la cultura le permitieron atrapar el instante. Sin embargo, métodos de investigación como las etnografías y las netnografías nos proporcionan maneras de observar sistemáticamente acontecimientos culturales y entender estos matices por nosotros mismos para crear el tipo de producto cultural que hace que la gente se mueva. Más aún, podemos no limitarnos a reaccionar a los comportamientos de los productores culturales —como las marcas de moda, los artistas y los famosos— y, en lugar de ello, apoyarnos en la propia tribu conectada en red para crear los objetos —anuncios, productos corporativos, artefactos, etc.— que sus miembros pueden utilizar para generar material cultural. Desde los pósteres de Barack Obama de 2008 «Hope» («Esperanza») hasta las gorras de MAGA de Donald Trump, los letreros en jardines en defensa del movimiento Black Lives Matter o los brazaletes de Lance Armstrong Livestrong, nosotros también podemos crear de manera proactiva productos culturales que actúan como símbolos de identidad e inspiran a las personas a actuar escuchando a la comunidad y entendiendo lo que la activa.

De reactivo a proactivo

Desde su fundación en 1955, McDonald's se ha convertido en una de las marcas más reconocidas del mundo. Su ubicuidad prácticamente asentó el sector de la comida rápida e hizo que conquistara los corazones de los estadounidenses como un destino feliz. De niño, pocas cosas me ponían más contento que cenar comida del McDonald's o parar bajo su M dorada cuando íbamos de excursión en coche toda la familia. El equipo de baloncesto de nuestra escuela primaria celebraba las victorias en McDonald's (una mención especial para el McDonald's del Jim Thower en Mack y en la I-75 en Detroit, Míchigan), las excursiones escolares solían hacer paradas para repostar en McDonald's y algunos niños celebraban su cumpleaños en los parques recreativos de la cadena. Incluso cuando me gradué de los Happy Meals y pasé al combo del Cuarto de Libra, McDonald's siguió pareciéndome un pedacito de cielo. Por supuesto, no soy el único que atesora estas experiencias. Seguramente, mientras lees estas líneas estés recordando algunos de tus momentos personales en un McDonald's y te invada una ola de nostalgia al retroceder en el tiempo, como un DeLorean cognitivo. Huelga decir que McDonald's era un lugar especial para muchos de nosotros. Pero ese sentimiento empezó a desvanecerse en 2004 a causa de una película de bajo presupuesto titulada *Super Size Me*.

Super Size Me era un documental creado por el cineasta debutante Morgan Spurlock, que filmó su experiencia comiendo en McDonald's tres veces al día durante treinta días. De acuerdo con la película, Spurlock engordó once kilos, su nivel de colesterol aumentó y se dañó el hígado. Cabe aclarar, no obstante, que la veracidad de estos resultados se ha puesto en tela de juicio porque Spurlock no elaboró un registro de la comida consumida que sustanciara los resultados de su experimento. Aun así, el relato se alineaba con la concienciación general entre la ciudadanía de que la obesidad se estaba propagando en Estados Unidos, así como con una demanda judicial contra McDonald's presentada por dos adolescentes, Ashley Pelman y Jazlyn Bradley, que acusaban a la cadena de haberlas convertido en obesas. *Super Size Me* partió de una idea y la hizo tangible para que el mundo la contemplara con sus propios ojos, y para que la gente la difundiera, dotándola de un relato.

Según el cirujano general de Estados Unidos,* la obesidad era una epidemia que plagaba el país, la comida rápida era el patógeno y McDonald's —el principal actor en esta categoría— era el huésped perfecto. La película de Spurlock posicionó a McDonald's como el villano de la epidemia de la obesidad y, en consecuencia, la afinidad de los estadounidenses con la marca se esfumó, lo cual derivó en un declive del tráfico por sus restaurantes y de las ventas año tras año. Este descenso se prolongó durante el resto de la década y hasta finales de la de 2010. Las perspectivas a comienzos de 2019 tampoco se antojaban prometedoras para la marca, y fue entonces cuando nuestra agencia, Wieden+Kennedy New York, entró en juego.

Durante años, McDonald's había estado combatiendo el odio procedente de todos los flancos, de la prensa, del público y, aparentemente, de cualquiera entre medio, pero esa lucha no parecía tener fin. La marca se convirtió en sinónimo

* El cirujano general de Estados Unidos es el jefe operativo del Cuerpo Comisionado del Servicio de Salud Pública del país (PHSCC). *(N. del e.)*

de comida rápida, evidentemente, y en la diana de los críticos de la mala salud, todo lo cual demostró ser una propuesta perdedora para McDonald's. Con la esperanza de contener el odio de sus detractores, McDonald's probó a lanzar nuevas campañas de marketing que proporcionaran transparencia acerca de la procedencia y elaboración de sus productos, además de actualizar su menú con opciones más saludables, como ensaladas. Pero los resultados no mejoraron con respecto a los años previos. La situación pintaba mal, por decirlo suavemente, pero había una verdad que a la marca se le había pasado por alto: aunque generaba mucho odio, McDonald's suscitaba mucho más amor. A pesar de toda la villanización y escarnio público, decenas de millones de personas comen en McDonald's cada día del año. Y eso es mucho amor. De manera que ¿por qué no poner el foco en ellas? ¿No es mejor concentrarse en las personas que nos quieren que en las que nos odian? ¿Por qué no dirigir las campañas a los fans? Eso fue justamente lo que hicimos. Nos asociamos con McDonald's para crear una plataforma que cambió el modo de la marca de presentarse al mundo y que, en consecuencia, inspiró a montones de personas a actuar. Todo empezó con lo que denominamos «verdades de los fans».

El grupo de abordaje de la campaña en Wieden se componía de un elenco rotativo de expertos brillantes, pero su núcleo lo integraban Neal Arthur (el entonces director gerente), Karl Lieberman (el entonces director creativo ejecutivo), Dan Hill (responsable de estrategia, mi predecesor), Jacq Steele (el entonces responsable de nuevos negocios) y Jac Crowley (el entonces director creativo). Juntos, revelaron a McDonald's que, de la misma manera que los seguidores de *Stranger Things*, los miembros de la comunidad de la moda urbana y cualquier otra tribu conectada en red, en realidad, las personas fieles a McDonald's comparten un conjunto de características culturales que se han acordado colectivamente y se han construido a través del diálogo y la observación social. Entender estas «verdades de los fans» —los hechos sociales de los seguidores de McDonald's— nos ayudaría a conectar con los fans a su mismo nivel, así que teníamos que aproximarnos a ellos.

Por suerte para nosotros, recientemente habíamos contratado a una neófita en la publicidad, Genet Klasek, que se había pasado años realizando investigación de campo para oenegés en Kenia, Uganda y Tanzania. Genet es la clase de persona a quien podrías lanzar en medio de la nada y no solo encontraría una manera de salir, sino que haría diez buenos amigos en el camino. Era la persona ideal para ayudarnos a detectar los matices del público fiel a McDonald's. De manera que ella y Tass Tsitsopoulos (el entonces director de estrategia de marca en Wieden+Kennedy) se lanzaron en un viaje por carretera por el corazón de Estados Unidos —Illinois, Wisconsin, Indiana, Kentucky, Alabama y Georgia— para llevar a cabo una etnografía hablando con gente real con la esperanza de desvelar «sus verdades».

Visitaron 8 ciudades y 25 pueblos en una franja de más de 2.000 kilómetros y hablaron con 60 personas mientras se tomaban 14 McCafés, 140 McNuggets de pollo, 1.100 patatas fritas, 3 McFish, 4 Combos Cuarto de Libra (2 Deluxe, 1 sin pan), 2 Big Macs y 3 Mc-Flurries (cuando la máquina funcionaba). Su investigación permitió elaborar una biblia única que documentaba una serie de creencias, artefactos, rituales de comportamiento y lenguaje que define al público fiel a McDonald's: *El libro de verdades de los fans.*

He aquí algunas verdades que pueden sonar familiares: (1) tu amigo te cogerá alguna patata, aunque te haya dicho que no le apetecen, (2) pedir agua del grifo y luego llenarte el vaso de refresco es un acto de vivir al filo, y (3) ¿quién no se come el queso que queda adherido al envoltorio? De las muchas verdades que reveló el equipo, quizá mi favorita sea que, pese a las innumerables veces que has ido a un McDonald's, cuando llegas al mostrador y tienes que hacer el pedido, siempre empieces con un «¿Me pones un...?» y tengas que pensártelo. Me encanta porque es una verdad incontestable, y eso tiene un atractivo innegable.

Cuando las verdades acerca de las prácticas culturales se identifican y se revelan a los miembros de la comunidad (ya sean formales o tácitas), sienten que los ven, sobre todo cuando estas prácticas son tan subconscientes que se dan sin que los propios miembros se den cuenta. Es como el momento en el que la que a la sazón era mi novia y hoy es mi esposa detectaba uno de mis hábitos y me preguntaba: «¿Te has dado cuenta de que haces tal o cual?». Y yo pensaba: «¿De verdad hago eso? ¡Ostras, y tanto que lo hago! Caray, ¿cómo se habrá dado cuenta?». Y en ese instante sentía que estábamos más unidos, porque era consciente de la intimidad que se precisa para entender mis idiosincrasias con tantos matices.

Este tipo de revelación puede despertar nuestro afecto porque tenemos la sensación de que alguien «nos entiende». De la misma manera que el cómico observa, entiende y devuelve la información, el profesional del marketing observa los fenómenos sociales, descifra los códigos culturales y genera las señales pertinentes a través del producto cultural que pone en circulación. Si eres un parroquiano de McDonald's, al leer estas verdades habrás pensado: «¡Es verdad!» y te habrás aproximado un poco más. En Wieden+Kennedy solemos decir: «En lo específico hallamos lo universal». La verdad acerca de las prácticas culturales de una tribu tiene una atracción gravitacional que reverbera en toda la congregación en general, y en los conversos potenciales, como una cascada que impulsa el crecimiento de la comunidad. Ese es el poder de la verdad.

Hecho: si reunieras a cien desconocidos de todo el país y les preguntaras qué tienen en común, más allá de la biología, las posibilidades de que todos ellos hubiesen comido en un McDonald's se situarían en torno al 99,99 por ciento. En el raro caso en que alguien informe de lo contrario, seguramente lo miraríamos incrédulos. Porque, a ver, ¿quién no ha pisado nunca un McDonald's? Es el gran democratizador. Al margen del debate público en torno a la marca, todos hemos comido ahí. ¿A que sí? De hecho, probablemente todos tengamos una opción favorita; la mía es el menú de hamburguesa doble con queso y pepinillo extra y Hi-C Orange de bebida. Eso solo, en sí mismo, es una verdad de los fans: todos tenemos una opción preferida. Por más importante o famoso que se sea, eso es así. Y con esta verdad de los fans en mente, lanzamos un anuncio en la Super Bowl dirigido directamente al público fiel a McDonald's, destacando el menú preferido de celebridades como Kim Kardashian, que unta sus *nuggets* de pollo en miel; Magic Johnson, que come McFish; Joe Montana, que pide Cuarto de Libra, y Whoopi Goldberg, forofa de los Big Mac, entre otros. La reacción al anuncio fue abrumadora. El público se lanzó a las redes sociales a manifestar cuál era su producto preferido y a debatir el mérito de las opciones predilectas de otras personas, incluidos los famosos del anuncio. Nuestro anuncio de «Pedidos famosos» tuvo un efecto democratizador en las personas. Ver que algunas de las mayores superestrellas del mundo podrían compartir perfectamente tu pedido hizo que la gente se sintiera conectada y, en consecuencia, que sintieran McDonald's como algo comunitario.

Tal como lo describió Brandon Henderson, director creativo ejecutivo de Wieden+Kennedy, «las reacciones fueron una locura, gente defendiendo lo que otra gente elegía para comer. Al revisar el éxito de la campaña de "Pedidos famosos" nos dijimos: "Parece que aquí hay algo más"». Nuestro cliente, McDonald's, notó la energía cinética que estaba cuajando. De manera que dimos un paso más y nos asociamos con celebridades para convertir su pedido preferido en opciones reales del menú que podían adquirirse durante un tiempo limitado. No buscábamos famosos que comieran en McDonald's, porque, básicamente, todos lo hacemos. Lo que buscábamos era auténticos fans de McDonald's a quienes no les avergonzara serlo. El tipo de fan cuyo menú no era un menú cualquiera, sino que contenía algo único. Jennifer «JJ» Healan, vicepresidenta de contenido de la marca y fidelización del público en McDonald's Estados Unidos, nos recordó: «Eso es lo que hace esta idea verdaderamente única, el toque especial en cada pedido que hace que sea exclusivo de cada uno de nuestros socios».

Nuestro primer socio fue Travis Scott, un hiphopero y genio creativo criado en Houston cuyo impacto en las comunidades del rap y la moda urbana no debe subestimarse. Aunque es posible que no sea tan «popular» como Jay-Z o un nombre tan familiar como Eminem, su influencia no tenía parangón. Además, una famosa foto de 2019 de Travis

Scott comiendo comida de McDonald's en el alerón de su Bugatti nos dijo que era el candidato ideal. Su pedido era el mismo que había sido en su ciudad natal de Houston, Texas: Cuarto de Libra con queso, extra de beicon y lechuga, patatas fritas, salsa barbacoa y un Sprite. Cualquiera podría haber hecho ese pedido en cualquier momento, pero, durante un tiempo limitado, podías pedir directamente el menú Cactus Jack, es decir, el menú preferido de Travis Scott. La genialidad de aquel menú era que el Cactus Jack podría haber sido perfectamente «el Marcus Collins», lo cual realzaba ese sentido de democratización entre el público fiel a McDonald's. Para acompañar los menús, lanzamos una colección de artefactos corporativos diseñados en exclusiva por el propio Travis, con una estética visual que conectaba con la nostalgia icónica de McDonald's y reflejaba la actitud audaz de la moda urbana actual.

Una vez lanzada la campaña se abrieron las compuertas... y fue tal que la demanda de aquel menú provocó una escasez de ternera, cebollas, lechuga e incluso Sprite en restaurantes McDonald's de todo Estados Unidos. Las ventas de la hamburguesa Cuarto de Libra se duplicaron en la primera semana y las ventas generales aumentaron un 10 por ciento en cuatro semanas, con un incremento de los ingresos de 50 millones de dólares. Incluso los analistas de Wall Street reconocieron el impacto de la campaña al ver que los precios de las acciones de McDonald's se disparaban por las nubes y la empresa sumaba 10.000 millones de dólares a su capitalización bursátil. El menú Cactus Jack estaba tan demandado que los fans robaron los carteles promocionales de dentro de las tiendas y revendieron los pósteres en eBay. Henderson estaba en lo cierto: era evidente que allí había algo más.

«Pedidos famosos» se convirtió en una idea continuada de la plataforma que celebraba pedidos característicos de famosos fieles de McDonald's. Tras el éxito de nuestra colaboración con Travis Scott, contactamos con el «Príncipe del Reggaeton», la superestrella de la música latina J Balvin, cuyo pedido por excelencia es un Big Mac sin pepinillo, patatas fritas medianas con kétchup y un Oreo McFlurry. Dimos continuidad a esta colaboración con otra asociación, en esta ocasión con el fenómeno del K-pop global BTS, y posteriormente vendría la nueva sensación del hiphop, la rapera Saweetie.

«Pedidos famosos» fue un éxito arrollador para McDonald's e inspiró imitaciones en otras marcas de comida rápida, como Burger King, que creó sus propias colaboraciones copiadas, pero sin contar con los fans. Conocer de verdad a los incondicionales de McDonald's fue el quid de la campaña «Pedidos famosos». Lo importante no era la celebridad en sí, sino que se centraba en la comunidad de fans. Aunque en la prensa especializada los «Pedidos famosos» se describían como «menús de celebridades», no era una descripción precisa. En palabras de Neal Arthur: «No se trataba de un menú de famosos, era un menú de la comunidad». Eran menús que conjugaban a los fans de McDonald's con los fans de famosos, y ese nexo lo facilitó la marca, porque conectó con los fans como si fuera uno más, interactuando desde la perspectiva de fan a fan, en lugar de aplicar la perspectiva de empresa-cliente.

A partir de entonces, los fans utilizaron el marketing de McDonald's (anuncios, opciones de menú, señalización y *merchandising*) como productos culturales para comunicar su identidad y encontrar a otras personas afines a su comunidad. Los psicólogos denominan este fenómeno «homofilia», la tendencia de las personas a conectar con personas afines. De manera colectiva, los incondicionales de McDonald's construyeron identidades comunitarias y como consumidores —a través de la atribución de significado, prácticas rituales y actitudes de los consumidores— mediante conversaciones en las redes sociales y la transmisión de imágenes, vídeos, memes y otros textos culturales. «Pedidos famosos» fue un impacto exógeno en el sistema que impulsó a la congregación de fans de McDonald's —y a todas las tribus que la componen— a actuar aprovechando la influencia generalizada de la cultura.

Es la verdad acerca de los fans de McDonald's lo que hizo que nuestro trabajo para la marca —en colaboración con su asombroso equipo de marketing— funcionara tan bien. Conocer íntimamente las verdades de los fans —es decir, los hechos sociales que constituyen las prácticas comunitarias de los clientes incondicionales de McDonald's— nos dotó de la capacidad de activarlos fomentando su pasión como fans. Como en el caso de Beyhive, nosotros no creamos la comunidad; lo que hizo el equipo fue ayudar a la comunidad a estrechar lazos aproximándose a ella. Observaron a sus miembros. Hablaron con ellos. Los escucharon. Y lo que es más importante, los entendieron o, más específicamente, entendieron cómo construía la tribu significado y ejercitaron su modo de comportarse como fans.

Aquello no iba sobre información; iba sobre intimidad. Fans, tribus, neotribus, comunidad, redes, culturas del consumo y el sinfín de nombres que existen definen una misma cosa: a personas. Y si quieres que las personas se movilicen, tienes que centrarte en ellas y en su propensión a conectar.

Estas conexiones, por supuesto, se alientan y refuerzan mediante las características culturales por las que se rigen esas personas. La adopción como parte de esas características culturales espolea el comportamiento colectivo e inspira a las personas a actuar.

Como hemos debatido en el capítulo 2, las primeras marcas establecidas sirvieron para que los consumidores pudieran diferenciar qué productos pertenecían a qué empresa. La marca corporativa servía como «marca legal» de propiedad. Con el paso de los años, los publicistas utilizaron las propuestas de valor y declaraciones de posicionamiento tomadas de la investigación psicológica para diferenciar sus productos de los de la competencia, gracias a lo cual las marcas pasaron de ser «marcas legales» a convertirse en «marcas de confianza», un mecanismo que eliminaba la incertidumbre para los consumidores. En este caso, la marca corporativa proporcionaba a los consumidores un sello de «buena administración interna» que les garantizaba que podía confiarse en que el producto desempeñaría su función. De este modo, el beneficio que ofrecía la marca era un sello de confianza. Tiempo después, los expertos en marketing harían su magia para evocar emociones entre los consumidores y conseguir elevar la marca de una relación transaccional, apuntalada en la confianza, a una relación basada en la afinidad y cimentada en el amor. Kevin Roberts, presidente y director ejecutivo de la agencia de publicidad Saatchi & Saatchi, se refirió oportunamente a estas marcas como «marcas amadas» o «marcas adoradas». Sin embargo, las marcas que predominan en la cultura (y, en consecuencia, en el comercio) actual han acabado evolucionando a «marcas identitarias», las marcas que usamos para comunicar quiénes somos, en qué creemos y dónde residimos dentro del mundo social estratificado. Estos significantes, como Apple, Supreme, Nike, Carhartt, Ben & Jerry's, Patagonia o incluso Bernie Bros, MAGA y QAnon, no son meras marcas legales, marcas de confianza o marcas amadas. Son señales de identidad que las personas usan para proyectarse al mundo en base al significado y las asociaciones ideológicas que llevan adscritas, y su congruencia con las personas que las consumen. En la literatura esto se describe como la teoría del concepto de uno mismo, que sostiene que las personas compran marcas que son coherentes, potencian o en cierto sentido encajan bien con la concepción que tienen de ellas mismas.

Este fenómeno seguramente impulsará la próxima evolución de la marca comercial o, si se me permite, su futuro: la idea de la marca comercial como una «marca tribal». Naturalmente, las marcas que la gente utiliza para comunicar su identidad están maduras para pasar de ser «marcas identitarias» a ser «marcas tribales» fomentando y apoyando a la gente que suscribe su ideología. No hace falta una bola de cristal para predecirlo: está escrito en las paredes. Las instituciones más asentadas del mundo —el Gobierno, el Ejército y la religión— lo han entendido desde el principio de los tiempos, y han aprovechado la cultura de la tribu para mantener la implicación de sus miembros e impulsar una conducta colectiva entre ellos. No estamos en un estado de políticas basadas en la identidad. Estamos luchando contra las políticas tribales, en las que personas se congregan y actúan de forma coordinada con otras parecidas a ellas.

En esencia, la idea de que la gente se adhiera a comunidades en base a unos intereses y a una actividad de consumo compartidos no es un fenómeno nuevo. Hace tiempo que la gente se congrega en grupos que comparten características culturales similares, todos dentro del contexto del comercio; pensemos en los H.O.G., los Trekkies, los fanáticos de las zapatillas deportivas, la comunidad del hiphop, las Beyhive, los Swifties o incluso los fans de la película *Crepúsculo*, que llegó a dividir al público entre quienes estaban en el «equipo de Edward» y los que estaban en el «equipo de Jacob». Son ejemplos de comportamiento humano por excelencia; al fin y al cabo, somos animales sociales. No obstante, la diferencia hoy es que las tecnologías contemporáneas como las redes sociales —e incluso las que aún están por llegar, como los *tokens* no fungibles (NFT, por sus siglas en inglés) y otras tecnologías de la Web 3.0— brindan más oportunidades de traducir en acciones el comportamiento humano intrínseco.

A diferencia de Jack Dorsey, que hace predicciones acerca del futuro, yo no me considero tan clarividente. No tengo bolas de cristal a mi disposición que me permitan ver lo que nos aguarda, pero el futuro está muy claro: las marcas, empresas, organizaciones y entidades serán las que activarán a sus tribus. De la misma manera, el futuro de los NFT está intrínsecamente relacionado con el futuro de las marcas porque funcionan como una validación concreta de la pertenencia a una tribu que permite a la marca potenciar la comunidad y la lealtad entre sus integrantes. En la superficie, este *token* otorga la propiedad de un activo digital único. Sin embargo, este símbolo de propiedad también proporciona acceso a algo mucho mayor. Como las monedas de oro que franquean la entrada al Hotel Continental de Nueva York del universo cinematográfico de John Wick, el *token* convierte a su dueño en miembro de una comunidad. Es, claramente, un artefacto cultural de autenticación que significa que eres «uno de nosotros», un guiño a la escena de Gooble Gobble en *La parada de los monstruos*. No hablamos de masas, sino de comunidades subculturales.

Y aquí es donde la cosa se pone verdaderamente interesante. La «T», en este caso, no es de *token*, sino que más bien se aplicaría a «tribu». Los NFT brindan a los expertos en marketing una tecnología que destaca la pertenencia a una tribu, lo cual permite a las marcas diseñar hojas de ruta que beneficien a sus propietarios. El activo real es inconsecuente en relación con las posibilidades derivadas de potenciar la comunidad, sobre todo para aquellas marcas u organizaciones que ya tienen asociaciones tribales, como Apple, el Ford F-150, Patagonia, los equipos deportivos, las oenegés o incluso algunos partidos políticos. Imaginemos un NFT de los Lakers que proporcione acceso a la cancha después de los partidos tanto si tienes localidades a pie de pista como en el gallinero. Mientras escribo estas líneas, Coachella acaba de anunciar un NFT coleccionable que da a los fans acceso a primera línea en Coachella de por vida. Las posibilidades son verdaderamente infinitas, no solo en cuanto a las ventajas en sí, sino al modo como marcas, artistas e instituciones activan a una tribu de personas que comparten su visión del mundo. Y esto no solo es una magnífica oportunidad para las marcas y los NFT, sino que definirá el futuro de las marcas a gran escala.

Los mejores «vendedores» del mundo son más conscientes de ello que la mayoría de las personas. Pero esos vendedores no llevan la palabra «marketing» en su título. Nada de eso. Más bien proceden del mundo de la política y aprovechan la influencia cultural de las tribus (sobre todo el Partido Republicano de Estados Unidos) para movilizar a la población... a votar, a adoptar y a villanizar un nuevo lenguaje (como la teoría crítica de la raza), a aceptar y defender una mentira (la del robo electoral de 2020 en el que insiste Trump) o a negarse a llevar mascarilla o a ponerse la vacuna contra la COVID-19, aunque ello les comporte la muerte.

No es ninguna exageración. Según una investigación de la National Public Radio (NPR) estadounidense, los condados en los que Trump obtuvo más del 60 por ciento de los votos en las elecciones presidenciales de 2020 registraron una tasa de mortalidad por COVID 2,73 veces superior a los que votaron por Biden. Aquellos condados con proporciones incluso superiores de votantes de Trump registraron tasas de mortalidad por COVID-19 aún más elevadas. ¿Por qué? Porque la norma cultural del Partido Republicano actual era rebelarse contra llevar mascarilla y vacunarse. Eso era lo que se esperaba de los integrantes de la tribu republicana. Una vez que la tribu adoptó estas prácticas culturales, ni siquiera el propio Donald Trump pudo cambiar su curso pese a ser el portavoz que predicaba el evangelio a la tribu. El evangelio debe ser congruente con la concepción del mundo que tiene la gente si quieres conectar con ella y hacer que actúe. Durante una gira pospresidencial con Bill O'Reilly, el periodista de Fox News a quien despidieron, Trump proclamó ante una muchedumbre de conservadores que deberían vacunarse para anotarse el crédito de la eficacia de la protección de las vacunas en pleno debate público acerca de estas. La multitud lo abucheó. La tribu había hablado.

Esto no es el futuro; esto está pasando hoy. Es célebre la cita de William Gibson: «El futuro ya está aquí, solo que no está bien distribuido». Esa es, precisamente, la ambición de este libro: proporcionar a todo el mundo la capacidad de enjaezar el poder de la cultura y aprovechar su influencia para movilizar a la gente. Sin embargo, para ello es preciso tener una conversación previa sobre responsabilidad, una idea que abordaré en el siguiente y último capítulo.

DE SABER POR QUÉ A SABER CÓMO

El mundo está en movimiento constante, todo cambia sin parar. La tecnología actual ha acelerado estos cambios de modos antaño inimaginables. La capacidad de las personas de conectar, aprender de los demás e influirse recíprocamente ha tenido un impacto significativo en la cultura y sus prácticas subsiguientes. Estas tecnologías también han creado tremendas oportunidades para que líderes empresariales y generadores de ideas observen y estudien la cultura de otras personas y su dinamismo con la esperanza de averiguar qué motiva a esas personas y cuál es la mejor manera de llegar a ellas. Hay muchos modos de hacerlo, pero estos son algunos consejos para empezar.

Normalmente acometo mi exploración de una nueva cultura intentando hacerme una idea del lenguaje y los intereses generales asociados con la comunidad. Para ello, utilizo la herramienta gratuita de búsqueda avanzada de Twitter, que te permite ajustar tus resultados de búsqueda en la red social en función de palabras, hashtags, personas, fechas y temas específicos. Habida cuenta de los millones y millones de conversaciones que tienen lugar en Twitter sobre un abanico de temas aparentemente infinito, la herramienta de búsqueda avanzada te permite acotar las conversaciones a las más relevantes para tu investigación. Yo suelo buscar por tema o hashtag. Así que, si quisieras investigar la cultura vegana, te recomendaría buscar por #vegan, #vegano o «hacerse vegano». Una vez que aparezcan los resultados, puedes empezar a filtrar los tuits por autor en orden cronológico para hacerte una idea de lo que se dice sobre el veganismo y qué otras cosas se mencionan en relación con él. Es posible que tengas que leer centenares de tuits antes de extraer temas generalizados relativos a la cultura vegana. Pero una vez que lo hagas, te harás una idea general de los temas de conversación en torno al tema, y estarás listo para el paso siguiente: Reddit.

Reddit puede ser una red un poco intimidatoria y algo difícil de navegar si no estás acostumbrado a usarla, pero no dejes que eso te desanime. Es un entorno rebosante de información cultural a la espera de que la extraigas. El objetivo de usar Reddit es observar a la comunidad practicar sus suscripciones culturales y «prestar oídos» a los debates entre sus integrantes mientras dan sentido al mundo de manera colectiva. Para empezar con este paso, busca subcanales o *subreddits* asociados a la comunidad que estás estudiando. Si son los veganos, encontrarás muchos *subreddits* que den el perfil, como «Vegano», «DietaBaseVegetal», «FitnessVegano» y «ComidaVeganaIrresistible» o «VeganFoodPorn». Haz clic en cada uno de estos *subred-*

dits y adéntrate en las conversaciones que mantienen los integrantes de la comunidad. Toma nota de algunos de los temas, del lenguaje y de aspectos relacionados que hayas encontrado a través de la herramienta de búsqueda avanzada de Twitter y explora cómo se debaten estos aspectos en conversaciones en el seno de la comunidad.

Ten presente que la idea no es solo observar y escuchar, sino interiorizar y entender. Mientras lees las conversaciones entre los miembros de la comunidad, recuerda formularte tres preguntas: por qué hacen esto, qué sienten y cómo ven el mundo que les rodea. El objetivo de este ejercicio es llegar a entender todas estas cuestiones, y eso solo es posible cuando conseguimos mirar el mundo a través de la lente de una comunidad, no solo de la nuestra. Cuanto más hagas este tipo de investigaciones, más rápido irás y mejor se te dará extraer aprendizajes de ellas, de manera que te recomiendo ponerlas en práctica a menudo.

7

Implicaciones de la producción cultural

En invierno de 1785, un grupo de niños que vivían en una población de Maryland acusaron a una mujer irlandesa de cincuenta y seis años llamada Elly Kedward de practicar la brujería. Los lugareños encolerizaron. Aunque sus recelos acerca de la brujería se habían templado desde los Juicios de Salem, casi un siglo antes y unos 650 kilómetros al norte de la población, la brujería seguía percibiéndose como demoníaca y, en consecuencia, no era bien recibida. Según los informes que nos han llegado, Kedward desapareció de la población, la ataron a un árbol y la obligaron a soportar las inclemencias del invierno sin un techo ni defensa. Y la dieron por muerta.

Transcurridas apenas unas semanas de lo que solo puede describirse como una ejecución, todos los delatores de Kedward y la mitad de los niños del pueblo desaparecieron misteriosamente, sin motivo aparente. Los lugareños creyeron que se trataba de una maldición de Kedward, que se vengaba contra quienes le habían dado muerte. El resto de los habitantes hicieron las maletas y abandonaron el pueblo, no sin antes prometer que no volverían a hablar de lo ocurrido ni pronunciarían el nombre de Elly Kedward.

La población se repobló treinta y nueve años más tarde. Sus nuevos residentes le pusieron por nombre Burkittsville, Maryland, un nombre que no tenía nada que ver con el original: Blair. Durante años y años tras su fundación, Burkittsville registró una serie de muertes misteriosas entre la población infantil, muertes atroces que solo podían explicarse mediante el testimonio de alguien que afirmaba haber visto una presencia parecida a una bruja. Contaba la leyenda que esa bruja era el espíritu de Elly Kedward y que aquellas muertes se debían a la maldición de la bruja de Blair.

Intrigada por esta leyenda, Heather Donahue, una estudiante de cine del Montgomery College, reclutó a dos amigos, Joshua Leonard y Michael Williams, para grabar un documental que revelaría la verdad acerca de la bruja de Blair. En octubre de 1994, Heather, Joshua y Michael se internaron en el bosque de Black Hills, en Burkittsville, Maryland, del que ya no volvieron a salir. Un año después, su material y sus pertenencias fueron recuperados, sin que se hallara rastro de su paradero. Nadie sabía qué había sucedido a aquellos tres cineastas hasta que el metraje que habían grabado y las notas de campo que habían tomado revelaron lo que había hecho que los habitantes de Blair abandonaran su población en el siglo XVIII y había provocado que las gentes de Burkittsville vivieran con miedo desde entonces. Todas aquellas desdichas atribuidas a la bruja de Blair eran parte de la trama de una película de ficción titulada *El proyecto de la bruja de Blair*, que se presentó como un documental de metraje encontrado que archivaba el trabajo de los tres cineastas.

En efecto, no hubo ninguna Elly Kedward. Ni niños desaparecidos. Ningún documental. Ni Heather ni Joshua ni Michael desaparecieron. Y tampoco había ninguna bruja de Blair. Sin embargo, los directores de *El proyecto de la bruja de Blair*, Daniel Myrick y Eduardo Sánchez, los inventores de esta elaborada historia de fondo para la película, querían que pensáramos lo contrario. Se inventaron la fábula de la bruja de Blair/Burkittsville y la dotaron de detalles tan meticulosos que decenas de millones de personas se preguntaron: «¿Es una historia verídica?». Yo fui una de ellas.

Recuerdo la primera vez que vi el tráiler de *El proyecto de la bruja de Blair*, en otoño de 1998. Cursaba el segundo año de la universidad y tenía sobre el regazo una bandeja llena de nachos y un vaso grande de refresco en la mano, mientras aguardaba a ver una película que acabaría resultando insignificante después de que se anunciaran los próximos estrenos. En el mismo momento en el que el tráiler de la *Bruja de Blair* salió en pantalla, me enganché. Me gustan las películas de terror desde que tengo memoria. Es mi género favorito, sin ningún otro que le siga de cerca. Pero en los últimos años de la década de 1990, el género del terror parecía haber perdido el rumbo. Uno de los mayores cineastas de terror, el desaparecido Wes Craven, criticó el género con su brillante *slasher* protagonizado por adolescentes, *Scream*, que, irónicamente, subvertía los clichés del cine de terror tradicional que él mismo había creado en su día. Sin embargo, en lugar de recoger el testigo a Craven y continuar reinventando el género, otros cineastas parecían no haber captado la indirecta. Era como si el género se hubiera convertido en un terreno abonado para las imitaciones. En cambio, *El proyecto de la bruja de Blair* subvirtió por completo el género. Mientras que en el cine de terror de Hollywood los protagonistas eran actores de primera, guapos y esculturales como Jennifer Love Hewitt y Josh Hartnett, en *El proyecto de la bruja de Blair* aparecían tres actores anónimos. Por supuesto, esto reforzaba la leyenda de que Heather, Joshua y Michael podían haberse adentrado en el bosque y no haber salido nunca. De haber sido actores famosos, el trasfondo no habría funcionado.

Para avivar aún más la intriga se puso en funcionamiento un sitio web con informes policiales falsos que documentaban la búsqueda de los tres documentalistas. Se colgaron carteles de «Desaparecidos» de los tres muchachos en los tablones de anuncios de residencias universitarias, y se pegaron en postes telefónicos alrededor de campus con el mensaje: «Hay pruebas... Conéctate a www.blairwitch.com para verlas y oírlas». Eran los primeros tiempos de internet, en los que la mayoría de las personas accedían a la red mediante rúters por marcación telefónica... salvo en los campus universitarios, donde los alumnos tenían acceso a internet de alta velocidad y toneladas de tiempo a su disposición para navegar por los recovecos de la red.

Cuando los internautas visitaban aquel sitio web, veían los informes policiales, telediarios, entrevistas en televisión, las latas deterioradas que habían contenido el metraje de los estudiantes, y los cuadernos manchados que documentaban sus notas de campo, todo lo cual hacía que la historia pareciera... cómo decirlo... real. Para generar aún más incertidumbre, la historia de fondo inventada sobre Elly Kedward y los estudiantes desaparecidos se explicaba en detalle en un *mockumentary* (una película con estilo de documental que detalla eventos ficticios como si fueran reales) titulado *Reportaje: la maldición de la bruja de Blair* que se emitió por el canal SciFi (un canal por cable conocido por crear contenido de terror) justo dos días antes del estreno de la película en salas. En agosto de 1999, un mes después de que *El proyecto de la bruja de Blair* llegara a las pantallas de los cines, www.blairwitch.com había recibido más de 160 millones de visitas y todo el mundo parecía inmerso en el debate de si eran hechos reales o una ficción, lo cual impulsó a la gente a acudir a las salas para comprobarlo con sus propios ojos.

George Lowenstein, profesor de Economía y Psicología en el Carnegie Mellon y también director del Center for Behavioral Decision Research, aludió a este fenómeno como la «laguna de conocimiento». Dijo: «La curiosidad actúa como una forma de privación inducida cognitivamente que surge de la percepción de una laguna de conocimiento o una incomprensión, y eso nos impele a acercarnos a esa laguna». Es el mismo motivo por el que seguimos viendo una serie o una película que en realidad no estamos disfrutando. Necesitamos saber cómo acaba. Necesitamos cerrar esa laguna de conocimiento. Por ese motivo también, cuanto más se hablaba de *El proyecto de la bruja de Blair* y más se debatía la autenticidad de su historia de fondo, más gente acudía a los cines para sentirse incluida socialmente y participar en el debate cultural (es decir, en la conversación) entre su comunidad. Como dice el dicho: «¿Dónde va Vicente? Donde va la gente». Con todo, lo más interesante es que la gente creyera que la leyenda era real. Quizá se debiera a una combinación del trasfondo, el *mockumentary* de SciFi, el sitio web, los carteles de «Desaparecidos» y los falsos informes policiales, o quizá a unas pocas permutaciones de estos elementos, en función de a qué estuvieras expuesto cuando estos artefactos se pusieron en circulación. Fuera lo que fuese, la gente mordió el anzuelo, incluido el que esto escribe, tanto que me apresuré a comprar las entradas para poder ser testigo de primera mano el día del estreno.

El proyecto de la bruja de Blair se estrenó el 14 de julio de 1999. La protagonizaban actores anónimos. Los directores no eran cineastas aclamados. Estaba rodada con lo que parecía una videocámara en mano, con la que se pretendía trasladar la estética de metraje encontrado de lo que se suponía que era un documental. Huelga decir que la película no tenía una trama muy compleja en términos de lo que suele considerarse que convierte una cinta de Hollywood en un éxito. Se estrenó en paralelo al canto del cisne del legendario director de cine Stanley Kubrick, *Eyes Wide Shut*, protagonizada por la «pareja del momento» de aquel entonces, Tom Cruise y Nicole Kidman. *Eyes Wide Shut* se distribuyó a más de 2.400 pantallas el primer fin de semana y recaudó 21,7 millones de dólares en taquilla, una cifra bastante impresionante para un largometraje para mayores de 17 años, calificación que restringía significativamente la población que podía verla. *El proyecto de la bruja de Blair* se proyectó solo en 27 pantallas el fin de semana de su estreno y generó 1,5 millones de dólares. Al final de su recorrido en cines, *Eyes Wide Shut* había recaudado 162 millones de dólares en taquilla en todo el mundo por una película cuya producción había costado 65 millones de dólares. *El proyecto de la bruja de Blair*, por su parte, había contado con un presupuesto de 60.000 dólares y recaudó 289 millones en las taquillas de todo el mundo, una diferencia de ingresos de un 78 por ciento a pesar de que su producción había costado un 1.080 por ciento menos. El sentido común diría que la película de bajo presupuesto y sin nombres conocidos debería haber sido superada por la de mayor presupuesto y grandes estrellas. Pero no fue ese el caso. No fue mérito de la película, sino de la historia que la rodeó. Es decir, el contenido no fue lo que hizo que la gente se moviera; somos las personas quienes hacemos que otras personas se movilicen, sobre todo personas que son como nosotros: nuestras tribus en red.

Como afirmó Marshall McLuhan, los medios nos dominan por completo, no dejan ninguna parte de nosotros sin afectar o inalterada. De hecho, pueden ser muy influyentes, pero no hay ningún vehículo mediático más influyente que las personas. En lugar de oír algo por la radio, de verlo en televisión o de leerlo en un artículo, si me lo dice mi amigo Terrance, debido a la relación que tenemos, me siento más inclinado a confiar en que es verdad y, por consiguiente, a que me influya.

Confiamos en las personas antes que en ningún tipo de comunicación de marketing. Confiamos en la palabra de nuestra tribu más de lo que confiamos en lo que vemos impreso o en televisión, más de lo que oímos por la radio o vemos en vallas publicitarias, porque la palabra de nuestra gente lleva implícita una cierta credibilidad. La publicidad nos llama la atención; la gente nos moviliza. La combinación de ambas cosas es superpotente y, en consecuencia, conviene usarlas de manera coordinada. Por eso los anunciantes inteligentes intentan «incorporar sus ideas en la cultura» con el fin de aprovechar la influencia de nuestra gente a través del discurso creado por un impacto exógeno en el sistema (el anuncio) que nos llama la atención.

Si hicieras el inventario de todo lo nuevo que has consumido en los dos últimos años, ya sea una serie nueva que has visto o una nueva tecnología que has adoptado, probablemente averiguarías que no lo has hecho motivado solo por la publicidad que hayas visto. Es más probable que el anuncio te lo diera a conocer y una recomendación (sea directa o indirecta) de otra persona te impulsara a dar el paso. Me pasé casi diez horas viendo *Tiger King* y otro porrón de horas viendo *El juego del calamar* por ese mismo motivo. No por ningún anuncio, sino porque mi gente hablaba de ellas, y quería sentirme incluido socialmente. Quería saber de qué hablaban. Quería cerrar la brecha de conocimiento. La gente decía: «Me he enterado por Facebook» o «en Twitter han dicho tal o cual». Y aunque esto pueda ser verdad a un nivel, creo que una descripción más precisa sería «he visto que lo decía Fulanito en Facebook», una alusión «personalizada».

Puede parecer un matiz puntilloso, pero sus implicaciones son importantes. Facebook es una red social construida con un lenguaje de codificación informática. Dicho lenguaje crea un entorno al que la gente acude a interactuar, parecido a los entornos físicos que frecuentamos, como bares, la iglesia o el parque. La tendencia humana a conectar nos lleva a antropomorfizar el mundo que nos rodea, es decir, a atribuir características o comportamientos humanos a cosas no humanas, como animales, objetos y hechos.

En su artículo revisado por médicos para la Association for Psychological Science «Why Do We Anthropomorphize?» («¿Por qué antropomorfizamos?»), Rick Nauert detallaba las entidades con más probabilidades de tener estas características humanas. No fue ninguna sorpresa que sugiriera que tales entidades son las que parecen presentar rasgos más similares al ser humano. Pensamos en nuestras mascotas como si fueran humanos. Asignamos a tormentas y a coches nombres humanos. Incluso otorgamos a las deidades forma humana porque así las concebimos, como nosotros, ya que a nuestra mente le resulta más fácil conectar así con ellas, entender sus intenciones y predecir su conducta.

Y lo mismo sucede con la tecnología. No podría contar las veces que he oído decir a la gente: «Google dice» o «según Google» en referencia a este motor de búsqueda. La herramienta de búsqueda de Google es un código de programación que indexa páginas web en internet para facilitar la búsqueda y obtención de información. Google no es humano, no «dice» nada; lo que hace es presentar información cuyos autores sí son personas. Antropomorfizamos Google porque la información que indiza y filtra tiene un autor y la diseminan personas. Por eso no sorprende que otorguemos a Facebook, Instagram, Twitter, TikTok o cualquier otra red social características humanas, porque estas redes son entornos donde la gente participa en conversaciones y genera significado a través del intercambio de texto mediado culturalmente, sean palabras, símbolos, memes, vídeos, etc. Frases como «internet al rescate», que reconoce la perfecta encapsulación de una situación a través de un meme o una réplica oportuna que supera a otra persona en línea, e «internet nunca falla» son algunas de las maneras como antropomorfizamos la tecnología y evidenciamos nuestra dependencia de la humanidad y nuestra necesidad de conectar.

Esta necesidad de conectar es tan grande que trasciende nuestra tribu en red, e incluso las congregaciones de personas que suscriben nuestras mismas creencias, y reverbera, de manera más general, en desconocidos. Antes de decidir comprar un producto en Amazon, consulto qué opinan sobre él otras personas (completos desconocidos, por cierto) para asegurarme de estar haciendo la elección correcta. Confiamos en las personas.

PowerReviews, una empresa tecnológica que agrega contenido generado por usuarios online, ha demostrado, mediante sus investigaciones, que un producto con una sola reseña (de nuevo, de un desconocido) tiene un 65 por ciento más de posibilidades de ser adquirido por un usuario que un producto sin reseñas. Si nadie lo avala, ¿es fiable? Es el cálculo que hacemos a la hora de tomar decisiones y actuar en consecuencia. Esto se hace eco de lo que los antropólogos evolutivos han argumentado desde el nacimiento de la disciplina: que la humanidad prospera gracias a su habilidad para colaborar. Los Beatles cantaban: «*We get by with a little help from our friends*» («Salimos adelante con un poco de ayuda de nuestros amigos»). Prince nos recordaba «*Dearly beloved, we are gathered here today to get through this thing called life*» («Queridos hermanos, estamos aquí hoy reunidos para transitar por esta cosa llamada vida»). Es cierto: confiamos en las personas, y, sobre todo, en nuestra gente. Y cualquier reseña de un desconocido, cualquier publicación de uno de los miembros de nuestro equipo, cualquier tuit de un colega del trabajo o cualquier fotografía instantánea de un amigo es una historia narrada, y esas historias son lo que nos ayuda a fortalecer los vínculos covalentes que nos conectan.

El arte de contar historias

Una historia es el relato de unos hechos organizados en una secuencia temporal. Fundamentalmente, las historias relatan algo sucedido indicando a quién le pasó, cuándo y dónde. Se cree que la tradición de contar historias se remonta a hace decenas de miles de años, cuando los hombres de las cavernas usaron pigmentos para pintar en las paredes como una manera de dejar registro de lo sucedido en sus días. Las pinturas rupestres darían paso más adelante a los relatos orales a través de las leyendas y la mitología. Estos vehículos informativos eran tan potentes y tan convincentes que se percibían como hechos antes de la invención de la ciencia en el siglo XVII. En efecto, el «érase una vez» era el principio de nuestro relato de cómo funciona este mundo lleno de fenómenos, relatos que describían por qué las cosas son como son y por qué suceden como suceden. La mitología griega alumbró el camino en este sentido, con historias de dioses, deidades, humanos y criaturas que dieron sentido al mundo caótico en el que vivimos. Estos mitos nos ayudaron a entender el mundo que nos rodea y nuestro lugar en él. Aportaron descripciones y explicaron la causalidad de la aleatoriedad, además de otorgarnos un modelo para transitar por él guiándonos por la moral y las lecciones extraídas.

Si te has criado en un entorno religioso, lo sabrás de primera mano. Todos aprendimos acerca de nuestra religión respectiva mediante parábolas y mitos, y nos instruyeron a contárselos también a nuestros hijos y nietos. El poeta y erudito Robert Graves escribió: «El mito tiene dos funciones principales. La primera es responder a preguntas incómodas que se hacen los niños, como "¿Quién hizo el mundo? ¿Cómo acabará? ¿Quién fue el primer hombre? ¿Adónde van las almas después de la muerte?". La segunda función del mito es justificar un sistema social existente y explicar los ritos y costumbres tradicionales». Las historias son la manera que tenemos de interpretar y socializar los hechos culturales de la comunidad. A través de la historia de David y Goliat, que me enseñó que podía superar incluso el mayor de los obstáculos gracias a mi fe en el Dios de Israel, o la parábola de los niños hebreos en el horno ardiente, que me enseñó a hacer lo correcto al margen de lo que haya en juego, aprendí cosas sobre Dios, sobre mi comunidad y sobre lo que ambos esperan de mí.

A lo largo de este libro he utilizado literatura, referencias y terminología religiosa para ilustrar el poder y la influencia de la cultura y su capacidad para catalizar la adopción colectiva de comportamientos porque la religión en sí es algo más que un mero acto de adoración; es una función social. La palabra religión procede de *religare*, que significa 'unir'. Posteriormente evolucionaría a *religio*, que significa 'obligación'. De modo que, cuando hablamos acerca de una persona religiosa, nos referimos a alguien que está unido a su fe y cuando hablamos de que alguien hace algo «religiosamente», nos referimos a alguien que está comprometido con una actividad particular. Lo mismo sucede con la cultura. La adherencia a los hechos sociales de una comunidad nos compromete con nuestra gente y nos mantiene estrechamente conectados, de la misma manera que suscribir los hechos sociales de nuestra religión nos mantiene cerca de lo divino y de quienes profesan nuestro mismo culto. La cultura es el sistema operativo que gobierna la humanidad, y las historias son el vehículo a través del cual los códigos de ese sistema operativo se propagan por la comunidad. Contarnos historias unos a otros, de ancianos a niños, de generación en generación, es un acto de comunidad. Es nuestra manera de compartir el conocimiento y los valores que nos ayudan a avanzar por la vida alineados con nuestra tribu o congregación.

Por supuesto, las personas comparten e intercambian estas historias dentro de un marco cultural regido por creencias e ideologías comunes que dictan lo que las personas «como nosotros» deberían hacer en tales circunstancias. En muchos sentidos, el acto de contar historias es, en realidad, un acto de generación de comunidad, un vehículo para compartir los hechos sociales de la comunidad, las creencias compartidas, artefactos significativos, normas conductuales y un lenguaje codificado.

La narración reiterada de estas historias busca que actuemos al unísono con la comunidad y nos protege de la excomunión. Esa es la función del folclor en el seno de una tribu en red. El folclor —término que deriva de la unión de las palabras inglesas *folk* y *lore*, es decir, 'gente' y 'conocimiento' y significa 'saber popular'— es la diseminación de conocimiento, sobre todo mediante la comunicación boca a oreja, que socializa la identidad, las creencias y las tradiciones —es decir, la cultura— de un grupo de personas. Alan Dundes, el folclorista más célebre, afirmó que ese *folk*, esa gente, alude a cualquier grupo de personas que compartan al menos un factor común, sea su profesión, sus aficiones, la escuela, etc., y ejerce su adherencia a este grupo a través de tradiciones que consideran propias. Tienen un conjunto de costumbres, una «manera de hacer las cosas aquí» que indica si eres uno de ellos y demarca si estás dentro o fuera. El *lore*, un corpus de tradiciones y conocimientos que estas personas comparten a través de la narración de historias, garantiza que los miembros de estas comunidades mantengan las tradiciones.

Dundes describió el folclor de una forma general que ampliaba el alcance de la definición típica de la narración de historias. En su ensayo de 1965 «What Is Folklore?» («¿Qué es el folclor?»), recogía una serie de expresiones que constituyen las distintas formas de tradición, entre ellas: el arte, la arquitectura, los tejidos, los objetos producidos en serie, la música, la poesía, los cuentos, las leyendas urbanas, los chistes, los proverbios, los rituales y muchas otras manifestaciones. Por supuesto, esta lista debería sernos familiar, porque cada uno de estos elementos es una forma distinta de producto cultural, la manera que tenemos de expresar nuestras suscripciones culturales. Cada uno cuenta una historia que otorga a la expresión un significado construido socialmente, lo cual contribuye a moldear la identidad de la comunidad. Esta perspectiva del folclor nos permite conceptualizar la relación entre la identidad y el producto cultural a través de las múltiples formas de narración (sea material o mediante el boca a oreja). Y si revisamos el sistema de sistemas que constituye la cultura, podemos visualizar la distancia entre la expresión cultural y la identidad para desvelar las implicaciones de esta brecha.

Las identidades que escogemos, y las que nos otorgan, dan forma a las creencias e ideologías que usamos para enmarcar el mundo y confieren sentido a su dinamismo. Dichas creencias e ideologías son interiores, están ocultas a la vista. En cambio, la producción cultural es la expresión más visible de la adherencia cultural de una comunidad. La música, el cine, la literatura, el arte, la moda y los materiales de una comunidad pueden observarse públicamente y están disponibles para su consumo. Se puede escuchar música góspel y no ser cristiano. Se puede leer el Corán y no ser musulmán. Y se puede ver un espectáculo de danza *step* sin necesidad de pertenecer a ninguna fraternidad o sororidad afroamericana, de la misma manera que se puede comer comida griega sin ser griego. Participar de las culturas ajenas nos hace estrechar lazos. Supongo que por eso la convención estándar es que la cultura está pensada para compartirse, y para que aprendamos los unos de los otros.

Figura 5

Cuando tenía once años pasé un verano en Suecia, participando en un programa llamado Children International Summer Village o Campus de Verano Internacional Infantil, que repartía a los niños en delegaciones de cuatro para representar a su país entre una docena de delegaciones. Durante el tiempo que pasamos en el campus, cada día estaba gestionado por una delegación distinta de un país diferente, con el objetivo de darnos a conocer su modo de vida único. Si era el día asignado a la delegación rumana, por ejemplo, disfrutábamos de su gastronomía (desayuno, comida y cena), jugábamos a sus juegos, nos aprendíamos sus canciones y nos pasábamos el día inmersos en su cultura. A medida que íbamos profundizando en nuestras diferencias, también aprendíamos más acerca de nuestras similitudes. Fue una experiencia potente para mi yo de once años que no he sabido apreciar del todo hasta hace poco, pasados unos treinta. En ese breve mes hice dos grandes amigos mexicanos (Sebastián y Fabián), descubrí a un nuevo hermano de Israel (Yaniv), me eché una novia brasileña (Julia), conocí a una gran hermana de Egipto (Marwa) y a un gran hermano de los Países Bajos (Ollie) y me doté de una perspectiva que amplió mi visión del mundo más allá de mis creencias. Participando en las prácticas culturales de los demás y consumiendo su producto cultural, y viceversa, aprendimos cuáles eran las creencias e ideologías que hacían significativos esos productos y prácticas. De otro modo, nuestras actividades en aquel campus no habrían ido más allá del *cosplay*, es decir, de adoptar artefactos sin entender su significado.

Mientras que el campus estaba concebido para que los participantes conociéramos las creencias e ideologías de las personas de cuya cultura todos participábamos, nuestras vidas cotidianas fuera de él no estaban tan organizadas. Aunque nos sumerjamos en las culturas de otras personas, no siempre conocemos las creencias e ideologías que les otorgan significado. Si no entendemos las ideologías y las creencias compartidas evangelizadas en las narrativas de la cultura de esas personas, solo vemos las prácticas culturales y el producto cultural, pero no entendemos por qué esas personas hacen lo que hacen. A lo sumo, esto conlleva una oportunidad perdida de aprender del otro y aproximarnos como sociedad de ciudadanos del mundo. En el peor de los casos, lleva a la apropiación cultural, un tema que ha generado mucho debate en los años recientes y ha dado lugar a afiladas críticas merecidas en el caso de algunos, pero rayanas en el ridículo más espantoso en otros casos. Muchos críticos de la apropiación cultural sostienen que la cultura está pensada para ser compartida y, por consiguiente, es imposible «apropiársela». Ahora bien, se trata de un argumento estrecho de miras que no tiene en cuenta las complejidades de la apropiación cultural y los distintos modos en que se manifiesta.

La apropiación cultural se produce cuando los miembros de una cultura, de manera intencionada o no intencionada, se apoderan o adueñan de elementos de la identidad cultural de otro grupo o de sus marcadores asociados. Los expertos han categorizado cuatro tipos de apropiación cultural: (1) el intercambio cultural: el intercambio recíproco de hechos sociales entre comunidades pares con el mismo poder, como la cocreación de hiphop entre jóvenes negros e hispanos en el sur del Bronx; (2) la transculturación: los elementos culturales que se cocrean a partir de elementos de muchas culturas, como la heterogeneidad de la cultura estadounidense; (3) el dominio cultural: el uso de los hechos sociales de una comunidad dominante por parte de una comunidad menos poderosa, como los chavales hiphoperos que adoptan la cultura de los *skaters*, y (4) la explotación cultural: el uso de las prácticas y los productos culturales de una comunidad por parte de una comunidad dominante sin reciprocidad ni permiso. Esta cuarta forma de apropiación cultural, la explotación cultural, es la diana principal de las críticas contemporáneas.

En la antología *Borrowed Power*, Bruce Ziff y Pratima Roa recopilaban una serie de ensayos que exploraban esta forma de apropiación, sobre todo en relación con las culturas indígenas y la cultura afroamericana dominante. Esta obra colectiva subrayaba las dinámicas de poder de la apropiación cultural explotadora entre los privilegiados y los marginados, como parte de las cuales una comunidad privilegiada domina a una comunidad marginada adoptando sus marcadores culturales —sus prácticas y productos— y redefiniéndolos a través de sus propios marcos de significado, para así reivindicarlos como productos propios.

Donde mejor se aprecia esto es en las apropiaciones por parte de la América blanca de las tradiciones de los afroamericanos mediante la asimilación de formas musicales negras como el *jazz*, el *rock and roll*, el *rhythm and blues* (R&B), la música electrónica y el rap. Estas formas de producto cultural se han tomado prestadas, imitado y reelaborado mediante marcos hegemónicos sin entender las creencias y las ideologías que las originaron y las dotaron de significado. Históricamente, artistas blancos imitaban el sonido, el estilo y los gestos de artistas negros y se los vendían al público blanco, sin permiso ni compensación. Esta explotación de los diferenciales de poder generó una desventaja económica para los productores culturales negros, así como una sensación de robo entre toda una comunidad. La estrategia de la apropiación puede verse, más recientemente, en las redes sociales como TikTok, donde productores culturales negros crean bailes innovadores de los que luego se apropian *tiktokers* blancos, que los presentan como propios. Esta forma de «cristobalcolonizar» las prácticas y producciones de las comunidades marginadas se ve exacerbada por el racismo sistemático que premia la blancura y villaniza la negrura.

Pensemos, por ejemplo, en las trenzas africanas. Se trata de un estilo de trenzar el pelo partiendo de muy cerca del cuero cabelludo, de manera apretada y continua, imitando los surcos de los campos arados (de hecho, en inglés el término es *cornrows*, en alusión a los surcos de los campos de maíz). Esta práctica cultural se remonta a las sociedades africanas de principios del siglo XVI, que utilizaban este peinado como un marcador de identidad. En tiempos de colonialismo y esclavitud, los esclavos negros llevaban trenzas africanas por su utilidad y como símbolo de añoranza de su tierra. Sin embargo, en el pasado reciente, cuando han sido negros quienes han lucido estas trenzas, la cultura dominante los ha calificado de «gueto», arrebatando a esta práctica su riqueza cultural. En cambio, cuando fue Bo Derek quien las lució en la película supertaquillera de 1979 *10, la mujer perfecta*, la cultura dominante consideró que las trenzas africanas estaban de moda. Aproximadamente cuarenta años después, Kim Kardashian aparecía así peinada en la alfombra roja de los MTV Movie Awards, pero, en lugar de llamarlas «trenzas africanas», las llamó «trenzas de Bo Derek», acreditando así la invención a una imitación explotadora y a la reformulación de su significado a través de la lente hegemónica. Esto forma parte integral de la estrategia explotadora de la apropiación cultural.

A las comunidades marginadas se las critica por su originalidad, mientras que las comunidades dominantes se aprovechan de las creaciones de los grupos marginados de las que se apropian y reivindican como suya (de manera explícita o implícita) la obra de otras personas mediante la asignación de un nuevo significado. Los productos culturales que la gente utiliza para expresar que forma parte de una comunidad concreta —la música, el cine, la televisión, la literatura, los pódcast, los cómics, la moda, los peinados, los bailes, las marcas y los productos de marca— son formas distintas de folclor que narran la historia de quiénes son y cómo encajan en el mundo, y les ayudan a hallarle un sentido para poder transitarlo de acuerdo con su gente.

Cuando los expertos en marketing, los líderes y las organizaciones aprovechan la cultura para influir en el comportamiento, en muchos sentidos lo que están haciendo es, en esencia, aprovechar las creaciones y las historias de estas comunidades. En los casos en los que estas producciones son obra de comunidades marginadas, tal aprovechamiento puede percibirse fácilmente como un acto de apropiación cultural explotadora. De ahí que dichos expertos en marketing, líderes y organizaciones deban mirar más allá del producto cultural de un grupo de personas —lo que puede parecer guay o «tendencia» desde el exterior— y enfocar la mirada en entender el significado que hace relevantes estas historias. Hacerlo no solo mantiene a la marca lejos del punto de mira de ofender a un grupo de personas y sufrir una posible reacción negativa, sino que, además, le brinda una oportunidad de empoderar a las personas de dicha comunidad.

En mayo de 2020, mientras el mundo afrontaba la realidad de la pandemia mundial de la COVID-19, Estados Unidos se vio simultáneamente obligado a lidiar con la realidad de un enemigo conocido: el racismo. A través de la lente del dispositivo móvil de un transeúnte fuimos testigos del brutal asesinato de George Floyd a manos de un agente de policía de Minneapolis, Derek Chauvin, que se arrodilló sobre el cuello de Floyd durante nueve minutos mientras sus compañeros sostenían al detenido contra el suelo, esposado. Aquel acto atroz se retransmitió sin cese en telediarios y canales de noticias digitales. El visionado reiterado de la muerte de Floyd desencadenó un discurso nacional que llevó al país a hacer un inventario de la experiencia de la comunidad negra, en particular con respecto al racismo sistémico y a las autoridades institucionales. Siguieron debates. Empezaron las protestas.

Y muchas marcas y organizaciones que ambicionaban situarse del lado correcto de la historia hablaron en defensa de los afroamericanos emitiendo declaraciones y publicando fotos de perfil en negro en Instagram como gesto de solidaridad. Algunas incluso usaron sus redes como recurso para que los afroamericanos contaran sus vivencias. Era un apoyo que llegaba con mucho retraso, pero ello no obstó para que fuera bien recibido y apreciado por la comunidad. Sin embargo, mientras este ajuste de cuentas en torno a la raza tenía lugar en la esfera pública durante todo el verano de 2020, un tema aparte pero relacionado pasó en gran medida desapercibido a pesar de la multitud de declaraciones, gestos y campañas de corporaciones y organizaciones. O al menos hasta que Beats by Dre usó su voz para hacer una aportación al debate.

Las personas negras han sido víctimas de algunos de los crímenes más despreciables cometidos en este país desde el momento en el que pusimos el pie en su suelo. Entre 1619 y la década de 1960, la vida de los afroamericanos en Estados Unidos estuvo caracterizada por la brutalidad, la servidumbre y la deshumanización. Aunque el movimiento en defensa de los derechos civiles precipitó una gran reforma que mitigó muchas de las realidades opresivas de la experiencia negra, no las erradicó. Eso sí, la producción cultural de los afroamericanos fue adoptada de manera sistemática por sus opresores y reconfigurada como propia. Este acto de apropiación cultural puede verse en una de las primeras formas de entretenimiento de los estadounidenses blancos que no tenía raíces europeas: los *minstrel shows*. Los *minstrel shows* eran unos espectáculos teatrales populares en los que actores blancos se pintaban la cara de negro (el llamado *blackface*) y caricaturizaban la forma de cantar y bailar de los esclavos para diversión de público blanco. Aunque los *blackface minstrel shows* fueron perdiendo fuelle con el tiempo, la imitación por parte de los blancos de la producción cultural negra continuó a través de su apropiación de la música, la moda, el estilo, coloquialismos, gestualidad y otras muchas cosas. Parecía que a Estados Unidos le encantaba la cultura negra, pero no la gente negra. Este argumento matizado no afloró en el debate público hasta después del asesinato de George Floyd, por más que poblase las mentes y los corazones de los afroamericanos.

Con este telón de fondo, Beats by Dre estrenó un anuncio que planteaba una pregunta que llevaba largo tiempo debatiéndose entre la población negra pero que rara vez se abordaba entre la población general: *Amas mi cultura, pero ¿me amas a mí?* La voz en *off* en la película formulaba esta pregunta con un estribillo extendido: «Te gusta como sueno. Mi voz. Estos ritmos. Este *flow*. Pero no te gusto yo, ¿verdad? Te gusta mi aspecto. Mi pelo. Esta piel. Pero ¿yo? No, qué va». De este modo, Beats by Dre conectó con el discurso que tenía lugar en los foros privados en los que se congregaban los afroamericanos —en cenas, barberías, peluquerías, barbacoas, reuniones de fraternidades, etc.— y usó su plataforma para expresar en voz alta lo que la comunidad decía en voz baja. Y, cuando lo hizo, la comunidad lo aceptó.

No vi el anuncio *You Love Me* en televisión, ni tampoco posteado en ninguna red social que perteneciera a Beats by Dre o que tomara prestada. Esta historia no me llegó a través de la marca, sino a través de la gente, de mi gente. Vi el vídeo de Beat *You Love Me* proliferar en los canales de noticias de mis redes sociales y en los muros de personas que se parecían a mí y que se identificaban igual que yo, como personas negras. No debió de sorprender que lo compartiera con mi red. Pero no porque sea un forofo de Beats by Dre. Si lo hice, fue porque reflejaba mi suscripción cultural. Aquella historia era mi historia. Sin embargo, no era solo mía, era «nuestra», y compartirla fue para mí una manera de expresar quién soy, de la misma manera que otros la compartieron como una expresión de quiénes son. *You Love Me* era más que un anuncio: era un producto cultural que la comunidad utilizó para expresar su identidad y conectar con otras personas de mentalidad afín. Sí, en efecto, era mucho más que un anuncio. Era una forma de folclor, y lo compartimos como un acto de comunidad.

You Love Me es un claro ejemplo de la diferencia entre la apropiación cultural y la apreciación cultural. La apropiación es el acto de quedarse los marcadores culturales de otra persona, desatendiendo su significado original, y asignarles un nuevo significado. La apreciación, por otra parte, es el acto de honrar la cultura de otro grupo, lo cual requiere, primero, respetar quiénes son y averiguar qué significan esos marcadores y prácticas. La apropiación es un acto de *cosplay*, como los chavales que se ponen penachos indios de plumas para ir a Coachella o las fiestas de las fraternidades blancas en las que universitarios blancos se disfrazan de forma exagerada, como una forma contemporánea de *blackface*.

La apreciación cultural es un acto de curiosidad, un deseo de entender la historia y el contexto de una obra cultural de una comunidad. Mientras intentamos domeñar la poderosa influencia de la cultura, sobre todo de una cultura ajena, debemos aproximarnos a este terreno sagrado con la sensación de apreciación y la voluntad de conocer la cultura antes de empezar a concebir siquiera cómo podemos aprovechar algunos de sus aspectos. Tal como se evidencia aquí, Beats by Dre aprovecha con éxito el poder de la cultura por su proximidad con la comunidad a la que se dirige. La marca entiende los hechos sociales de las personas y lo que significan para la comunidad. En este sentido, Beats usa sus productos y sus comunicaciones de marketing para ayudar a los miembros de la comunidad a decir algo sobre sí mismos, lo cual transforma sus productos y sus anuncios en un producto cultural.

Mi amigo y experto en redes sociales Eric Hultgren suele utilizar un trayecto en coche como metáfora para las marcas que aprovechan el poder de la cultura. Puedes conducirlo, ir de copiloto o chupar tubo de escape. Me encanta esta descripción porque ayuda a ilustrar y traducir en ideas concretas lo que puede antojarse una idea abstracta —«aprovechar la cultura»— y proporciona una función clara a los expertos en marketing, organizaciones y líderes que aspiran a beneficiarse de su fuerza. Se puede liderar la cultura (conducirla) aportando a sus hechos sociales un nuevo lenguaje y nuevos artefactos (pensemos en el movimiento Black Lives Matter, en el eslogan de Nike «*Just Do It*», en el brindis «*Dilly Dilly*» de Bud Light, en la campaña «Opt Outside» de REI, en el lema «Obedece a tu sed» de Sprite y en *El proyecto de la bruja de Blair*). O bien se puede participar en la cultura (ir de copiloto) sumándose al debate y elevando los hechos sociales de una comunidad (recuerda el vídeo *You Love Me* o *Stranger Things* x Eggo). Por desgracia, en la mayoría de las ocasiones, las marcas siguen la cultura (chupan tubo de escape) persiguiendo las tendencias sin entender los hechos sociales subyacentes que les confieren significado, como la campaña de Kendall Jenner de Pepsi. Por supuesto, lo último que nadie quiere es chupar tubo de escape. Ahora bien, hacer aportaciones a los hechos sociales de una comunidad comporta una gran responsabilidad.

La responsabilidad de la narrativa

Según los datos censales de Estados Unidos de 2010, la ciudad de Detroit, en Míchigan, posee el mayor porcentaje de habitantes negros de todas las grandes ciudades del país. Pero, como cualquier nativo de Detroit puede atestiguar, no se necesita ninguna estadística censal que revele algo tan descaradamente evidente. Durante mi infancia en la ciudad, la mayoría de mis compañeros de clase eran negros, mis maestros eran predominantemente negros, la junta directiva de la escuela era negra, el ayuntamiento municipal era negro, nuestro alcalde era negro y el jefe de nuestra policía era negro, como lo eran también la mayoría de los agentes. Siempre me he enorgullecido mucho de la negritud de mi ciudad y he reverenciado a las instituciones autoritarias municipales y las personas que han ocupado estos puestos de poder. Para mí, eran como celebridades locales, sobre todo un grupo de agentes de policía llamados los Blue Pigs.

Los Blue Pigs no eran agentes corrientes. Eran una banda musical que visitaba las escuelas municipales y tocaba éxitos de la Motown y canciones de R&B populares en la época. Corrían los años ochenta y principios de los noventa del siglo XX; en su repertorio figuraban canciones como «Can You Stand the Rain» de New Edition o «My Girl» de los Temptations. Tenían mucho éxito tanto en mi escuela primaria como en la secundaria. La banda se formó en 1970 como parte de una iniciativa de acercamiento a la comunidad emprendida por el Departamento de Policía de Detroit para ayudar a los niños a entender quiénes son los agentes y qué papel desempeñan en la comunidad. A mí me habían inculcado que los policías eran nuestros amigos y que su misión era servir a la población y protegernos. Incluso jugué a baloncesto en la liga deportiva de la policía, en canchas adyacentes a la comisaria del centro de la ciudad de Detroit. Cada una de aquellas experiencias con la policía constituía un capítulo en un relato más amplio cuya moraleja era «puedes confiar en la policía». Y yo lo hacía... hasta que me explicaron una historia distinta.

En 1991, afloraron imágenes grabadas por las cámaras de cuatro agentes de la policía de Los Ángeles —el sargento Stacey C. Koon y los agentes Theodore J. Briseno, Timothy E. Wind y Laurence Powell— apalizando brutalmente a un hombre negro desarmado hasta hacerlo picadillo. Las imágenes llegaron a manos del público. El nombre de la víctima era Rodney King y el vídeo de su apaleamiento se reprodujo repetidamente en los telediarios nocturnos, fue objeto de sátira por parte de cómicos, sirvió de referencia en canciones de rap y se abrió camino en el debate público. La combinación de todos aquellos elementos ayudó a mi yo de casi doce años a hallar un sentido (significado) a lo que había presenciado en aquel vídeo. Me encontraba en un estado de disonancia cognitiva. La exhibición de brutalidad del vídeo entraba en completa contradicción con mi concepto de la policía. Recuerdo reconciliar mentalmente aquel conflicto pensando: «Son policías de Los Ángeles, no de Detroit. Eso nunca pasaría aquí». Ese fue el relato que me hice para dar sentido a aquellas dos versiones opuestas de una institución que yo admiraba y en la que confiaba. El mundo volvía a girar sobre su eje... al menos el mío. Mi confianza en la policía estaba restaurada. La historia que me habían contado sobre la policía seguía intacta en mi mente. O lo siguió hasta que, un año más tarde, saltó la noticia de otro apaleamiento brutal de un hombre negro desarmado, Malice Green, a manos de dos agentes de policía, Walter Budzyn y Larry Nevers. En aquella ocasión, la paliza fue mortal... y el incidente ocurrió en Detroit. Eran policías de Detroit.

Aquello no encajaba con los marcos de significado que yo tenía para la policía. Eran historias incompatibles y me obligaron a configurar un nuevo relato que me he contado desde entonces: no todos los agentes de policía son de fiar y no todos los agentes de policía son tus amigos. Desde que establecí este nuevo marco he visto muchos puntos de prueba que apuntalan esta nueva narrativa sobre la policía en mi pensamiento, a pesar de las otras muchas demostraciones que sugieren lo contrario. A lo largo de mi vida he conocido a muchos policías —desde familiares hasta amigos de la familia y hermanos de mi fraternidad— que me han sido de ayuda. Pero, en mi mente, estos agentes eran distintos de los demás. Podía confiar en ellos; en los demás, no.

Lo interesante en este punto es cómo influyen en nuestros marcos mentales las historias que nos cuentan. De niño, yo amaba a la policía por lo que me habían contado de ella. De adolescente, la temía por las noticias que me habían llegado en la preadolescencia. Hoy, siendo ya un adulto, desconfío de la policía por las historias agregadas que me han contado, a consecuencia de las cuales he elaborado mi propio relato. Las historias que contamos —es decir, el folclor que propagamos— enmarcan nuestra manera de ver el mundo y de mostrarnos en él. Eso no debería ser ninguna sorpresa si tenemos en cuenta que los orígenes de la policía actual en Estados Unidos se remontan a principios del siglo XVIII, cuando la institución se estableció en el país para perseguir a los esclavos fugitivos. Las patrullas de esclavos, como se las conocía en el sur en aquel entonces, se crearon para mitigar alzamientos entre los negros esclavizados en plantaciones de blancos. Dichas patrullas aplicaban medidas brutales como sistema de terror para controlar a las personas esclavizadas y hacerlas adoptar las conductas que se esperaban de ellas. Posteriormente, esta institución sería reemplazada en el sur por grupos de justicieros de estilo miliciano autorizados a denegar la igualdad de derechos a la población negra tras la guerra de Secesión y la Proclamación de Emancipación de 1863 que abolió la esclavitud, aunque transcurrirían otros dos años antes de que todos los negros esclavizados quedaran en libertad, el Día de Juneteenth o Día de la Liberación. Entre tanto, apenas unas décadas antes, ciudades del norte como Boston, Nueva York y Filadelfia empezaron a adoptar un modelo policial financiado con fondos públicos que se asemejaba a la institución policial británica establecida en 1829.

Esta historia de los orígenes de la policía está a años luz del relato que nos cuentan hoy, según el cual la policía está para «proteger y servir» a la ciudadanía, un eslogan que, irónicamente, se originó en el Departamento de la Policía de Los Ángeles en 1955. Ahora bien, esta historia testimonia lo influyentes que pueden ser esos relatos. Tal como hemos analizado anteriormente, las historias tienen una capacidad asombrosa para socializar creencias e ideologías, lo cual da forma a nuestra presencia en el mundo. Cuando los relatos acerca de la policía que me habían contado entraron en conflicto, adopté uno nuevo y excluí a los agentes que no encajaban en esa nueva narrativa, los convertí en una «otredad». No eran como el resto, eran distintos. El geógrafo cultural Mike Crang, que estudia la relación entre la memoria social y la identidad, describió esta conversión en una otredad como un proceso a través del cual se establecen identidades en una relación desigual cuando las personas definen quiénes son como ellas (el grupo propio o de pertenencia) y quiénes no (el grupo externo). El proceso de «otredad» es a la par excluyente e incluyente. Convertimos a las personas en parte de esa «otredad» asimilándolas a categorías a las que hemos asignado un conjunto de asunciones y reservas estereotípicas. O bien las convertimos en «el otro» para excluirlas de nuestro grupo o de las etiquetas que hemos asignado a un grupo externo.

Por ejemplo, mientras estudiaba la carrera universitaria, hubo momentos en los que algunos de mis compañeros de clase blancos o estadounidenses de origen indio afirmaban que yo no era como «otras» personas negras a quienes conocían o de quienes habían oído hablar. Y aunque pensaban que afirmando tal cosa me hacían un cumplido, en esencia me estaban diciendo que no encajaba en el marco que se habían hecho de otras personas negras. Este proceso me exceptuaba de las ideas preconcebidas que tenían sobre los negros, un conjunto de prejuicios y estereotipos que también me excluía de su propia identidad. Aunque tenían buenas intenciones, sus acciones, fueran conscientes o inconscientes, me hacían bastante daño.

Según John A. Powell, director del Haas Institute for a Fair and Inclusive Society de la Universidad de California, Berkeley, la «otredad» se basa en características que un grupo atribuye a otro que menosprecia. Estos grupos menospreciados suelen estar integrados por personas a las que los otros grupos ni siquiera conocen bien. En lugar de ello, sus prejuicios se fundamentan, en gran medida, en noticias que cuentan y propagan los medios de comunicación, en lugar de en vivencias personales. Hemos visto una ilustración de ello en el caso de la película de D. W. Griffith *El nacimiento de una nación*, una historia que ayudó a los estadounidenses blancos, sobre todo en el sur, a establecer marcos a través de los cuales contemplar a los afroamericanos. Más de un siglo después, estos marcos se verían fortificados por otros productores mediáticos que explican historias parecidas en la actualidad, lo cual llevó a que mis compañeros me consideraran «otro» porque no encajaba en los marcos estereotípicos que se asignan a las personas con mi aspecto.

En algunos casos, tenemos noticia de esos grupos convertidos en «el otro» a través de instituciones formales como la escuela, los museos y los templos. No obstante, teniendo en cuenta su naturaleza prolífica, normalmente descubrimos el mundo y a los otros a través de los medios de comunicación que consumimos, de la televisión, el cine, las noticias, el periodismo, los libros y (por supuesto) las personas, por ejemplo a través de los relatos que nos contamos los unos a los otros. Como hemos visto al explorar la legitimación en el capítulo 4 y la literatura sobre el efecto de la mera exposición en el capítulo 6, cuanto más estamos expuestos a este tipo de mensajes, más probable es que los aceptemos y nos inclinemos por ellos.

Así lo evidencia la literatura de psicología sobre el condicionamiento clásico del aprendizaje, que afirma que la exposición reiterada a (y el refuerzo de) estímulos, como noticias, puede establecer marcos de significado y estructuras memorísticas que catalicen conductas previsibles y rutinarias. De ahí que cuanto más oímos una noticia, más la aceptamos, más la preferimos y más probable es que nos movilice. Descubrimos el mundo a través de la interpelación (familia, tribus, escuela, religión), la producción cultural (medios de comunicación, literatura, arte, comunicaciones de marketing) y condicionamiento clásico (observaciones y experiencias). Todos estos estímulos se entienden y consideran a través de la lente cultural que suelen establecer las historias que nos contamos a nosotros mismos y unos a otros. A través de dichas historias predicamos el evangelio a la congregación, es decir, al conjunto de personas que ven el mundo como nosotros. De ahí la enorme responsabilidad de usar la narración como vehículo para predicar el evangelio.

Rebekah Modrak es una artista y escritora cuya práctica se sitúa en la intersección del arte, el activismo, el diseño crítico y la resistencia creativa a la cultura del consumo. También es profesora en la Penny W. Stamps School of Art and Design de la Universidad de Míchigan y una amiga con quien impartimos clases a medias de manera puntual. Soy un fan incondicional de su obra y de su capacidad de contemplar el mundo a través de los ojos de las personas más vulnerables. He aprendido muchísimo de ella a lo largo de los años y he incorporado su trabajo en mis enseñanzas en Ross, mi liderazgo en Wieden+Kennedy y mi investigación académica. De los múltiples proyectos maravillosos que Rebekah ha acometido, quizá el más famoso sea su estudio y crítica de la empresa Shinola, la creación de una empresa de capital riesgo con sede en Texas llamada Bedrock Manufacturing. Pese a ser conocida por su marca de accesorios y relojes normales y corrientes, Fossil, Bedrock fundó Shinola en 2011 y ubicó la empresa en Detroit. Bedrock adquirió el nombre de Shinola a la empresa original de abrillantadores para zapatos, que en un momento determinado de la historia produjo anuncios racistas en los que personajes blancos con la cara pintada de negro se expresaban usando coloquialismos denigrantes que perpetuaban estereotipos peyorativos sobre los negros, cosa irónica si tenemos en cuenta que la empresa iba a ubicarse en Detroit, la ciudad más negra del país.

Según el artículo de Rebekah «Bougie Crap», Bedrock escogió Detroit porque los encuestados afirmaron que estarían dispuestos a pagar el triple por un producto que tuviera la perseverancia de ubicarse en una ciudad en bancarrota, una realidad que Detroit afrontaría apenas unos años después. La narrativa de la ciudad «pisoteada» se prestaba a presentar una historia de superación de la que Bedrock podía beneficiarse, de manera que la empresa instaló su sede en Detroit y se posicionó como uno de los forasteros que estaba «salvando Detroit», según narraban los medios de comunicación nacionales. Evidentemente, nos hallamos ante el manido cliché del salvador blanco que acude al rescate de una comunidad de personas con otro color de piel que, sin su ayuda, acabarían en la miseria. Sin embargo, «Rethink Shinola», la crítica de Rebekah a la empresa, revelaba que Shinola nunca utilizó en sus campañas de marketing las palabras «Shinola está salvando Detroit». Lo que sí hizo, en cambio, fue retratar a líderes blancos ofreciendo empleos manuales a trabajadores negros de Detroit. De hecho, en los Óscar de 2019, Peter Farrelly, el director de la película *Green Book* (que también recibió críticas por restar importancia a imprecisiones históricas sobre el racismo), expresó su agradecimiento a Shinola al recibir uno de sus premios. Por desgracia, Farrelly expresó en voz alta el mensaje tácito al proclamar que Shinola estaba salvando Detroit, lo cual obligó a la marca a apresurarse a escribir una respuesta en Twitter para intentar paliar la lluvia radiactiva que no tardaría en producirse.

Shinola incorpora el nombre de «Detroit» en sus productos y narra una historia de determinación y resiliencia al hablar acerca de la ciudad como una metáfora de la propia empresa. Es el evangelio que predica, y la gente compra sus productos para apoyar (o salvar) a la ciudad porque hacerlo les infunde la sensación de estar haciendo un gesto altruista al tiempo que proyectan su identidad. Un reloj de 600 dólares de Shinola le dice al mundo que he hecho una buena obra a la par que proyecta un estatus de riqueza, lo cual estimula a la gente a consumir. De este modo, el símbolo del consumo se convierte en un símbolo identitario.

Aunque los principios que nos permiten predicar el evangelio (a través de la narración) e impulsar a la gente a actuar no son buenos ni malos (en sí, carecen de valor), cuando tenemos en cuenta a la comunidad que estamos explotando y que no se está beneficiando de este intercambio concreto, Shinola obliga a adoptar una postura precavida. Es, cuando menos, un ejemplo de apropiación cultural, como parte del cual la empresa no solo utilizó la ciudad para narrar su relato, sino que se adueñó de su negritud para convertir la marca en algo más que una empresa de relojes y artículos de piel. Es más, lo hizo sin dar nada sustancial a cambio a los cuerpos, los rostros y las narrativas negras que empleó para incrementar sus ventas. Nos hallamos ante una nueva ilustración de la declaración de Beats by Dre *You Love Me*, casi una década antes de que se estrenara el anuncio.

Ya se trate de las teorías de la conspiración que se socializan a través de internet, de noticias que se reiteran sin cese o de campañas de marketing que se distribuyen en distintas plataformas mediáticas, las historias que contamos proyectan una visión del mundo que conecta con las personas, las unifica y las estimula a pasar a la acción. Las páginas de este libro te han aportado el conocimiento y la capacidad de explicar este tipo de historias e inspirar la adopción de comportamientos por el bien de tu empresa, institución, organización o causa. Ahora que ya sabes manejar estas herramientas, tienes la responsabilidad implícita de utilizarlas de manera ética, siendo consciente de que las ramificaciones de nuestras historias pueden tener un efecto material duradero en las personas.

Para navegar por la nebulosa de la ética, que es inherentemente gris, yo intento tener en cuenta tres factores: mis intenciones, la perspectiva de otras personas y los resultados potenciales. Lo denomino un enfoque «IPR» de la ética. El hecho de tener presentes mis intenciones me permite intentar conseguir los objetivos empresariales y aplicar los imperativos de marketing necesarios en nombre de mis clientes al tiempo que me mantengo fiel a mi moralidad. En esencia, lo que hago es preguntarme si estoy actuando de un modo alineado con mis creencias e ideologías. ¿Haría la gente como yo algo así? Como en mi vida cotidiana, utilizo este filtro para dar forma a mis acciones.

Ahora bien, cuando tengo en cuenta las perspectivas de las personas a quienes pretendo involucrar, intento contemplar el mundo a través de sus marcos culturales para entender cómo pueden interpretar (descodificar) la narrativa de la marca. Como bien sabrás a estas alturas, todo lo que hacemos tiene un significado, y entender ese significado es fundamental para aprovechar el poder de la cultura, para participar en esta y hacer aportaciones a la cultura de una tribu o congregación específicas. Entender las perspectivas de otras personas es vital para inspirar la adopción de comportamientos. Cuanto mejor conozcamos a los demás y mejor nos conozcamos a nosotros mismos, más capacidad tendremos para movilizar al público. De la misma manera, entender la perspectiva de las personas es esencial para tener empatía. Como hemos visto en el caso de Peloton, cuando no entendemos la perspectiva del público, corremos el riesgo de ofenderlo, aunque no sea nuestra intención. ¿Cuántas veces has oído a alguien disculparse diciendo: «No pretendía herirle» o «no quería hacerle daño», después de haber herido o haber hecho daño a alguien? Lo he visto infinidad de veces con mis hijas, mis alumnos, políticos y marcas comerciales. Y yo mismo también soy culpable de haberlo hecho. No se trata únicamente de tener en cuenta nuestras intenciones, sino también la perspectiva de las personas a quienes predicamos el evangelio.

En el mejor de los casos, existirá cierta congruencia entre nuestras intenciones y la perspectiva de otras personas. No obstante, también debemos tener en consideración los resultados potenciales que pueden ocurrir a resultas de nuestras acciones, incluso en el caso de que esa congruencia exista. Lo vimos en el caso de la insurrección del 6 de enero en el Capitolio y la legitimación y adopción del tabaco gracias al vehículo narrativo del Hombre Marlboro. Por buenas que puedan haber sido las intenciones y por más congruentes que fueran las perspectivas, el resultado es que se hizo un daño y ese daño podría haberse prevenido si alguien hubiera tenido en cuenta las consecuencias potenciales de sus acciones. Imagina las posibilidades si contáramos historias mejores. Imagina lo que podríamos legitimar si empleáramos este conocimiento para activar al público en pos de un bien superior. Imagina si narráramos historias que contribuyeran a deslegitimar los aspectos de la sociedad que acostumbran a impactar de manera desproporcionada en las comunidades marginadas, como la brutalidad policial contra los cuerpos negros, y propugnaran el fin del techo de cristal, del odio hacia los asiáticos, unas políticas electorales más justas, etcétera, etcétera. El impacto sería notable.

Y ahora viene lo mejor. De manera colectiva, tenemos el poder de cambiar todas estas cosas basadas en las historias que nos contamos a nosotros mismos y las que nos explicamos los unos a los otros. Dichas historias ayudan a establecer nuevos marcos culturales que modulan la manera en que nosotros (y otros como nosotros) vemos a los demás y cómo nos comportamos en el mundo, como colectivo. Lo que pretendo no es proyectar una sociedad utópica ni una visión pintoresca de la vida, sino el tipo de mundo en el que quiero que vivan mis hijas —y sus hijos—, y sé que hoy tenemos las herramientas a nuestra disposición, como explica este libro, para hacerlo aprovechando el poder de la cultura.

Lo hago por mi cultura

Hace algo más de veinte años, Jay-Z hizo una declaración en su canción mítica de 2001 «Izzo (H.O.V.A.)», incluida en el álbum *Blueprint*: *«I do this for my culture»*, «Lo hago por mi cultura». Aquella frase se convertiría en un puntal en el argot del hiphop y posteriormente se propagaría, de manera más generalizada, a la cultura pop. El significado de estas palabras tiene un impacto profundo, sobre todo en relación con las comunicaciones y el consumo, y quizá hoy sea más importante que nunca. En un momento determinado, la pandemia relegó la mayoría de nuestras interacciones sociales a los Facebook del mundo, cuyas plataformas se basan en algoritmos para seleccionar cuidadosamente nuestra dieta mediática y representar los pensamientos, sentimientos y comportamientos de personas como nosotros. El contenido que nuestra gente comparte en esencia funciona como símbolo de la pertenencia a una comunidad, ya se trate de una afiliación política o de un equipo deportivo, o cualquier cosa entre ambos. De ahí que el grado en que estamos expuestos a nuevas ideas, nuevos productos, etc., se base de manera predominante en —y esté coloreado por— lo que nuestras comunidades consideran aceptable. Esto significa que los generadores de ideas actuales tienen que estar aún más atentos a las características culturales que gobiernan esas comunidades si quieren que estas debatan y adopten sus ideas. El primer paso para conseguirlo nos obliga a ampliar nuestra perspectiva de cómo concebimos la cultura y a ahondar en nuestra comprensión de los miembros de la tribu que participan en estos actos culturales para poder ajustar las actividades de nuestra empresa u organización de manera acorde.

Lo cierto es que, al igual que Jay-Z, lo hacemos por la cultura, por la o las culturas únicas con las que nos identificamos. Cada uno de nosotros actúa en el marco de unos sistemas operativos colectivos propios que guían sus acciones y con quién las lleva a cabo. De ahí que, como líderes y publicistas (en el sentido más amplio), tengamos que profundizar en el concepto de la cultura más allá de lo coloquial si queremos aprovechar plenamente su poder y su influencia en los productos que consumimos, en los comportamientos que adoptamos y en las marcas que consagramos. Cuanto mejor entendamos estas características culturales, más profundizaremos en nuestro conocimiento, lo cual nos ayudará a generar el tipo de ideas que inspiran a las personas a actuar de un modo predecible. ¿Y a quién no le interesa eso?

Agradecimientos

Nunca pensé en escribir un libro. Quizá estaba en alguna parte, en mi inconsciente, en mi lista de «estaría muy bien», pero desde luego no estaba en mi lista de tareas pendientes. Aun así, cuando me dispuse a hacerlo, me prometí que escribiría el libro que me habría gustado tener a mi disposición cuando empecé a explorar las ciencias sociales hace más de una década. Espero de verdad haber conseguido mi propósito. Aun así, nada de esto habría sido posible sin la ayuda del montón de personas brillantes, generosas y estimulantes a las que he conocido entre entonces y ahora. Escribir un libro puede ser un proceso solitario, pero yo nunca me he sentido solo. Por eso, y por mucho más, me siento increíblemente agradecido.

A mi querido amigo, la persona con quien más comparto el pensamiento, John Branch, por ser la inspiración de mi carrera académica, por impulsarla y ayudarme a hacerla realidad. Desde mis primeros días como estudiante de máster hasta mi vida actual como «académico», has sido un maestro y un mentor. Nada de esto hubiera sido posible sin tu apoyo y tu amistad. Gracias un millón de veces.

A los miembros de mi comité de la tesis doctoral en la Fox School of Business, Temple University (Susan Mudambi, Lynne Andersson y Matt Wray), gracias por invertir en mí y ayudarme a convertirme en un mejor investigador y estudioso. Vuestra guía y aliento me infundieron seguridad para pensar que merecía la pena leer mis ideas. Nunca más volveré a ver el mundo igual.

A Jeff Shreve y todo el equipo de Science Factory, gracias por darme una oportunidad y ayudarme a hacer todo esto posible. A Colleen Lawrie, gracias por ver el camino cuando yo no lo tenía tan claro y por ayudarme a transitar la línea entre el rigor académico y la digestibilidad.

A las numerosas personas en PublicAffairs responsables de convertir mi escritura en algo material y significativo, y de hacer todo lo necesario para que un libro sea realidad; cada día os aprecio más.

A las personas que me dieron una oportunidad en los inicios de mi carrera, cuando buscaba mi camino. Siento un inmenso agradecimiento hacia Derrick Scott, Clifton Brent, Soojin Kwon, Matt Fischer, Ed Suwananjer, Thuy-An Julien, Mathew Knowles, Avi Savar, Steve Stoute, Laura Sawyer, Melanie Barnett Weaver, Puneet Manchanda y Jeff DeGraff por ver algo en mí que mi currículum no reflejaba. Las experiencias que me brindasteis entre todos son la génesis de este libro.

A mi equipo en Wieden+Kennedy, porque el trabajo que hacemos cada día es un estudio de caso. Gracias por ayudarme a sentirme en casa y por hacer más materiales y aplicables que nunca los pensamientos que recoge este libro. Tal vez sea la mejor obra de mi vida hasta el momento, pero creo que lo mejor aún está por llegar.

A mis colaboradores y cómplices creativos a lo largo de los años, gracias por ayudarme a ver el mundo más claramente: Russell Pinke (mi socio más cercano y longevo en publicidad), John Greene, John McBride, Chaucer Barnes, Charles Wright, Susanna Swartly, Ben Gladstone, Joel Rodriguez, John Petty III, Geoff McHenry, Sandi Preston, Abigail Weintraub, Iyana Sarrafieh, Roby Egan, Tiffany Hardin, Becka Vigorito, Michael Stoopack, Nils Peyron, Patience Ramsey, Lauren Gamsey, Chris Wallace, Leanne Leahy, John Norman, Chris Cereda, Adam Carl, Will Cady, Jason Gaboriau, Caitlin Delaney, Olivia Roth, Kelsey Randsdell, Matt McDonnell, James Ward, Brad Emmett, Rob Strasberg, Rob Legato, Andrew Lamar, Hajj Flemings, Lincoln Stephens, Jada Black, Joe Kantor, Alima Trapp, Eric Thomas, Justine Norman, Marlowe Stoudamire, Josh Luber, Khartoon Weiss, Mark Pollard, Toby Daniels, Michael Ventura, Katie Longmyer, Ken Muench, Cedric Rodgers, Mark Comerford, Hazel Swayne, Iñaki Escudero, Andrew Zolty, Lauren Puglia, Jacklyn Ciamilo, Stefan Wendin, Jessalin Lam, Heather LeFevre, Lisa Pertoso, Matt Lemay, Mark Altman, Tiffany Warren, Christena Pyle, Dhani Jones, Stefen Welch, Alicia Jefferys, Charlie Metzger, Charlie Kondek, Cal Hunter, Lindy Greer, Rohit Bery, April Davis, Joy Johnson, Zekeya Ewing, Mitch Brooks, Eric Schwartz, Mike Muse, Paul Johnson, Bryan Johnson, Chad Hughes, Steven Snead, Kristopher Crosby, Ro Adebiyi, John Rhodes, Darius Matthews, David Brown Jr., Jodi Detjen, Rob Kozinets, Grant McCracken, Susan Fournier, Barb Bickart, Rebekah Modrak, Fred Feinberg, Lindy Greer, Brad Killaly, Paula Caproni, Gene Mage, Scott Rick, Rajeev Batra y Jeffrey Sanchez Burks.

A mi familia en Music World, a mi equipo en Translation, a mis «incondicionales» en BigSpeak, a mi «familj» en Hyper Island, a mis amigos en la American Advertising Federation (mención especial a la Clase de AHOA de 2020), a mis colegas en la Ross School of Business, a mis hermanos de la Phi Beta Sigma Fraternity, Inc., a mis simpatizantes en Section4, y a mis «compas» en Adweek, gracias por crear la marca de agua por la cual continúo midiéndome.

A mis padres, Hershel y Jeannette Collins, no tengo palabras para expresar la gratitud por todo lo que habéis hecho por mí. Papá, tú eres el emprendedor que me enseñó a soñar. Mamá, tú eres la académica que me enseñó a ser pragmático en mis objetivos. Juntos, me habéis imbuido de un espíritu de determinación y gratitud, y me habéis hecho ser consciente de que toda mi ayuda y fuerza se debe a la gracia y misericordia del Señor. A mi esposa, Alex, y a nuestras hijas, Georgia e Ivy, gracias por vuestro amor, por vuestro apoyo y por todos los sacrificios, pero, sobre todo, gracias por creer en mí. A mi familia natural y a mi familia espiritual en la Iglesia del Israel de Dios, gracias por vuestras oraciones y palabras de aliento. Espero que todos os sintáis orgullosos de mí.

A mis muchos clientes, compañeros de equipo, colegas, amigos y estudiantes (tanto del pasado como del presente), gracias por inspirarme. He aprendido mucho de todos vosotros. Este libro no solo articula mi investigación y práctica, sino que es un subproducto de la multitud de conversaciones, debates y trabajo creativo que he experimentado con vosotros a lo largo de todos los años. Os estoy sinceramente agradecido.

Bibliografía

Introducción

Al-Attili, Aghlab, «1.1 What Is a Market? Unit 1: Small Agribusinesses and Markets», SOAS University of London, disponible en: <https://www.soas.ac.uk/cedep-demos/000_P538_MSA_K3736-Demo/unit1/page_06.htm> [acceso: 1 de mayo de 2022].

Alsafran, Maryam, «Biology», Sites at Penn State [acceso: 1 de mayo de 2022].

Anthony, Scott D., «Kodak's Downfall Wasn't About Technology», *Harvard Business Review*, 15 de julio de 2016, disponible en: <https://hbr.org/2016/07/kodaks-downfall-wasnt-about-technology>.

Christensen, Clayton M., *The Innovator's Dilemma: The Revolutionary Book That Will Change the Way You Do Business*, Nueva York, Harper Business, 2011.

Collins, Marcus, *Exploring Social Contagion Within a Tribe Called Hip Hop: Mechanisms of Evaluation and Legitimation*, Filadelfia, Pensilvania, Temple University Press, 2021.

De Mooij, Marieke, «The Future Is Predictable for International Marketers: Converging Incomes Lead to Diverging Consumer Behavior», *International Marketing Review* 17, n.º 2 (2001), pp. 103-113.

Ebony, David, «Oldest Photograph of a Human Is Back in the Spotlight», Artnet News, 27 de noviembre de 2014, disponible en: <https://news.artnet.com/art-world/oldest-photograph-of-a-human-is-back-in-the-spotlight-159766>.

Ginosar, Shiry, Kate Rakelly, Sarah Sachs, Brian Yin y Alexei A. Efros, *A Century of Portraits: A Visual Historical Record of American High School Yearbooks*, arXiv.org, 9 de noviembre de 2015, disponible en: <https://arxiv.org/abs/1511.02575v1>.

Gundlach, Gregory T., y William L. Wilkie, «The American Marketing Association's New Definition of Marketing: Perspective and Commentary on the 2007 Revision», *Journal of Public Policy & Marketing* 28, n.º 2 (2009), pp. 259-264.

Hakes, Heather, «The History of Dental Hygiene: Development Through the Years», Today's RDH, 16 de junio de 2020, disponible en: <https://www.todaysrdh.com/the-history-of-dental-hygiene-development-through-the-years/>.

Hiscott, Rebecca, «The Real Reason Hipsters Love PBR», HuffPost, 7 de diciembre de 2017, disponible en: <https://www.huffpost.com/entry/pbr-coolness-study_n_5399109>.

Jeeves, Nicholas, «The Serious and the Smirk: The Smile in Portraiture», The Public Domain Review, 18 de septiembre de 2013, disponible en: <https://publicdomainreview.org/essay/the-serious-and-the-smirk-the-smile-in-portraiture>.

Jones, Robert Alun, *Emile Durkheim: An Introduction to Four Major Works*, Beverly Hills, California, Sage Publications, 1986, pp. 60-81.

Kotler, Philip, «Dr. Philip Kotler Answers Your Questions on Marketing», Kotler Marketing Group, Inc., disponible en: <https://kotlermarketing.com/phil_questions.shtml> [consulta: 1 de mayo de 2022].

McCracken, Grant D., *Chief Culture Officer: How to Create a Living, Breathing Corporation*, Nueva York, Basic Books, 2011.

Passy, Charles, «Opinion: How Did Pabst Blue Ribbon Become a Hipster Favorite?», MarketWatch, 18 de julio de 2015, disponible en: <https://www.marketwatch.com/story/whatll-you-have-not-a-pabst-blue-ribbon-2015-07-18>.

Peacock, James L., «Durkheim and the Social Anthropology of Culture», *Social Forces* 59, n.º 4 (1981), pp. 996-1008, disponible en: <https://search-proquest-com.libproxy.temple.edu/docview/839149378?accountid=14270>.

Richter, Felix, «Infographic: The U.S. Wireless Headphone Market», Statista Infographics, 8 de febrero de 2017, disponible en: <https://www.statista.com/chart/7993/headphone-market-share/>.

Shutt, Eric, «Cultural Strategy Battle School–iStrategyLabs», SlideShare, 24 de abril de 2015.

Walker, Rob, «The Marketing of No Marketing», *The New York Times*, 22 de junio de 2003, disponible en: <https://www.nytimes.com/2003/06/22/magazine/the-marketing-of-no-marketing.html>.

Warren, Caleb, y Margaret C. Campbell, «What Makes Things Cool? How Autonomy Influences Perceived Coolness», *Journal of Consumer Research* 41, n.º 2 (2014), pp. 543-563.

Weaver, Mark, «Weber's Critique of Advocacy in the Classroom: Critical Thinking and Civic Education», *PS: Political Science and Politics* 31, n.º 4 (1998), pp. 799-801, disponible en: <https://doi.org/10.2307/420720>.

«World Selfie Day: Who Took the First-Ever Selfie?», *Economic Times*, útima actualización: 21 de junio de 2018, disponible en: <https://economictimes.indiatimes.com/magazines/panache/world-selfie-day-who-took-the-first-ever-selfie/articleshow/64676143.cms?from=mdr>.

Wray, Matt, y Michèle Lamont (eds.), *Cultural Sociology: An Introductory Reader*, Nueva York, W. W. Norton & Company, 2014.

I. Descodificación de la cultura

A&E Television Networks, «Thanksgiving», History, 21 de agosto de 2018, disponible en: <https://www.history.com/topics/thanksgiving>.

«Budweiser—The Story of Whassup?!». This Is Not ADVERTISING, 1 de septiembre de 2011, disponible en: <https://thisisnotadvertising.wordpress.com/2011/09/01/budweiser-the-story-of-whassup/>.

Burton, Tara I., *Strange Rites: New Religions for a Godless World*, Nueva York, PublicAffairs, 2020 [1.ª ed.].

Chang, Jeff, *Can't Stop Won't Stop: A History of the Hiphop Generation*, Londres, Picador.

Collins, Marcus, *Exploring Social Contagion within a Tribe Called Hip Hop: Mechanisms of Evaluation and Legitimation*, Filadelfia, Pensilvania, Temple University Press, 2021.

—, «Fika Like a Swede», Visit Sweden, última actualización: 26 de marzo de 2021, disponible en: <https://visitsweden.com/what-to-do/food-drink/swedish-kitchen/all-about-swedish-fika/>.

Fiske, John, «Culture, Ideology, Interpellation», en: J. Rivkin y M. Ryan (eds.), *Literary Theory: An Anthology*, Malden, Massachusetts, Blackwell, 1998, pp. 305-311.

Hafner, Josh, «Ketchup on Hot Dogs? Heinz's 'Chicago Dog Sauce' Tricks Purists», *USA Today*, 19 de julio de 2017, disponible en: <https://eu.usatoday.com/story/money/nation-now/2017/07/19/heinzs-new-chicago-dog-sauce-just-ketchup/491928001/>.

History.com editors, «Christianity», History, 13 de octubre de 2017.

«Making Immunization into a Tradition», The Immunity Charm, disponible en: <https://campaignsoftheworld.com/ooh-campaigns/immunity-charm/> [acceso: 1 de mayo de 2022].

McCann Worldgroup, «Immunity Charm». Integrated Global Network of Specialty Marketing Agencies, disponible en: <https://

www.mccannworldgroup.com/work/immunity-charm> [acceso: 1 de mayo de 2022].

McCracken, Grant, «Culture and Consumption: A Theoretical Account of the Structure and Movement of the Cultural Meaning of Consumer Goods», *Journal of Consumer Research* 13, n.º 1 (1986), pp. 71-84.

Montell, Amanda, *Cultish: The Language of Fanaticism*, Nueva York, Harper Wave, sello editorial de HarperCollins Publishers, 2021 (1.ª ed.). [Hay trad. cast.: *Cultos: el lenguaje del fanatismo*, trad. de Lidia González Torres, Madrid, Tendencias, 2022.]

National Standards for Foreign Language Education Project, *Standards for Foreign Language Learning in the 21st Century*, Lawrence, Kansas, Allen Press, 1999.

«Our story», Jimmy's Red Hots, disponible en: <https://www.jimmysredhotschicago.com/our-story> [acceso: 1 de mayo de 2022].

«The Art of Fika», Swedishness, 3 de junio de 2021, disponible en: <https://swedishness.ch/blogs/news/theartoffika?_pos=1&_sid=91adf41ba&_ss=r>.

Reed, Americus, Mark R. Forehand, Stefano Puntoni y Luk Warlop, «Identity-Based Consumer Behavior», *International Journal of Research in Marketing* 29, n.º 4 (2012).

Vyain, Sally, Gail Scaramuzzo, Susan Cody-Rydzewski, Heather Griffiths, Eric Strayer, Nathan Keirns y Ron McGivern, «Chapter 15. Religion», *Introduction to Sociology*, BCcampus Open Publishing, 6 de noviembre de 2014, disponible en: <https://opentextbc.ca/introductiontosociology/chapter/chapter-15-religion/>.

Williams, Raymond, *Keywords: A Vocabulary of Culture and Society*, Oxford, Reino Unido, Oxford University Press, 2014 (ed. rev.).

—, *Culture and Society, 1780-1950*, Nueva York, Columbia University Press, 1983.

2. Búsqueda de una congregación

AVERY, Jill, *Saving Face by Making Meaning: The Negative Effects of Consumers' Self-serving Response to Brand Extension*, Cambridge, Massachusetts, Harvard University Press, 2007.

BEER, Jeff, «One year later, what did we learn from Nike's blockbuster Colin Kaepernick Ad?», *Fast Company*, 4 de septiembre de 2019, disponible en: <https://www.fastcompany.com/90399316/one-year-later-what-did-we-learn-from-nikes-blockbuster-colin-kaepernick-ad>.

«Beyoncé Mass», disponible en: https://www.beyoncemass.com/#:~:text=Beyonc%C3%A9%20Mass%20is%20a%20womanist,their%20bodies%2C%20and%20their%20voices> [acceso: 1 de mayo de 2022].

CHAVES, Mark, Mary Ellen KONIECZNY, Kraig BEYERLEIN y Emily BARMAN, «The National Congregations Study: Background, Methods, and Selected Results», *Journal for the Scientific Study of Religion* (1999), pp. 458-476.

CHRISTAKIS, Nicholas A., y James H. FOWLER, *Connected: The Amazing Power of Social Networks and How They Shape Our Lives*, Nueva York, Harper-Press, 2011. [Hay trad. cast.: *Conectados*, trad. de Eduardo Schmid y Laura Vidal, Barcelona, Taurus, 2009.]

CROSSMAN, Ashley, «How Do You Study the Sociology of Religion?», ThoughtCo, 3 de julio de 2019, disponible en: <https://www.thoughtco.com/sociology-of-religion-3026286>.

DUA, Tanya, «Inside the Making of Facebook's $11.2 Million Super Bowl Ad, an Epic Undertaking Spanning Several Months and Locations», *Business Insider*, 4 de febrero de 2020, disponible en: <https://www.businessinsider.com/inside-facebooks-first-ever-super-bowl-commercial-promoting-groups-2020-2>.

DUNBAR, Robin, *Grooming, Gossip, and the Evolution of Language*, Cambridge, Massachusetts, Harvard University Press, 1998.

—, *How Many Friends Does One Person Need? Dunbar's Number and Other Evolutionary Quirks*, Harvard University Press, 2022.

Etymology, Etymonline, disponible en: <https://www.etymonline.com> [acceso: 1 de mayo de 2022].

Farris, Paul, Phillip E. Pfeifer y Richard R. Johnson, «The Value of Networks. Darden Case No. UVA-M-0645», SSRN, disponible en: <https://ssrn.com/abstract=1420578 o http://dx.doi.org/10.2139/ssrn.1420578>.

Fogel, Alan, «Emotional and Physical Pain Activate Similar Brain Regions», *Psychology Today*, 19 de abril de 2012, disponible en: <https://www.psychologytoday.com/us/blog/body-sense/201204/emotional-and-physical-pain-activate-similar-brain-regions>.

Friskics-Warren, Bill, «A Church Service Inspired by Beyoncé, No Halo Required», *The New York Times*, 21 de octubre de 2019, disponible en: <https://www.nytimes.com/2019/10/21/arts/music/beyonce-mass.html.

Goffman, Erving, «Presentation of Self in Everyday Life», *American Journal of Sociology* 55 (1949), pp. 6-7.

Gutierrez, Joe, «Debunking the Myth that All Millennials Are the Same», *Fast Company*, 21 de agosto de 2014, disponible en: <https://www.fastcompany.com/3034593/debunking-the-myth-that-all-millennials-are-the-same>.

Hardt, Michael, y Antonio Negri, *Empire*, Cambridge, Massachusetts, y Londres, Harvard University Press, 2000. [Hay trad. cast.: *Imperio*, trad. de Alcira Nélida Bixio, Barcelona, Paidós Ibérica, 2002.]

Holder, Andrew, «Patagonia: Yvon Chouinard», *How I Built This*, NPR, 25 de diciembre de 2017, disponible en: <https://www.npr.org/2018/02/06/572558864/patagonia-yvon-chouinard.>

«Industrial Revolution», History, disponible en: <https://www.history.com/topics/industrial-revolution/industrial-revolution>.

Ives, Nat, «Facebook to Advertise in the Super Bowl for the First Time», *The Wall Street Journal*, 19 de diciembre de 2019, disponible en: <https://www.wsj.com/articles/facebook-to-advertise-in-the-super-bowl-for-the-first-time-11576728775>.

Kirsner, Scott, «The Legend of Bob Metcalfe», *Wired*, disponible en: <https://www.wired.com/1998/11/metcalfe/>.

Maffesoli, Michel, *The Time of the Tribes: The Decline of Individualism in Mass Society*, Londres, Sage Publications, 1996. [Hay trad. cast.: *El tiempo de las tribus*, trad. de Bernardo Moreno Carrillo, Barcelona, Icaria Editorial, 1990.]

Maffesoli, Michel, y Charles R. Foulkes, «Jeux de masques: Postmodern Tribalism», *Design Issues* (1988), pp. 141-151.

Marshall, William J., Marta Lapsley, Andrew P. Day y Ruth M. Ayling (eds.), *Clinical Biochemistry: Metabolic and Clinical Aspects*, Londres, Churchill Livingstone/Elsevier, 2014 (3.ª ed.).

Mishan, Ligaya, «What Is a Tribe?», *The New York Times*, 13 de abril de 2020, disponible en: <https://www.nytimes.com/interactive/2020/04/13/t-magazine/tribe-meaning.html>.

Morris, Charles W., *Mind, Self and Society from the Standpoint of a Social Behaviorist*, Chicago, Illinois, University of Chicago Press, 1934.

Nelson, C. Ellis (ed.), *Congregations: Their Power to Form and Transform*, Louisville, Kentucky, Westminster John Knox Press, 1988.

«Our Company History—Patagonia», Patagonia Outdoor Clothing & Gear, disponible en: <https://www.patagonia.com/company-history/> [acceso: 1 de mayo de 2022].

Paumgarten, Nick, «Patagonia's Philosopher-King», *The New Yorker*, 12 de septiembre de 2016, disponible en: <https://www.newyorker.com/magazine/2016/09/19/patagonias-philosopher-king>.

Peck, Brielle, «Why Do Sociologists Study Religion?», Living by Example, 3 de octubre de 2021, disponible en: <https://www.livingbyexample.org/why-sociologists-study-religion/>.

Pentland, Alex, *Social Physics: How Social Networks Can Make Us Smarter*, Nueva York, Penguin Press, 2015.

Public Broadcasting Service (n.d.), «About Sarnoff», *American Experience*, PBS, disponible en: <https://www.pbs.org/wgbh/americanexperience/features/bigdream-about-sarnoff>/ [acceso: 1 de mayo de 2022].

Reed, Americus, II, Mark R. Forehand, Stefano Puntoni y Luk Warlop, «Identity-Based Consumer Behavior», *International Journal of Research in Marketing* 29, n.º 4 (2012), pp. 310-321.

Reed, David P., «The Law of the Pack», *Harvard Business Review*, 1 de agosto de 2014, disponible en: <https://hbr.org/2001/02/the-law-of-the-pack>.

Ross, Ivan, «Self-Concept and Brand Preference», *Journal of Business* 44, n.º 1 (1971), pp. 38-50.

Smith, Wendell R., «Product Differentiation and Market Segmentation as Alternative Marketing Strategies», *Journal of Marketing* 21, n.º 1 (1956), pp. 3-8, disponible en: <https://doi.org/10.2307/1247695>.

Sommers, Sam, *Situations Matter: Understanding How Context Transforms Your World*, Nueva York, Riverhead Books, 2011.

Wanshel, Elyse, «Beyoncé Fans Hilariously Slam Kid Rock for Making Offensive Comments About Her», HuffPost, 30 de noviembre de 2018, disponible en: <https://www.huffpost.com/entry/beyonce-fans-kid-rock_n_5c016262e4b0249dce7487fc>.

Williams, Madison, «Super Bowl Commercial Cost in 2022: How Much Money Is an Ad for Super Bowl 56?», *Sporting News*, 13 de febrero de 2022, disponible en: <https://www.sportingnews.com/us/nfl/news/super-bowl-commercials-cost-2022/v9ytfqzx74pjrcdvxyhevlzd>.

Yoo, Ryan, «The Origin of the Ohio-Michigan Rivalry», *The Observer*, 12 de abril de 2019, disponible en: <https://observer.case.edu/the-origin-of-the-ohio-michigan-rivalry/>.

Zhang, Ming, Yuki Zhang y Yazhuo Kong, «Interaction Between Social Pain and Physical Pain», *Brain Science Advances* 5, n.º 4

(2019), pp. 265-273, disponible en: <https://doi.org/10.26599/BSA.2019.9050023>.

3. Prédica del evangelio

Akhter, Tabir, «19 Signs You Are from Brooklyn», BuzzFeed, 20 de agosto de 2020, disponible en: <https://www.buzzfeed.com/tabirakhter/19-signs-you-are-from-brooklyn>.

Allyn, Bobby, «Elizabeth Holmes Verdict: Former Theranos CEO Is Found Guilty on 4 Counts», NPR, 4 de enero de 2022, disponible en: <https://www.npr.org/2022/01/03/1063973490/elizabeth-holmes-trial-verdict-guilty-theranos>.

Barro, Josh, «SoulCycle: You Say 'Cult.' I Say 'Loyal Customer Base'», *The New York Times*, 7 de agosto de 2015.

Beer, Jeff, «How REI Is Keeping #OptOutside a Black Friday Tradition», *Fast Company*, 9 de noviembre de 2017, disponible en: <https://www.fastcompany.com/40493417/how-rei-is-keeping-optoutside-a-black-friday-tradition>.

Bennett, Bo, Logically Fallacious. 2020, disponible en: <https://www.logicallyfallacious.com>.

Bernays, Edward L., y Mark Crispin Miller, *Propaganda*, Nueva York, Ig Publishing, 2005.

«Beyond Emotion: Understanding the Amygdala's Role in Memory», Dana Foundation. D., 29 de julio de 2019, disponible en: <https://dana.org/article/beyond-emotion-understanding-the-amygdalas-role-in-memory/>.

Chang, Rachel, «How Mahalia Jackson Sparked Martin Luther King Jr.'s 'I Have a Dream' Speech», Biography, 28 de julio de 2021, disponible en: <https://www.biography.com/news/mahalia-jackson-i-have-a-dream-influence>.

«Coca-Cola 'Happiness Machine' Wins Top Honors at the 2010 CLIO Awards», The Coca-Cola Company, 28 de mayo de

2010, disponible en: <https://investors.coca-colacompany.com/news-events/press-releases/detail/28/coca-cola-happiness-machine-wins-top-honors-at-the-2010>.

«Dan Wieden», The One Club for Creativity, disponible en: <https://www.oneclub.org/adc-hall-of-fame/-bio/dan-wieden-adc> [acceso: 1 de mayo de 2022].

History.com Editors, «Mahalia Jackson Prompts Martin Luther King Jr. to Improvise 'I Have a Dream' Speech», History, 18 de enero de 2022, disponible en: <https://www.history.com/this-day-in-history/august-28/mahalia-jackson-the-queen-of-gospel-puts-her-stamp-on-the-march-on-washington>.

MacLean, Paul D., «Triune Brain», en: *Comparative Neuroscience and Neurobiology*, Boston, Massachusetts, Birkhäuser, 1988, pp. 126-128.

Mainwaring, Simon, «How REI Launched and Built a Movement Far Larger Than the Brand Itself», *Forbes*, 11 de enero de 2017, disponible en: <https://www.forbes.com/sites/simonmainwaring/2017/01/10/how-rei-launched-and-built-a-movement-far-larger-than-the-brand-itself/?sh=714598e16761>.

Montag, Ali, «Nike's Steve Jobs for Apple's 'Think Different' Campaign 20 Years Ago—he Called Them 'the Best Example of All'», CNBC, 10 de septiembre de 2018, disponible en: <https://www.cnbc.com/2018/09/10/nikes-ads-inspired-steve-jobs-for-apples-think-different-campaign.html>.

Motes, Bart, «Tragedy, Tributes, and Triumph: Griffin Farley's Beautiful Minds», HuffPost, 16 de septiembre de 2013, disponible en: <https://www.huffpost.com/entry/disappointment-tragedy-an_b_3600531>.

Nudd, Tim, «Ridiculously Nice Ad for a Crappy 1996 Honda Boosts the Asking Price by 300 Times», *Adweek*, 5 de noviembre de 2017, disponible en: <https://www.adweek.com/creativity/ridiculously-nice-ad-for-a-crappy-1996-honda-boosts-the-asking-price-by-300-times>/.

Pilkington, Ed, «Young Make 'Great Schlep' to Persuade a Sceptical Generation to Vote Obama», *The Guardian*, 27 de noviembre de 2017, disponible en: <https://www.theguardian.com/world/2008/oct/13/uselection-vote-florida-obama>.

Rajmohan, V., y E. Mohandas, «The Limbic System», *Indian Journal of Psychiatry* 49, n.º 2 (2007), pp. 132-139, disponible en: <https://doi.org/10.4103/0019-5545.33264>.

REI Staff, «The History of #OptOutside», Uncommon Path–An REI Co-Op Publication, 2 de octubre de 2018, disponible en: https://www.rei.com/blog/social/the-history-of-opt-outside.

Rovell, D., «Nets' Brooklyn Gear Sales Breaking Team Records», CNBC, 18 de junio de 2012, disponible en: <https://www.cnbc.com/id/47831684>.

Schneider, Amy Beth, «Conversation for a Change: Power of the Great Schlep», eJewish Philanthropy, 26 de julio de 2010, disponible en: <https://ejewishphilanthropy.com/conversation-for-a-change-power-of-the-great-schlep/>.

Sinek, Simon, *Start with Why: How Great Leaders Inspire Everyone to Take Action*, Londres, Portfolio Penguin, 2011. [Hay trad. cast.: *Empieza con el porqué: cómo los grandes líderes motivan a actuar*, trad. de Martín Rodríguez-Courel Ginzo, Empresa Activa, Madrid, 2024.]

SoP, «The Triune Brain», The Science of Psychotherapy, 5 de abril de 2021, disponible en:https://www.thescienceofpsychotherapy.com/the-triune-brain/.

Sports Team, «New Jersey Nets Team History», Sports Team History, 25 de marzo de 2021, disponible en: <https://sportsteamhistory.com/new-jersey-nets>.

Stein, Joel, «The Great Schlep», *Los Angeles Times*, 1 de marzo de 2019, disponible en: <https://www.latimes.com/archives/la-xpm-2008-sep-19-oe-stein19-story.html>.

Swindler, Samantha, y Jeff Manning, «Columbia Sportswear CEO Tim Boyle Cuts Own Salary to $10K, Retail Employees Receive Regular Pay», Oregonlive, 8 de abril de 2020, disponible en: <https://www.oregonlive.com/coronavirus/2020/03/columbia-sportswear-ceo-tim-boyle-cuts-own-salary-to-10k-retail-employees-receive-regular-pay.html>.

«The Concept of the 'Triune Brain'», The Interaction Design Foundation, 2 de enero de 2021, disponible en: <https://www.interaction-design.org/literature/article/the-concept-of-the-triune-brain>.

The Great Schlep, YouTube, 29 de mayo de 2009, disponible en: <https://www.youtube.com/watch?v=PtBGXVKbEv4>.

«The Limbic System», Queensland Brain Institute, University of Queensland, 24 de enero de 2019, disponible en: <https://qbi.uq.edu.au/brain/brain-anatomy/limbic-system>.

Thomas, Daniel, «Theranos Scandal: Who Is Elizabeth Holmes and Why Was She on Trial?», BBC News, 4 de enero de 2022, disponible en: <https://www.bbc.com/news/business-58336998>.

WeCrashed, Wondery, disponible en: <https://wondery.com/shows/we-crashed/> [acceso: 1 de mayo de 2022].

Younge, Gary, «Martin Luther King: The Story Behind His 'I Have a Dream' Speech», *The Guardian*, 29 de marzo de 2018, disponible en: <https://www.theguardian.com/world/2013/aug/09/martin-luther-king-dream-speech-history>.

4. Creación de significado

Belsey, Catherine, *Poststructuralism: A Very Short Introduction*, Oxford, Reino Unido, Oxford University Press, 2002.

Cialdini, Robert B. *Influence: The Psychology of Persuasion*, ed. rev., Nueva York, HarperBusiness, 2006.

Dating App Wars: Are You Ready to Bumble? Wondery, disponible en: <https://wondery.com/shows/business-wars/episode/5296-

dating-app-wars-are-you-ready-to-bumble/> [acceso: 1 de mayo de 2022].

Day, Meagan, «Is the $90 Million Lesedi La Rona Diamond Actually Worthless?», Medium, 19 de marzo de 2018, disponible en: <https://timeline.com/is-the-90-million-lesedi-la-rona-diamond-actually-worthless-b922eaba5cc1>.

De Saussure, Ferdinand, *Curso de lingüística general*, Tres Cantos, Akal, 2013.

Desta, Yohana, «The Brand Beyoncé Almost Name-Dropped Instead of Red Lobster», *Vanity Fair*, 9 de diciembre de 2016, disponible en: <https://www.vanityfair.com/hollywood/2016/12/beyonce-formation-red-lobster>.

«Distracted Boyfriend», Know Your Meme, 30 de junio de 2022, disponible en: <https://knowyourmeme.com/memes/distracted-boyfriend>.

«DMWT Case Study», GSD&M, disponible en: <https://www.gsdm.com/dmwt/> [acceso: 1 de mayo de 2022].

Geertz, Clifford, y Robert Darnton. *The Interpretation of Cultures: Selected Essays*, Nueva York, Basic Books, 3.ª ed.

«Global Athleisure Market Forecast Report 2021–2028–Rising Trend of Sustainable Athleisure, Increased Demand from Millennials, Growing Penetration of e-Commerce–ResearchAndMarkets.com», Yahoo, 31 de agosto de 2022.

Henley, Jon, «'What Is Truly Scandinavian? Nothing': Airline Clarifies Ad After Far-Right Criticism», *The Guardian*, 1 de julio de 2020, disponible en: <https://www.theguardian.com/world/2020/feb/13/what-is-truly-scandinavian-nothing-airline-clarifies-ad-after-far-right-criticism>.

Jennings, Rebecca, «The Orolay Amazon Coat, Explained», Vox, 25 de febrero de 2019, disponible en: <https://www.vox.com/the-goods/2019/2/25/18233597/orolay-amazon-coat-upper-east-side>.

Kua, Benson, «History of the Rainbow Flag», These Colors Run

Deep, 5 de agosto de 2010, disponible en: <https://scholar blogs.emory.edu/lgbtflags/history/>.

Lamont, Michèle, «Toward a Comparative Sociology of Valuation and Evaluation», *Annual Review of Sociology* 38 (2012), pp. 201-221.

McCracken, Grant, «Culture and Consumption: A Theoretical Account of the Structure and Movement of the Cultural Meaning of Consumer Goods», *Journal of Consumer Research* 13, n.º 1 (1986), pp. 71-84.

McLuhan, Marshall, y Quentin Fiore, *The Medium Is the Massage: An Inventory of Effects*, Berkeley, California, Gingko Press, 2001. [Hay trad. cast.: *El medio es el masaje: un inventario de efectos*, trad. de León Mirlas, Barcelona, Paidós Ibérica, 1995.]

Morgan, Thaddeus, «How Did the Rainbow Flag Become an LGBT Symbol?», History, 22 de junio de 2020, disponible en: https://www.history.com/news/how-did-the-rainbow-flag-become-an-lgbt-symbol#:%7E:text=The%20rainbow%20flag%20was%20created,San%20Francisco's%20annual%20pride%20parade.

Milian, Mark, «Apple Triggers 'Religious' Reaction in Fans' Brains, Report Says», CNN, 19 de mayo de 2011.

Nodjimbadem, Katie, «The Trashy Beginnings of 'Don't Mess with Texas'», *Smithsonian Magazine*, 10 de marzo de 2017, disponible en: <https://www.smithsonianmag.com/history/tras hy-beginnings-dont-mess-texas-180962490/>.

Raden, Aja, «Modern Love: The Invention of the Diamond Engagement Ring», HuffPost, 7 de diciembre de 2017, disponible en: <https://www.huffpost.com/entry/modern-love-the-in vention_b_9234280>.

Riley, Charles, «Red Lobster: Sales Spike 33 Percent After Beyoncé Endorsement», CNNMoney, 9 de febrero de 2016, disponible en: <https://money.cnn.com/2016/02/09/investing/red-lobster-beyonce-formation/>.

SCHWIMMER, Eric, «Is Anthropology a Domain of Semiotics?», en: *A Semiotic Landscape. Panorama sémiotique: Proceedings of the First Congress of the International Association for Semiotic Studies, Milan June 1974*, Berlin, Boston, De Gruyter Mouton, 2019, pp. 1060-1063, disponible en: <https://doi.org/10.1515/9783110803327-204>.

SCHNEIDER, Katy, «The Unlikely Tale of a $140 Amazon Coat That's Taken Over the Upper East Side», *Strategist*, 27 de marzo de 2018, disponible en: <https://nymag.com/strategist/2018/03/the-orolay-amazon-coat-thats-overtaken-the-upper-east-side.html>.

«Semiotics: The Study of Signs and Symbols in Human Communication», ThoughtCo, 8 de marzo de 2020, disponible en: <https://www.thoughtco.com/semiotics-definition-1692082>.

SEYMOUR, Laura, *An Analysis of Roland Barthes's* The Death of the Author, Nueva York, Routledge, 2017.

SHONTELL, Alyson, «It's Official: Apple Fanboyism Is a Religion: Neuroscientists Find Both Trigger Same Reaction in Brain», *Business Insider*, 21 de mayo de 2011, disponible en: <https://www.businessinsider.com/apple-is-a-religion-neuroscientists-find-it-triggers-the-same-reaction-in-your-brain-2011-5?international=true&r=US&IR=T>.

SUCHMAN, Mark C., «Managing Legitimacy: Strategic and Institutional Approaches», *Academy of Management Review* 20, n.º 3 (1995), pp. 571-610.

«The Incredible Story of How De Beers Created and Lost the Most Powerful Monopoly Ever», *Business Insider*, 8 de mayo de 2014, disponible en: <https://www.businessinsider.com/history-of-de-beers-2011-12?international=true&r=US&IR=T#de-beers-forged-new-international-markets-using-similar-advertising-campaigns-in-places-like-japan-germany-and-brazil-6>.

«U.S. Adult Tobacco Product Use Decreased from 2019 to 2020», CDC Newsroom, 1 de enero de 2016, disponible en: https://

www.cdc.gov/media/releases/2022/p0318-US-tobacco-use.html#:%7E:text=This%20study%20shows%20that%20adult,reported%20smoking%20cigarettes%20in%202020.

5. Malinterpretación de significado

Al-Fedaghi, Sabah, «A Conceptual Foundation for the Shannon-Weaver Model of Communication», *International Journal of Soft Computing* 7, n.º 1 (2012), pp. 12-19.

«Bobby Vinton Biography», Bobby Vinton, disponible en: <http://www.bobbyvinton.com/> [acceso: 1 de mayo de 2022].

«Bobby Vinton», Pittsburgh Music History [acceso: 1 de mayo de 2022].

D'Addario, Daniel, «Why the Kendall Jenner Pepsi Ad Was Such a Glaring Misstep», *Time*, 5 de abril de 2017, disponible en: <https://time.com/4726500/pepsi-ad-kendall-jenner/>.

«Excommunication», Catholic Encyclopedia, <https://www.newadvent.org/cathen/05678a.htm> [acceso: 1 de mayo de 2022].

Fish, Bill, «Naïve Realism», Oxford Bibliographies, última modificación: 30 de marzo de 2017, disponible en: <https://www.oxfordbibliographies.com/view/document/obo-9780195396577/obo-9780195396577-0340.xml>.

Hastorf, Albert H., y Hadley Cantril, «They Saw a Game: A Case Study», *Journal of Abnormal and Social Psychology* 49, n.º 1 (1954), pp. 129-134, disponible en: <https://doi.org/10.1037/h0057880>.

History.com Editors, «Ku Klux Klan», History, 4 de febrero de 2022.

—, «'The Birth of a Nation' Opens, Glorifying the KKK», History, 7 de febrero de 2022, disponible en: <https://www.history.com/this-day-in-history/birth-of-a-nation-opens>.

Holcombe, Madeline C., «The Peloton Actress Has Traded a Bike for a Cocktail in New Ryan Reynolds Commercial», CNN, 7 de diciembre de 2019, disponible en: <https://edition.cnn.com/2019/12/07/us/peloton-ad-ryan-reynolds-gin-trnd/index.html>.

HSU, Tiffany, «Peloton's Cringe-y Ad Got Everyone Talking. Its C.E.O. Is Silent», *The New York Times*, 9 de diciembre de 2019, disponible en: <https://www.nytimes.com/2019/12/09/business/media/peloton-ad-ryan-reynolds.html>.

KAHNEMAN, Daniel, *Thinking, Fast and Slow*, Nueva York, Macmillan, 2011. [Hay trad. cast.: *Pensar rápido, pensar despacio*, trad. de Joaquín Chamorro Mielke, Barcelona, Debolsillo, 2013.]

KAMP, David, «An Oral History of the British Invasion», *Vanity Fair*, 10 de febrero de 2014, disponible en: <https://www.vanityfair.com/culture/2002/11/british-invasion-oral-history>.

KKK Series, Federal Bureau of Investigation, 27 de abril de 2022.

LEVINE, Barry, «Sprite Highlights Hiphop Culture with 'Thirst for Yours' campaign», Marketing Dive, 21 de junio de 2019, disponible en: <https://www.marketingdive.com/news/sprite-highlights-hiphop-culture-with-thirst-for-yours-campaign/557327/#:%7E:text=In%201994%2C%20a%20series%20of,Notorious%20B.I.G.%2C%20Nas%20and%20Rakim>.

LORENZ, Taylor, «Birds Aren't Real, or Are They? Inside a Gen Z Conspiracy Theory», *The New York Times*, 9 de diciembre de 2021, disponible en: <https://www.nytimes.com/2021/12/09/technology/birds-arent-real-gen-z-misinformation.html>.

MAUTZ, Scott, «A Peloton Ad Sparked Huge Controversy over Its Sexism. It's Also Just a Terrible Commercial», Inc.com, 6 de febrero de 2020, disponible en: <https://www.inc.com/scott-mautz/a-peloton-ad-sparked-huge-controversy-over-its-sexism-its-also-just-a-terrible-commercial.html>.

MURRAY, Mark, «As Howard Dean's 'Scream' Turns 15, Its Impact on American Politics Lives On», NBC News, 18 de enero de 2019, disponible en: <https://www.nbcnews.com/poli

tics/meet-the-press/howard-dean-s-scream-turns-15-its-impact-american-politics-n959916>.

NILSSON, Jeff, «Why Early Critics Hated the Beatles», *Saturday Evening Post*, 3 de octubre de 2018, disponible en: <https://www.saturdayeveningpost.com/2014/01/why-the-beatles-bugged-the-critics/>.

«Obey Your Thirst Campaign (1998)», Marketing Campaign Case Studies, 24 de mayo de 2008, disponible en: <http://marketing-case-studies.blogspot.com/2008/05/obey-your-thirst-campaign-1998.html>.

ORTIZ, Aimee, «Peloton Ad Is Criticized as Sexist and Dystopian», *The New York Times*, 4 de diciembre de 2019, disponible en: <https://www.nytimes.com/2019/12/03/business/peloton-bike-ad-stock.html#:%7E:text=Many%20social%20media%20users%20criticized,classes%20costs%20%2439%20a%20month.&text=The%20woman%20in%20the%20commercial,pointed%20out%2C%20was%20already%20fit>.

PFEIFFER, Lee, «*The Birth of a Nation*», *Encyclopædia Britannica*, disponible en: <https://www.britannica.com/topic/The-Birth-of-a-Nation> [acceso: 1 de mayo de 2022].

PUTERBAUGH, Parke, «The British Invasion: From the Beatles to the Stones, the Sixties Belonged to Britain», *Rolling Stone*, 3 de enero de 2021, disponible en: <https://www.rollingstone.com/feature/the-british-invasion-from-the-beatles-to-the-stones-the-sixties-belonged-to-britain-244870/>.

ROBERTS, Joel, «The Rise and Fall of Howard Dean», CBS News, 19 de febrero de 2004, disponible en: <https://www.cbsnews.com/news/the-rise-and-fall-of-howard-dean-18-02-2004/>.

ROOSE, Kevin, Daniel GUILLEMETTE, Rachel QUESTER, Eric KRUPKE, Clare TOENISKOETTER, Rob SZYPKO, Mike BENOIST, Marion LOZANO, Dan POWELL y Brad FISHER, «'We're Going to Take

Over the World'», *The New York Times*, 10 de septiembre de 2021, disponible en: <https://www.nytimes.com/2021/09/10/podcasts/the-daily/911-conspiracy-theories-loose-change.html>.

Roque, M., «'Same Same, but Different': An Origin Story», Slumber Party Hostels, 1 de abril de 2019, disponible en: <https://liveslumberparty.com/same-same-but-different-origin/>.

Sandlin, Jennifer A., Brian D. Schultz y Jake Burdick (eds.), *Handbook of Public Pedagogy*, Nueva York, Routledge, 2009.

«Shannon and Weaver Model of Communication», Businesstopia, 15 de febrero de 2018, disponible en: <https://www.business topia.net/communication/shannon-and-weaver-model-commu nication>.

Sobchack, Vivian C., *The Address of the Eye: A Phenomenology of Film Experience*, Princeton, Nueva Jersey, Princeton University Press, 1992.

Steinberg, Brian, «Ryan Reynolds Hijacks 'Peloton Wife,' Wrings New Buzz from Old Ad Trick», *Variety*, 7 de diciembre de 2019, disponible en: <https://variety.com/2019/tv/news/ryan-reynolds-peloton-wife-aviation-gin-advertising-1203428 394/>.

Walsh, Kenneth T., «The Battle Cry That Backfired on Howard 'The Scream' Dean», *US News & World Report*, 7 de enero de 2008, disponible en: <https://www.usnews.com/news/articles/2008/01/17/the-battle-cry-that-backfired>.

Weaver, Warren, y Claude Elwood Shannon, *The Mathematical Theory of Communication*, Champaign, University of Illinois Press, 1963. [Hay trad. cast.: *Teoría matemática de la comunicación*, Madrid, Ediciones Forja, 1981.]

«What Is Excommunication?», Catholic Straight Answers. A. 21 de mayo de 2013, disponible en: <https://catholicstraightans wers.com/what-is-excommunication>/.

Williams, Juan, «What Happened to Howard Dean?», NPR, 9 de

febrero de 2004, disponible en: <https://www.npr.org/2004/02/09/1667239/what-happened-to-howard-dean>.

Witter, Brad, «Tina Fey Used Her Real Life as Inspiration for the Unforgettable Characters in 'Mean Girls'», Biography, 19 de mayo de 2020, disponible en: <https://www.biography.com/news/tina-fey-mean-girls-characters>.

Wiseman, Rosalind, *Queen Bees and Wannabes: Helping Your Daughter Survive Cliques, Gossip, Boyfriends, and the New Realities of Girl World*, 2.ª ed., Nueva York, Three Rivers Press, 2009.

Wotton, Chris, «'Same Same, but Different': The Origins of Thailand's Tourist Catchphrase», Culture Trip, 9 de enero de 2019, disponible en: <https://theculturetrip.com/asia/thailand/articles/same-same-but-different-the-origins-of-thailands-tourist-catchphrase>/.

«Yasmin Green», TED, disponible en: <https://www.ted.com/speakers/yasmin_green> [acceso: 1 de mayo de 2022].

Zajonc, Robert B., «Attitudinal Effects of Mere Exposure», *Journal of Personality and Social Psychology* 9, n.º 2, pt. 2 (1968), pp. 1-27, disponible en: <https://doi.org/10.1037/h0025848>.

6. La velocidad de la cultura

Bariso, Justin, «There Are Actually 3 Types of Empathy. Here's How They Differ—and How You Can Develop Them All», Inc. Com., 7 de octubre de 2020, disponible en: <https://www.inc.com/justin-bariso/there-are-actually-3-types-of-empathy-heres-how-they-differ-and-how-you-can-develop-them-all.html>.

Barnes, Kenyette Tisha, «R. Kelly Has Finally Been Silenced. Let's Keep It That Way», *Time*, 29 de septiembre de 2021, disponible en: <https://time.com/6102538/r-kelly-conviction-mute/>.

Bourdieu, Pierre, *Distinction: A Social Critique of the Judgement of Taste*, Londres, Routledge, 1984. [Hay trad. cast.: *La distinción:*

criterio y bases sociales del gusto, trad. de María-Carmen Ruiz de Elvira, Barcelona, Taurus, 2012.]

Brown, Abram, «How Hiphop Superstar Travis Scott Has Become Corporate America's Brand Whisperer», *Forbes*, 1 de diciembre de 2020, disponible en: <https://www.forbes.com/sites/abrambrown/2020/11/30/how-hiphop-superstar-travis-scott-has-become-corporate-americas-brand-whisperer/>.

Collins, Marcus, «NFTs Will Become the Ultimate Marker of Belonging», *Adweek*, 25 de febrero de 2022, disponible en: <https://www.adweek.com/commerce/nfts-will-become-the-ultimate-marker-of-belonging/>.

—, «Marketers Are Mistaking Information for Intimacy», *Adweek*, 9 de agosto de 2021, disponible en: <https://www.adweek.com/performance-marketing/marketers-mistaking-information-intimacy/>.

«Culture of Empathy Builder: Daniel Goleman», disponible en: <http://cultureofempathy.com/References/Experts/Daniel-Goleman.htm> [acceso: 1 de mayo de 2022].

«Data», MIT Election and Data Science Lab, 17 de marzo de 2022, disponible en: <https://electionlab.mit.edu/data>.

Fraade-Blanar, Zoe, y Aaron M. Glazer. *Superfandom: How Our Obsessions Are Changing What We Buy and Who We Are*, 1.ª ed., Nueva York, W. W. Norton & Company, 2017.

Gecas, Viktor, «The Self-Concept», *Annual Review of Sociology* 8, n.º 1 (1982), p. 133.

Goleman, Daniel, *Emotional Intelligence*, Nueva York, Bantam Books, 1995. [Hay trad. cast.: *Inteligencia emocional*, trad. de David González Raga y Fernando Mora, Barcelona, Kairós, 2010.]

Grady, Constance, «20 Years After Aaliyah's Death, R. Kelly's Shadow Looms», Vox, 30 de agosto de 2021, disponible en: <https://www.vox.com/culture/22621692/aaliyah-death-20-year-anniversary-r-kelly-trial>.

«How W+K Won McDonald's, Then Blew the Doors off with Travis Scott, as Told by Jennifer Healan of McDonald's and

Tass Tsitsopoulos of Wieden», Apple Podcasts, 12 de febrero de 2021, disponible en: <https://podcasts.apple.com/us/podcast/how-w-k-won-mcdonalds-then-blew-doors-off-travis-scott/id1494056579?i=1000508861492>.

Jones, Bradley, «The Changing Political Geography of COVID-19 over the Last Two Years», Pew Research Center—U.S. Politics & Policy, 22 de abril de 2022, disponible en: <https://www.pewresearch.org/politics/2022/03/03/the-changing-political-geography-of-covid-19-over-the-last-two-years/>.

Kozinets, Robert V., «'I Want to Believe': A Netnography of the X-Philes' Subculture of Consumption», *Advances in Consumer Research* 24 (1997), pp. 470-475.

—, «On Netnography: Initial Reflections on Consumer Research Investigations of Cyberculture», *NA–Advances in Consumer Research* 25 (1998), pp. 366-371.

—, «Utopian Enterprise: Articulating the Meanings of Star Trek's Culture of Consumption», *Journal of Consumer Research* 28, n.º 1 (2001), pp. 67-88.

—, «The Field Behind the Screen: Using Netnography for Marketing Research in Online Communities», *Journal of Marketing Research* 39, n.º 1 (2002), pp. 61-72.

—, *Netnography: Doing Ethnographic Research Online*, Thousand Oaks, California, Sage Publications, 2010.

—, «Marketing Netnography: Prom/ot(ulgat)ing a New Research Method», *Methodological Innovations Online* 7, n.º 1 (2012), pp. 37-45.

Kozinets, Robert V., y Rossella Gambetti (eds.), *Netnography Unlimited: Understanding Technoculture Using Qualitative Social Media Research*, Nueva York, Routledge, 2020.

Levin, Tim, «Travis Scott Reportedly Earned $20 Million Through His Partnership with McDonald's», *Business Insider*, 1 de diciembre de 2020.

«Make Ethnography Better», CultureBy–Grant McCracken, 27

de abril de 2016, disponible en: <https://cultureby.com/tag/slow-culture>.

McCracken, Grant, «Storytime 1: Fast Culture and Slow Culture on Oprah», Mapping the Future, 23 de septiembre de 2021, disponible en: <https://mapping-the-future.com/2020/08/19/test-case/>.

McPherson, Miller, Lynn Smith-Lovin y James M. Cook, «Birds of a Feather: Homophily in Social Networks», *Annual Review of Sociology* 27, n.º 1 (2001), pp. 415-444.

Merica, Dan, «Trump Met with Boos After Revealing He Received Covid-19 Booster», CNN, 21 de diciembre de 2021, disponible en: <https://edition.cnn.com/2021/12/20/politics/donald-trump-booster-shot-boos/index.html>.

«Obscene, Indecent and Profane Broadcasts», Federal Communications Commission, 13 de enero de 2021, disponible en: <https://www.fcc.gov/consumers/guides/obscene-indecent-and-profane-broadcasts>.

Ohanian, Alexis, *Without Their Permission: How the 21st Century Will Be Made, Not Managed*, Londres, Hachette UK, 2013.

Ott, T., «How George Carlin's 'Seven Words' Changed Legal History», Biography, 19 de mayo de 2020, disponible en: <https://www.biography.com/news/george-carlin-seven-words-supreme-court>.

Raine, Adrian, y Frances R. Chen, «The Cognitive, Affective, and Somatic Empathy Scales (CASES) for Children», *Journal of Clinical Child & Adolescent Psychology* 47, n.º 1 (2018), pp. 24-37.

Roberts, Kevin, *Lovemarks: The Future Beyond Brands*, 2.ª ed. ampliada, Nueva York, PowerHouse Books, 2005. [Hay trad. cast.: *Lovemarks: el futuro más allá de las marcas*, trad. de María Isabel Merino Sánchez, Madrid, Empresa Activa, 2005.]

Schouten, John W., y James H. McAlexander, «Subcultures of Consumption: An Ethnography of the New Bikers», *Journal of Consumer Research* 22, n.º 1 (1995), pp. 43-61.

Schrøder, Kim Christian, «Media Discourse Analysis: Researching Cultural Meanings from Inception to Reception», *Textual Cultures* (2007), pp. 77-99.

Seidel, Jon, «Decades of Abuse Allegations Lead R&B Superstar R. Kelly Back in Front of a Jury», *Chicago Sun-Times*, 9 de agosto de 2021, disponible en: <https://chicago.suntimes.com/2021/8/8/22608334/r-kelly-trial-starting-decades-abuse-allegations-lead-rb-superstar-back-front-jury>.

Sherry, John F., «Postmodern Alternatives: The Interpretive Turn in Consumer Research», *Handbook of Consumer Behavior* 199 (1991), pp. 548-591.

Sherwood, I-Hsien, «Jennifer Healan Drove Travis Scott Deal for McDonald's», *AdAge*, 7 de junio de 2021, disponible en: <https://adage.com/article/special-report-agency-list/creativity-awards-brand-manager-jennifer-jj-healan/2341341/>.

Spradley, James P., *The Ethnographic Interview*, Long Grove, Illinois, Waveland Press, 2016.

Stossel, John, «'Super Size Me' Carries Weight with Critics», ABC News, 6 de enero de 2006, disponible en: <https://abcnews.go.com/2020/Oscars2005/story?id=124265&page=1>.

Tett, Gillian, *Anthro-vision: A New Way to See in Business and Life*, Nueva York, Avid Reader Press, 2021«Update on the Twitter Archive at the Library of Congress», Library of Congress, diciembre de 2017, disponible en: <https://blogs.loc.gov/loc/files/2017/12/2017dec_twitter_white-paper.pdf>.

Ventura, Michael P., *Applied Empathy: The New Language of Leadership*, Nueva York, Touchstone Books, 2018.

Wade, Peter, «The Anti-vaxx Movement Is Taking Over the Republican Party», *Rolling Stone*, 30 de septiembre de 2021, disponible en: <https://www.rollingstone.com/politics/politics-news/republicans-vaccine-poll-disapprove-biden-mandates-1234921/>.

«What Is Empathy and Why Do I Need It?», Bungalow, 1 de febrero de 2022, disponible en: <https://bungalow.com/articles/what-is-empathy-and-why-do-i-need-it>.

Withy, Katherine, «Situation and Limitation: Making Sense of Heidegger on Thrownness», *European Journal of Philosophy* 22, n.º 1 (2014), pp. 61-81.

7. Implicaciones de la producción cultural

Anderson, Elisha, «25 Years Ago, Malice Green Became the Face of Police Brutality in Detroit», *Detroit Free Press*, 5 de noviembre de 2017, disponible en: <https://eu.freep.com/story/news/local/michigan/detroit/2017/11/03/malice-green-police-brutality-detroit/823635001/>.

«Blair Witch», Fandom, disponible en: <https://blairwitch.fandom.com/wiki/Blair_Witch> [acceso: 1 de mayo de 2022].

Bouton, Mark E., y Erik W. Moody, «Memory Processes in Classical Conditioning», *Neuroscience & Biobehavioral Reviews* 28, n.º 7 (2004), pp. 663-674.

Brons, Lajos L., «Othering, an Analysis», *Transcience, a Journal of Global Studies* 6, n.º 1 (2015).

Canales, Mary K., «Othering: Toward an Understanding of Difference», *Advances in Nursing Science* 22, n.º 4 (junio de 2000), pp. 16-31.

Carvell, Tim, «How the Blair Witch Project Built Up So Much Buzz: Movie Moguldom on a Shoestring», CNNMoney, 16 de agosto de 1999, disponible en: <https://money.cnn.com/magazines/fortune/fortune_archive/1999/08/16/264276/>.

«Census Releases Numbers on the Black Population in the U.S.», Michigan Radio, 25 de octubre de 2011, disponible en: <https://www.michiganradio.org/arts-culture/2011-09-29/census-releases-numbers-on-the-black-population-in-the-u-s>.

Cole, Teju, «The White-Savior Industrial Complex», *Atlantic*, 6 de junio de 2021, disponible en: <https://www.theatlantic.com/

international/archive/2012/03/the-white-savior-industrial-complex/254843/>.

Collins, Marcus, «We Must Redefine—and Deepen Our Sense of—Culture», *Adweek*, 22 de febrero de 2021, disponible en: <https://www.adweek.com/creativity/e-must-redefine-and-deepen-our-sense-of-culture/>.

Crang, Mike, *Cultural Geography*, Londres, Routledge, 1998.

Duggan, Daniel, «Fossil Founder Digs the D», Crain's Detroit Business, 6 de junio de 2012, disponible en: <https://www.crainsdetroit.com/article/20120527/FREE/305279963/fossil-founder-digs-the-d>.

Dundes, Alan, «The Study of Folklore in Literature and Culture: Identification and Interpretation», *Journal of American Folklore* 78, n.º 308 (1965), pp. 136-142.

—, *Interpreting Folklore*, Bloomington, Indiana University Press, 1980.

«Early Police in the United States», *Encyclopædia Britannica*, disponible en: <https://www.britannica.com/topic/police/Early-police-in-the-United-States> [acceso: 1 de mayo de 2022].

«Episode 3: The Birth of American Music», *The New York Times*, 7 de septiembre de 2019, disponible en: <https://www.nytimes.com/2019/09/06/podcasts/1619-black-american-music-appropriation.htm>.

Gabbara, Princess, «Cornrows and Sisterlocks and Their Long History», *Ebony*, 20 de enero de 2017, disponible en: https://www.ebony.com/style/everything-you-need-know-about-cornrows/.

Guarino, Ben, «The Oldest Story Ever Told Is Painted on this Cave Wall, Archaeologists Report», *The Washington Post*, 12 de diciembre de 2019, disponible en: <https://www.washingtonpost.com/science/2019/12/11/oldest-story-ever-told-is-painted-this-cave-wall-archaeologists-report/>.

Guirand, Felix, *New Larousse Encyclopedia of Mythology*, Londres, Hamlyn, (1968) 1984.

Haddad, Ken, «'Green Book' Director Slammed for Claiming Shinola 'Saving Detroit' at Oscars», WDIV, 25 de febrero de 2019, disponible en: <https://www.clickondetroit.com/entertainment/2019/02/25/green-book-director-slammed-for-claiming-shinola-saving-detroit-at-oscars/>.

Kidd, Celeste, y Benjamin Y. Hayden, «The Psychology and Neuroscience of Curiosity», *Neuron* 88, n.º 3 (2015), pp. 449-460.

Kring-Schreifels, Jake, «'The Blair Witch Project' at 20: Why It Can't Be Replicated», *The New York Times*, 6 de agosto de 2019, disponible en: <https://www.nytimes.com/2019/07/30/movies/blair-witch-project-1999.html>.

Loewenstein, George, «The Psychology of Curiosity: A Review and Reinterpretation», *Psychological Bulletin* 116, n.º 1 (1994), p. 75.

Mcleod, Saul, «Classical Conditioning: How It Works with Examples», Simply Psychology, última actualización: 22 de noviembre de 2021, disponible en: <https://www.simplypsychology.org/classical-conditioning.html>.

Modrak, Rebekah, «Bougie Crap: Art, Design and Gentrification», *Infinite Mile Detroit* 14 (febrero de 2014), disponible en: <https://infinitemiledetroit.com/Bougie_Crap_Art,_Design_and_Gentrification.html>.

Nauert, R., «Why Do We Anthropomorphize?», Psych Central, 1 de marzo de 2018, disponible en: <https://psychcentral.com/news/2018/03/01/why-do-we-anthropomorphize#1>.

Payne, Teryn, «Kim Kardashian West Wore Cornrows to the MTV Movie & TV Awards, Despite Past Criticism», *Glamour*, 19 de junio de 2018, disponible en: <https://www.glamour.com/story/kim-kardashian-cornrows-mtv-movie-tv-awards-2018>.

Powell, John A., «Us vs Them: The Sinister Techniques of 'Othering'—and How to Avoid Them», *The Guardian*, 30 de noviembre de 2017, disponible en: https://www.theguardian.

com/inequality/2017/nov/08/us-vs-them-the-sinister-techniques-of-othering-and-how-to-avoid-them.

Ramirez, Charles E., «Last Original Blue Pigs Member Retires from Detroit Police Dept», *Detroit News*, 25 de septiembre de 2019, disponible en: <https://eu.detroitnews.com/story/news/local/detroit-city/2019/09/25/detroit-police-blue-pigs-member-retires/2439327001>/.

«Rethink Shinola», Rethink Shinola, disponible en: <https://rethinkshinola.com/> [acceso: 1 de mayo de 2022].

Rogers, Richard A., «From Cultural Exchange to Transculturation: A Review and Reconceptualization of Cultural Appropriation», *Communication Theory* 16 (2006), pp. 474-503.

Sandlin, Jennifer A., Brian D. Schultz y Jake Burdick (eds.), *Handbook of Public Pedagogy*, Nueva York, Routledge, 2009.

Sastry, Anjuli, y Karen Grigsby Bates, «When LA Erupted in Anger: A Look Back at the Rodney King Riots», NPR, 26 de abril de 2017, disponible en: <https://www.npr.org/2017/04/26/524744989/when-la-erupted-in-“anger-a-look-back-at-the-rodney-king-riots>.

Scott, Nateisha, «The History and Beauty of Cornrows», Popsugar Beauty, 18 de enero de 2022, disponible en: <https://www.popsugar.com/beauty/cornrows-history-essay-48676516>.

Shelton, Jacob, «Decoding the Backstory of 'The Blair Witch Project'», Ranker, 13 de abril de 2022, disponible en: <https://www.ranker.com/list/blair-witch-project-backstory/jacob-shelton>.

Simeon, Aimee, «The Beautiful, Black History of Cornrows», Byrdie, última actualización: 28 de abril de 2022, disponible en: <https://www.byrdie.com/history-of-cornrows-5193458>.

Tenreyro, Tatiana, «The Terrifying True Story of How 'The Blair Witch Project' Was Made», Vice, 16 de julio de 2019, disponible en: <https://www.vice.com/en/article/8xzy4p/blair-witch-project-oral-history-20th-anniversary>.

«The Origins of Modern Day Policing», NAACP, 3 de diciembre de 2021, disponible en: <https://naacp.org/find-resources/history-explained/origins-modern-day-policing>.

«This Ancient Cave Art Is the Oldest Known 'Storytelling'», CBC News, 12 de diciembre de 2019, disponible en: <https://www.cbc.ca/news/science/cave-art-indonesia-1.5393624>.

Varolli, Regina, «My Mom Wrote the Motto 'To Protect and to Serve'», CulEpi, 4 de junio de 2020.

Vega, Nick, «Here's Why User Reviews on Sites Like Amazon Are Such a Big Deal», *Business Insider*, 20 de marzo de 2017.

Ziff, Bruce H., y Pratima v. Rao (eds.), *Borrowed Power: Essays on Cultural Appropriation*, New Brunswick, Nueva Jersey, Rutgers University Press, 1997.